U1002552

北京语言大学语言科学院学人书系

汉语官话方言音韵论集

高晓虹　著

北京语言大学出版社
BEIJING LANGUAGE AND CULTURE UNIVERSITY PRESS

© 2016 北京语言大学出版社，社图号 16173

图书在版编目（CIP）数据

汉语官话方言音韵论集 / 高晓虹著．-- 北京：北京语言大学出版社，2016.8

ISBN 978-7-5619-4616-9

Ⅰ．①汉… Ⅱ．①高… Ⅲ．①官话－音韵学－方言研究－文集 Ⅳ．① H172-53

中国版本图书馆 CIP 数据核字（2016）第 172406 号

汉语官话方言音韵论集

HANYU GUANHUA FANGYAN YINYUN LUNJI

排版制作：北京创艺涵文化发展有限公司
责任印制：姜正周

出版发行：北京语言大学出版社
社　　址：北京市海淀区学院路 15 号，100083
网　　址：www.blcup.com
电子信箱：service@blcup.com
电　　话：编辑部　8610-82300207
发行部　8610-82303650/3591/3648
北语书店　8610-82303653
网购咨询　8610-82303908
印　　刷：北京九州迅驰传媒文化有限公司

版　　次：2016 年 8 月第 1 版　印　　次：2016 年 8 月第 1 次印刷
开　　本：787 毫米 × 1092 毫米　1/16　印　　张：14.5
字　　数：238 千字
定　　价：38.00 元

PRINTED IN CHINA

目　录

入声的演变及层次

北京话入声字文白异读的历史层次

提　要　元代《中原音韵》宕江通摄入声字韵母已有文白异读，明末《合并字学集韵》除宕江通摄外，曾摄一等、深臻曾开三庄组、梗开二入声字的韵母也出现文白之别。清代《李氏音鉴》《音韵逢源》、民国《京音字汇》以及今北京话中入声字韵母的异读与《合并字学集韵》一致，但深臻曾开三庄组、梗开二知庄组入声字文读的声母有所改变。考察说明，今北京话深臻宕江曾梗通七摄入声字均有文白异读，但形成的时期不尽相同。

关键词　北京话　入声字　文白异读

宕江曾梗通五摄的入声字有文白异读，这是今北京话中大家都公认的一个重要特点，在北京话的语音史研究中，也是常被提到的一点。然而，这种文白异读的现象起自何时？是否从一开始就和现在一样？其他摄的入声字有没有类似的文白异读？对这些问题却很少有人讨论。我们认为，作为北京话的一种特殊的语音现象，它的发展历史可以为我们提供研究北京话语音史的重要线索。因此本文打算梳理各个时期的文献材料，考察北京话入声字文白异读的历史层次。

1. 今北京话文白异读的特点

提到今北京话的文白异读，一般就是指宕江曾梗通五摄入声字的文白异读，具体情况如下：宕江摄入声字的白读和中古效摄合并，文读和果摄合并；曾摄开口一等入声字白读和蟹摄合口、止摄唇音字合并，文读和果摄合并；曾摄开口三等庄组和梗摄开口二等入声字白读和蟹摄开口一二等合并，文读和果摄合并；通摄合口三等入声字白读和流摄合并，文读和遇摄合并。例如（注音采用汉语拼音，但拼音符号 ü 用 y 代替，数字表示声调，浊入不标声调）：

宕江摄：

白读：薄 bao 剥 bao1 雹 bao 摸 mao 凿 zao 骆 lao 络 lao 洛 lao 烙 lao 酪 lao 绰 chao1 着 zhao 勺 shao 阁 gao3 嚼 jiao 脚 jiao3 角 jiao3 钥 iao 药 iao

文读：薄 bo 剥 bo1 摸 mo 诺 nuo 骆 luo 络 luo 昨 zuo 凿 zuo 着 zhuo 绰 chuo1/4 若 ruo 弱 ruo 阁 ge1 郭 guo1 霍 huo4 嚼 jye 脚 jye2 角 jye2 钥 ye

曾摄开口一等：

白读：北 bei3 得 dei3 肋 lei 贼 zei 黑 hei1

文读：墨 mo 默 mo 得 de1 德 de2 勒 le 则 ze2 克 ke4 刻 ke4

曾开三和梗开二：

白读：白 bai 百 bai3 伯 bai1/3 柏 bai3 迫 pai3 拍 pai1 麦 mai 脉 mai 择 zhai 侧 zhai1 窄 zhai3 摘 zhai1 宅 zhai 拆 chai1 色 shai3

文读：伯 bo2 迫 po4 柏 bo2/4 脉 mo 魄 po4 择 ze 泽 ze 责 ze2 侧 ce4 测 ce4 策 ce4 色 se4 啬 se4

通摄：

白读：轴 zhou 粥 zhou1 熟 shou 肉 rou 六 liu 宿 xiu3

文读：宿 su4 肃 su4 祝 zhu4 筑 zhu4 竹 zhu2 熟 shu 叔 shu1/2

一般对北京话入声字文白异读的说明，主要是着眼于韵母的不同。但从以上例字可以看出，有文白异读的字并不仅仅限于韵母的不同，有些字的声母和声调也不同。声母的不同主要集中在曾开三、梗开二的知系字，其中白读是 zh，文读是 z。声调主要是清入字的声调文白有别，白读音的声调一般是上声或阴平，而文读音的声调主要归阳平和去声。那么，在历史上，北京话入声字的文白异读是不是这个样子呢？下面就来看看各个时期文献材料中的具体情况。

2. 文献中文白异读的特点

2.1 元代以前

关于历史上北京话的语音资料，一般是从《中原音韵》开始。不过在此之前，还有两种资料可能与北京话有关。一是北宋时期邵雍所做的《皇极经世声音倡和图》，一是金代院本董解元《西厢记》。对于前者，周祖谟先生在《宋代汴洛语音考》(1966)中认为它反映的是当时的汴洛语音。雅洪托夫(1986)则认为反映的是11世纪的北京音:“通常认为周德清1324年编纂的《中原音韵》是包含当时北京方言语音资料最古老的文献。但是，还有一份反映北京音的更早的文献，这就是邵雍(1011—1077)的《声音倡和图》。”对于周先生的说法，他也接受:“这个结论基本是正确的；邵雍方言的全部基本语音特征，在宋代很多北方方言(包括京都方言)中大概是很典型的。”但他指出:“邵雍的图表有一个明显不属于洛阳方言而属于北京方言的特点:《切韵》很多收-k韵尾的入声字，在图表中跟其他声调带二合元音的字有关。……对此只能有一个解释：在邵雍的方言中，过去有-k韵尾的字实际上已改读二合元音……”，这种情况“现在只会在北京方言中遇到”。也就是说，在邵雍的图表中，已经存在今北京话入声字白读音的雏形。

金代院本董解元《西厢记》的押韵同样也反映了在邵雍《声音倡和图》中存在的现象。参看喻世长(1991：187—197)。作者把邵雍、董解元《西厢记》以及周德清的入声字分韵加以比较，发现有很多一致的地方。这种一致，他认为是当时北方话语音的实际反映。尽管作者把它们看作是北方话入声演变的线索，而没有具体说是北京话，但这北方话应该也包括北京话在内。

以上两种资料，反映了当时的入声字读音和今北京话的白读基本一致，但都没有表现出文读音存在的痕迹。这说明，那时可能还没有产生类似今天的文白异读。不过也可能是因为这两种资料记录的入声字太少的缘故。下面我们再分别来看看元、明、清、民国四个时期韵书中文白异读的情况。

2.2 元代

1.《蒙古字韵》，此书产生的具体年代不清楚，不过是元代的韵书应该是没有问题的。它有平上去入四个声调和十五个韵部。入声字不跟阳声韵相配，而和阴声韵字列在一起。《蒙古字韵》的韵类合并，和《中原音韵》有许多一致之处，比较如下：

表 1 《中原音韵》与《蒙古音韵》阴声韵部比较

《中原音韵》	支思	齐微	鱼模	皆来	萧豪	尤侯	歌戈	家麻	车遮
《蒙古音韵》	支		鱼	佳	萧	尤	歌	麻	

在宕江曾梗通五摄入声字的归韵上，也十分近似。其中，宕江摄的入声字全部归在萧部，和中古效摄字合并。通摄入声字主要归入鱼部，但有一小部分字归入尤部的去声。曾摄一等入声字和三等庄组入声字、梗摄二等入声字属于同一个韵部：佳部，但在排列上，曾摄一等字单独出来，不和其他两组在一起，显然在韵母上还是有区别的；还有，曾摄的合口入声字归入了支韵。

根据上面的介绍，《蒙古字韵》只有通摄入声字在尤部和鱼部有异读。尤部无入声调，通摄入声字都读去声，如：祝妯畜谬缪宿勠副仆覆蔟伏複復，其中“宿複副覆伏復缪蔟祝畜”等字在鱼部又有入声一读。这算不算后来的文白异读？难以确定。有些字在《广韵》和《五音集韵》中本来就存在去入两读。是不是沿袭以前的读音呢？不过，这种异读和后来的文白异读读音基本是一致的。如果把它看作文白异读，就可以说，北京话的文白异读最早可以追溯到《蒙古字韵》产生的时期。但是，《蒙古字韵》通摄入声字在尤部的异读在声调上和《中原音韵》不同，不管入声的清浊，一律归到去声。从这一点来看，它和《中原音韵》可能不是一种语音系统。

2.《中原音韵》，1324 年周德清所作。在这部韵书中，文白异读现象十分明显。凡是研究《中原音韵》的人，几乎都要提到这一点。王力（1997：384）、杨耐思（1981）、宁继福（1985）以及薛凤生（1987）等人可以作为代表。具体说来，《中原音韵》中的文白异读有以下特点：

（1）宕江摄入声字在萧豪和歌戈两韵重出。

（2）通摄入声字在鱼模和尤侯两韵重出。

（3）重出的入声字的声母和声调都相同，只有韵母不同。

忌浮曾经在《十四世纪大都方言的文白异读》（1991：35—43）一文中对《中原音韵》的文白异读情况进行过详细的统计。他发现，古铎药觉三韵字读萧豪韵的与读歌戈韵的在数量上有明显差异。《中原音韵》中所收三韵字的分类统计如下：

表 2　忌浮（1991）统计《中原音韵》铎药觉三部字的归类情况

	萧豪	萧豪、歌戈	歌戈	合计
铎	26	23	3	52
药	19	13	1	33
觉	14	6	0	20
合计	59	42	4	105

读歌戈韵的字数比读萧豪韵的字数明显要少。元曲中押韵的情况也和《中原音韵》一致，押萧豪韵的字仍然占大多数，并且萧豪韵字的押韵次数也大大超出了歌戈韵。由此作者认为：在十三四世纪的大都话里，古铎韵字大多数读萧豪韵，读歌戈韵的是少数。古药觉二韵字基本上读萧豪韵，读歌戈韵的很少。也就是说，当时白读音的势力比较强。

萧豪与歌戈并收，在《中原音韵》中数量多，十分典型，相比之下，鱼模和尤侯并收的字就少得多。下面对此进行统计。

鱼模：仆复伏鹏袱服卜暴扑复福幅蝠腹覆木沐穆睦牧目鹜独读牍渎犊毒纛赎属族镞督笃秃触束簇蔌缩谡速禄鹿漉麓鹄槲斛谷毂縠哭酷屋沃録籙绿醁陆戮律逐轴淑蜀熟孰塾俗续局筑烛粥竹畜叔菽足蹙促粟宿菊跼局[1]曲麯褥辱玉狱欲浴郁育鸹

尤侯：逐轴竹烛粥六肉褥熟宿（10 字）

鱼模韵通摄入声字中有 8 字在尤侯韵重见，只有“六肉”两字仅在尤侯韵出现。可见，通摄入声字读鱼模韵在当时的方言中是占绝对优势的。

2.3　明代

明代能够找到的反映北京话的音韵资料是明末徐孝的韵图《重订司马温公等韵图经》和相应的韵书《合并字学集韵》。徐孝是顺天人，他的资料和《中原音韵》有相承性，而且和今北京话已经极为接近。一般认为反映的是明末北京话的实际情况。

---

① 《中原音韵》中“局”此处与“菊”同音，与群母字“局”不同。

《等韵图经》和《合并字学集韵》的音系一样，只是一为韵图，一为韵书，列字多少不同。为简便，下面用《合韵》来代替两者。《合韵》共有四个声调，平上去如（如声不是入声），分别相当于今北京话的阴平、上声、去声、阳平，中古入声字的归调也和今北京话基本一致。

韵母分为十三摄，其中通、山、宕、臻四摄为阳声韵，其余九摄为阴声韵，包括：止、祝、蟹、垒、效、果、假、拙、流，中古入声字并入阴声韵中。阴声韵母与《中原音韵》韵母的对应具体如下：止摄——支思韵以及齐微、鱼模的部分字，祝摄——鱼模韵，蟹摄——皆来韵，垒摄——齐微韵，效摄——萧豪韵，果摄——歌戈韵，假摄——家麻韵，拙摄——车遮韵以及齐微和皆来韵的部分字，流摄——尤侯韵，显然，二者有很强的一致性。《合韵》中的韵母和今北京话也相差无几，今北京话的韵母可以说是明末北京话韵母进一步合并的结果。

《合韵》中，宕江通摄的入声字有和《中原音韵》一样的文白异读。此外，《中原音韵》中没有异读的曾梗深臻摄也有了异读。这里依据的材料来自郭力（1997）《古清入字在〈合并字学集韵〉中的归调》一文。虽然只是清入字的情况，但清入字的字数与浊入字相比，要多一些，基本能够反映入声字文白异读的整体情况。《合韵》中有文白异读的清入字如下：

通合三：

上 / 去：宿：xiu/su

曾开三庄组和梗开二：

平 / 去：伯 bai/bue，擘 bai/bue，拍 pai/pue，

上 / 去：窄 zhai/zhe，侧 zhai/zhe，册 chai/che，色 shai/she，客 kiai/ke

曾摄一等：

平 / 去：黑 hei/he

上 / 去：北 bei/bue，德 dei/de，得 dei/de，国 guei/gue

宕江摄：

如（阳平）/ 去：焯 zhau/zho

上 / 去：阁 gau/go，各 gau/go，郝 hau/ho，雀 ciau/cio，觉 giau/gio，脚 giau/gio，钁 guau/gye

深臻开三庄组：

平 / 去：虱 shi/she，涩 shi/she

以上所列字只是有异读的字。具体说来，(1) 中古宕江摄的入声字既在效摄出现，又在果摄出现。(2) 中古通摄入声字大部分归入止摄和祝摄，只有“宿”字在流摄和祝摄都出现。(3) 中古曾摄一等入声字同时出现在垒摄和拙摄。(4) 中古曾摄开口三等庄组字和梗摄开口二等字在蟹摄和拙摄有异读。(5) 深臻开口三等庄组字常用的只有三个，其中两个有异读，分别在止摄和拙摄。这是大致的情况。(6) 从上面可以看出，除了韵母的不同之外，两个读音的声调也不同，一般说来，效摄、流摄、垒摄、蟹摄、止摄出现的读音声调多为平声和上声，只有一个字是如声；而在果摄、祝摄、拙摄出现的读音声调为去声。所有的异读主要表现在声调和韵母的不同上，声母则基本相同。

下面我们再来看一下两种读音的数量。

宕江摄：效摄中共含有 9 个入声字，其中 8 个属宕江摄。果摄的宕江摄字，除了在效摄出现的 8 个之外（“钁”在拙摄有异读，在果摄无），还有“博剥驳酌绰胳恶爵鹊削角却确推约作託托错索卓桌啄涿琢捉戳朔郭廓霍劐藿握”等字，可以说宕江摄的清入字大部分都在果摄出现了。

通摄：流摄只有一个清入字，就是通摄的“宿”。止摄的通摄入声字有：锔菊掬麹曲蓄旭，祝摄的通摄入声字有：卜醭仆扑福腹幅蝠覆复督笃秃足促速肃粟嘱粥竹祝烛筑触畜叔束谷縠哭酷屋郁。

曾摄一等：垒摄的清入字只有 5 个，都是曾摄一等字，并且这 5 个字都在拙摄有异读。除了这 5 个字，拙摄的曾摄一等字还有“忒则塞刻克”等字。

曾摄三等庄组字、梗摄二等：蟹摄 11 个清入字，除了一个“塞”字是曾摄一等外，其他都是曾摄三等庄组和梗摄二等字。并且，这些字在拙摄也都有异读。只在拙摄出现的有：测啬拆窄责策栅革赫吓隔扼轭迫。

深臻摄开口三等庄组：只有三个字“涩瑟虱”，其中“虱涩”两字有异读，一在止摄，一在拙摄，另一字只有拙摄一读。

从数量来看，入声字的异读有比较明显的倾向：宕江摄读效摄的字少，读果摄的字多；通摄字读流摄的少，读止摄、祝摄的字多；曾摄一等读垒摄的字少，读拙摄的字多；曾摄三等及梗摄二等读蟹摄的字少，读拙摄的字多；深臻摄开口三等庄组读止摄的字少，读拙摄的字多。

2.4 清代

清代北京话的材料，这里选择李汝珍的《李氏音鉴》和裕恩的《音韵逢源》。

1.《李氏音鉴》，作者李汝珍，河北大兴（今属北京市）人。《李氏音鉴》成书于18世纪末，一般认为其中的《北音入声论》讨论的是当时北京话的入声字。

据杨亦鸣（1992），《李氏音鉴》有39个韵母，其中15个阳声韵，24个阴声韵。入声字都是阴声韵母，其中有些中古入声字有异读，主要分布在宕江摄、曾梗摄、通摄、深臻摄。具体情况如下（声调略）：

宕江摄入声字：

白读：ɑo/iɑo 雹薄落络烙酪勺芍郝鹤嚼学削略脚雀钥药疟

文读：o/uo/yo 驳箔博迫魄莫摸寞乐各搁阁胳壳铎诺骆洛凿索错捉涿拙戳绰浊镯焯酌朔若弱郭廓霍藿爵角觉却鹊确虐约岳乐跃

曾开一入声字：

白读：ei 北勒肋黑贼

文读：o 墨默得德特忒则克刻

曾开三庄组、梗开二入声字：

白读：ɑi 柏百白拍麦陌摘（zh）翟（zh）宅（zh）窄（zh）

文读：o 脉貊隔革格客额核赫恻（c）册（c）策（c）测（c）仄（z）

e 色啬穑（s）

通合三入声字：

白读：ou/iou 妯粥熟肉六

文读：u 幅目淑轴福祝竹宿

深臻开三庄组入声字：

白读：i 虱（sh）

文读：e 涩瑟（s）

显然，《李氏音鉴》与徐孝的《合韵》入声字的文白异读基本是一致的，但它还有一些《合韵》中没有的情况：（1）曾开三梗开二以及深臻开三的知系入声字文读和白读的声母不同，而《合韵》中是相同的。（2）清入字的声调更趋复杂，大致和今天的北京话一致，归去声的占多数，其次阴平，再次阳平，上声最少。

2.《音韵逢源》，作者裕恩，清朝满族人。此书成于道光庚子年（1840年），反映了道光年间北京话的一些语音情况。声母有21个；韵母分为12部，分别以地支命名：子一、丑二、寅三、卯四、辰五、巳六、午七、未八、申九、酉十、戌十一、亥十二。每部又分为乾一、坎二、艮三、震四四部，相当于今天的开齐合撮四呼。书中表现的韵母与今天的北京话已经相当接近。

《音韵逢源》有四个声调，上平声、下平声、上声、去声，上平声即阴平，下平声是阳平，与中古声调的对应也与北京话完全相同。就入声字来说，与今北京话一样，全浊入归阳平，次浊入归去声，例外很少；清入分别归四声，其中归去声的占了多数，占37.8%，其次阴平，占30.7%，归阳平的占22%，上声最少，占9.6%，与《李氏音鉴》大体一致。

《音韵逢源》的十二韵部中，辰部五、巳部六、午部七、未部八、申部九、酉部十、戌部十一、亥部十二等八部为阴声韵。入声字合并于阴声韵中，其文白异读主要是在以下几个韵部重出：辰部五和申部九，巳部六和申部九，午部七和戌部十一，未部八和申部九，戌部十一和申部九。具体如下（声调略）：

中古宕江摄入声字既在辰部五坎二、艮三出现，又在申部九乾一、坎二和震四出现，其中有一部分字是重出的，列举如下：

白读：辰部五坎二：ao 剥雹薄箔落酪络烙乐凿著着芍阁鄂鹤貉郝

艮三：iao 略嚼雀鹊削学饺角脚壳乐疟约药跃钥

文读：申部九乾一：uo 博薄箔剥泊驳莫膜寞摸幕缚铎踱托託诺落酪络乐烙洛骆作错昨凿柞索著着芍酌绰焯捉桌卓啄琢涿浊镯浞朔若弱鹤貉郭廓扩鄂霍藿劐镬握

坎二：e 阁各胳搁郝乐恶

震四：ye 掠略学削雀鹊嚼爵脚角觉镢却确壳搉虐疟约药乐钥跃岳

曾摄开口三等庄组和梗摄开口二等入声字在巳部六和申部九出现，其中一部分字巳部六有，申部九也有。列举如下：

白读：巳部六坎二：ai 擘檗白伯百柏拍麦摘（zh）窄（zh）宅（zh）翟（zh）择（zh）拆（ch）色（sh）

文读：申部九坎二：e 檗擘伯柏百白帛迫魄拍陌麦脉格革隔客额核扼厄轭赫吓侧（c）测（c）责（z）择（z）泽（z）策（c）册（c）宅（zh）摘（zh）窄（zh）翟（zh）拆（ch）色（sh/s）啬（sh）

曾摄开口一等入声字在未部八和申部九有异读，列举如下：

白读：未部八坎二：ei 北得德勒肋贼黑

文读：申部九坎二：e 墨默得德特忒肋勒贼则塞北刻克黑

通摄三等屋韵入声字在午部七和戌部十一重出。列举如下：

白读：午部七坎二：ou 粥轴妯熟肉

艮三：iu 宿六

文读：戌部十一乾一：u 幅福覆服伏復栿目穆牧六陆肃宿竹筑畜逐轴妯缩祝叔熟淑肉

深臻摄开口三等庄组入声字的异读：

白读：戌部十一坎二：i 虱（sh）

文读：申部九坎二：e 涩瑟（sh）

由上可见，入声字在辰部五、巳部六、午部七和未部八的字数都比较少，而在申部九和戌部十一这两个韵部的字占多数，并且前者的入声字基本都在后者中重出。也就是说，文读音的字数占优势。与《李氏音鉴》相比，比较突出的一点是，《音韵逢源》中曾开三、梗开二知系入声字文读的声母有两套，一为 z 组，一为 zh 组；深臻摄庄组入声字的文读声母只有一套，不过和《合韵》相同，而和《李氏音鉴》不同。这一点很值得注意。

2.5 民国

《京音字汇》，出版于 1913 年，宛平润山王璞所作。作者明确说明以北京音为准。共有四个声调，上平、下平、上声、去声，与今天的阴平、阳平、上声、去声相对应。没有入声，中古入声字分别归入以上四调，和今天的北京话大致相同，只是具体字的归调不是完全一致。其韵母与今天已经相差无几，只多了一个韵母，而且这个韵母所辖字数很少，处于消亡的最后阶段。除此之外，还有一些字的读音与今天不同。

《京音字汇》中入声字也有文白异读，具体如下（声调略）：

宕江摄：

白读：ao 剥薄雹烙络落酪凿绰芍勺郝鹤

iao 略掠鹊雀嚼脚角饺削学乐疟药钥

文读：e 乐落洛骆络酪烙诺各阁搁胳郝鹤貉鄂恶 /o 博泊薄驳剥朴摸寞莫

uo 铎踱托託诺骆昨凿索作戳绰龊桌捉卓涿浞浊琢着酌镯啄焯斫勺芍朔若弱郭廓扩劐霍藿镬握

ye 略掠嚼爵脚角却壳摧确雀鹊削学虐疟约乐岳药跃钥嶽

曾开一：

白读：ei 北得贼勒肋黑

文读：o 北墨默 /e 勒得德忒特慝则贼塞刻克剋黑

曾开三庄组：

白读：ai 仄侧（zh）色（sh）

文读：e 仄（z）侧测恻（c）啬色（s）/ 仄（zh）色（sh）

梗开二：

白读：ai 擘伯白帛柏百拍麦拆册（ch）摘宅择泽翟责窄（zh）

文读：o 伯佰百帛檗擘柏白迫拍魄陌貊麦脉 /e 格革隔客赫吓核厄扼轭额 册拆策（c）择泽责帻摘窄宅（z）宅（zh）

通合三：

白读：ou 粥轴妯舳熟肉 /iou 六宿

文读：u 目牧穆福蝠腹覆复伏服陆宿肃竹筑畜逐舳祝粥叔熟淑肉 /y 鞠菊掬鞫宿蓄畜郁育

深臻开三庄组：

白读：i 虱

文读：e 涩瑟虱（s）瑟涩（sh）

从上面的例字来看，《京音字汇》中入声字的文白异读和以前的韵书是一脉相承的，比较来说，它和《音韵逢源》更为一致。《京音字汇》中，不仅曾开三梗开二知系入声字的文读声母有两套，深臻摄庄组入声字的文读声母也有两套，一套和《合韵》的文读相同，一套和《李氏音鉴》的文读相同。这给我们提供了极为宝贵的线索。

3. 结论

从以上书面文献材料反映的情况，可以看出，入声字文白异读因为朝代的不同而有一些差异。同时很明显，前后朝代之间的异读有承继关系，即前一时期的异读基本仍然存在于后一时期的北京话中，只是增加了一些新的异读。汉语的音节由声韵调三部分组成，文白的差异也就表现在这三方面。下面将元代以来各种材料中入声字文白的不同列成表 3：

表 3　元明清以来文献中入声字的文白异读情况

	宕江	曾开一	曾开三、梗开二	通合三	深臻开三
《蒙古字韵》				韵调	
《中原音韵》	韵			韵	
《合韵》	韵调	韵调	韵调	韵调	韵调
《李氏音鉴》	韵调	韵调	声韵调	韵调	声韵调
《音韵逢源》	韵调	韵调	声韵调	韵调	声韵调
《京音字汇》	韵调	韵调	声韵调	韵调	声韵调

（注：曾梗深臻四摄声母的不同限于知系字）

表 3 中，如果不管《蒙古字韵》，可以看出，从元代开始，经明、清，到民国，北京话的文白异读有十分清楚的发展脉络：在元代，只有宕江通三摄入声字韵母有异读；明代曾梗深臻四摄的韵母也出现了异读，并且声调也因韵母的文白而有不同；到清代发展出声母的异读；民国是直接承继清代的，没有进一步的发展。至于《蒙古字韵》的情况，我们认为反映的是和《中原音韵》关系密切的一种音系，因此和《中原音韵》有一致的地方，但是也有一些不同。

了解了历史上不同时期入声字的文白异读情况，我们再来看今北京话入声字的文白异读，就会发现，文章开始提到的今北京话入声字文白异读的特点并不是现在才有的，实际上是不同历史层次的异读在今北京话的共时沉积。它的雏形出现在元代，或者还要早一点，那时只有宕江通摄的入声字韵母不同，最后定形在清代，民国和今天的文白异读都是清代的延续。北京话入声字的文白异读也并不像我们一般所认为的那么简单，仅仅限于韵母的不同，它还有声母、声调的不同，这是大家以前所忽略的。此外，一般人们只承认宕江曾梗通五摄有文白异读，通过考察，我们发现，深臻两摄开口三等庄组入声字的读音也存在异读，虽然字数很少，但从性质上看，无疑与其他几摄的入声字异读是一致的，因此，北京话有文白异读的应该是深臻宕江曾梗通七摄入声字。

前面曾提到，在《音韵逢源》和《京音字汇》中，有三个层次的声母异读。

这是关于北京话入声字声母异读的一个重要线索。声母的异读，主要集中在深臻曾梗摄的知系入声字的读音上，在明代《合韵》中还没有出现，清代《李氏音鉴》中才存在，《音韵逢源》《京音字汇》以及今北京话中也都有。但在《音韵逢源》和《京音字汇》中，声母异读存在三个层次，十分清楚，是其他韵书材料中所没有的。而且，这三个层次正好可以将明代《合韵》中的声母情况与今北京话中的声母异读联系起来。具体说来，深臻曾梗四摄知系入声字在《合韵》中才出现异读，但只是韵母和声调不同，声母则相同;《李氏音鉴》的声母异读和今北京话相同:《合韵》中的文读消失了，代之以新的文读。而《音韵逢源》和《京音字汇》既有《合韵》的文读，又有《李氏音鉴》和今北京话的文读，给我们提供了由《合韵》的文读到今北京话文读的一个过渡情况。举例如下：

表 4　曾开三梗开二深臻开三知庄组字声母文白异读表

	曾梗知组			曾梗庄组			深臻庄组		
	白读	文读 1	文读 2	白读	文读 1	文读 2	白读	文读 1	文读 2
《合韵》		拆摘		窄册色	窄册色		涩虱	涩虱	
《李氏音鉴》	摘宅		择泽	窄		测色	虱		涩瑟
《音韵逢源》	摘择拆	摘拆	择泽	窄色	窄色	策色	虱	涩瑟	
《京音字汇》	摘宅泽	宅	摘宅泽	窄仄	仄色	仄窄色	虱	涩瑟	虱涩瑟
今北京	摘择		择泽	窄色		色册	虱		涩瑟

上表中，白读是今北京话的白读，也是其他韵书材料中的白读，文读 1 是《合韵》中的文读，声母为zh组；文读 2 则是今北京话中的文读，声母为z组。《音韵逢源》和《京音字汇》中两种文读都有，但在今北京话和《李氏音鉴》中，却都没有文读 1。从时间上看，今北京话是文白异读发展的最后阶段，《李氏音鉴》则还在《音韵逢源》和《京音字汇》之前，为什么它们会一致呢？对此，如果联系这三部书的作者，就比较好理解了。李汝珍虽然是北京人，但他不到 20 岁就去了南方，而裕恩和王璞是老北京人，显然他们更了解北京话。并且从数量来看，文读 1 在当时并不占优势，只有几个残存的形式而已，估计在李汝珍的时代，文读 2 就已经占了绝对优势，所以李汝珍可能并不知道文读 1，他没有记录也就理所当然了。文读 1 和文读 2 共存于《音韵逢源》和《京音字汇》，使我们对从文读 1 到文读 2 的过渡过程更加清楚，有助于探寻文读的来源。

从前面的材料还可以看出，除了因时代不同而出现的新的异读层次，文读和白读的字数也在不断地发生变化。《中原音韵》中，通摄入声字读尤侯韵的字数就不如鱼模韵的多，而宕江摄读萧豪韵的数量则大大多于果戈韵，清入字全部归上声。到了《合韵》，通摄入声字白读的数量更少，宕江摄的白读也不再占优势，即使《合韵》中才出现的曾梗深臻摄入声字，白读音的数量也比文读少，说明曾梗深臻摄文白读的对立并不是在《合韵》时代才产生的；此外，清入字归去声的占多数，白读音除了归上声的，还出现了归阴平的。清代、民国的韵书中，白读基本维持《合韵》中的状况，同时《合韵》中曾梗深臻摄知庄组入声字的文读逐渐被新的文读所取代，清入字的归调更为复杂。最后到今北京话，文读 1 已经消失，只剩下文读 2，其他则基本没变。

最后，我们可以将元代以来北京话入声字的文白异读列表如下（声调情况略）：

表 5　元代以来北京话入声字声韵文白异读表

	宕江摄		曾开一		曾开三梗开二			通合三		深臻开三庄组		
	文	白	文	白	文 1	文 2	白	文	白	文 1	文 2	白
《中原音韵》	o	ao						u	ou			
《合韵》	o	ao	e	ei	e[zh]		ai[zh]	u	ou	e[zh]		i[zh]
《李氏音鉴》	o	ao	o	ei		o/e[z]	ai[zh]	u	ou		e[z]	i[zh]
《音韵逢源》	e	ao	e	ei	e[zh]	e[z]	ai[zh]	u	ou	e[zh]	e[z]	i[zh]
《京音字汇》	e	ao	e	ei	e[zh]	e[z]	ai[zh]	u	ou	e[zh]	e[z]	i[zh]
今北京话	e	ao	e	ei		e[z]	ai[zh]	u	ou		e[z]	i[zh]

（注：方框内是声母，文 1 和文 2 是声母的区别，韵母相同）

本文主要是在考察文献资料的基础上，力图描写出北京话入声字文白异读的历史层次，由于清入字的声调比较复杂，所以没有展开讨论。不过，从上面的材料已经可以看出，北京话的文白异读实际上包含了异常丰富的内容，这些内容对我们研究北京话的语音史是极有价值的。

:: 参考文献 ::

北京大学中国语言文学系教研室．汉语方音字汇（第二版）[M]. 北京：文字改革出版社，1989.

耿振生 . 明清等韵学通论 [M]. 北京：语文出版社，1992.
郭　力 .《重订司马温公等韵图经》研究 [D]. 北京大学中文系硕士毕业论文，1987.
郭　力 . 古清入字在《合并字学集韵》中的归调 [A]. 载《语言学论丛》第 19 辑，北京：商务印书馆，1997.
忌　浮 . 十四世纪大都方言的文白异读 [A]. 载《中原音韵新论》，北京：北京大学出版社，1991.
宁继福 . 中原音韵表稿 [M]. 长春：吉林文史出版社，1985.
王　力 . 汉语语音史 [M]. 北京：中国社会科学出版社，1997.
王　璞 . 京音字汇 [M]. 北京大学图书馆藏书，1913.
薛凤生 . 中原音韵音位系统 [M]. 北京：北京语言学院出版社，1987.
谢·叶·雅洪托夫 . 十一世纪的北京音 [A]. 载《汉语史论集》，北京：北京大学出版社，1986.
杨耐思 . 中原音韵音系 [M]. 北京：中国社会科学出版社，1981.
杨亦鸣 . 李氏音鉴音系研究 [M]. 西安：陕西人民教育出版社，1992.
喻世长 . 从邵康节到周挺斋——汉语宋金元北方话入声演变的一条线索 [A]. 载《中原音韵新论》，北京：北京大学出版社，1991.
裕　恩 . 音韵逢源 [M]. 北京大学图书馆藏书，1840.
照那斯图、杨耐思 . 蒙古字韵校本 [M]. 北京：民族出版社，1987.
周祖谟 . 宋代汴洛语音考 [A]. 载《问学集》，北京：中华书局，1966.

（原载《语文研究》2001 年第 2 期）

北京话古清入字归调历史及成因考察 *

提　要　本文以元代以来的几种韵书为材料，考察了北京话古清入字归调的历史，指出：明末北京话古清入字已经派入四声，清代北京话中清入字归四声的比例与今北京话已经相当接近，并且明代以来的韵书中清入字都存在白读音多归阴平和上声、文读音多归阳平和去声的趋势，与今北京话一致。文章还结合北京地区的历史、周围方言的情况对北京话古清入字归调的成因做出解释。

关键词　北京话　清入字

引言

入声的消失是汉语发展历史上的重要变化之一。北京话的全浊入归阳平，次浊入归去声，都很有规律，但清入字却似乎没有什么规律。这一现象，一直吸引着人们去研究。最早注意这一问题的大概是黎锦熙，他在《京音入声字谱》（1924）的叙言里讲道："本文原名《北京语的入声字》，重在考论北京语中各入声字的分化和六百年来的变迁，因为交稿期迫，先将这一个基本的部分发表。"虽然他后来并没有继续这一研究，但却为我们保留了一份关于当时北京话入声字的重要材料。白涤洲也较早注意到这一问题，并进行过详细探讨，发表了《北音入声演变考》（1931）一文。他统计比较了近代汉语几部韵书中的清入字归调，归纳出入声字声调发展的三个时期，第一期以声母的全浊、次浊与清为条件分归

* 本文曾在首届社会语言学国际学术研讨会（2002 年 9 月 7—9 日，北京语言大学）上宣读。

阳平、去声和上声，第二期浊入字不变，清入字根据声母送气不送气或擦声的关系，改读阳平和去声，同时保留归上声的遗迹以及归阴平的新兴趋势，第三期是第二期的继续发展。陈刚（1988）也考察了北京话古清入字的演变情况，但与白涤洲的方法不同，偏重文献考证，所用材料也不同，发现了许多有价值的线索，如读复韵母的清入字一般都是阴平或上声，词性与古清入字的归调也有关系，本义为动词的，多为阴平，本义为名词的，多为上声，等等。陆志韦（1988）、黎新第（1986）、林焘（1992）分别对北京话清入字的归调进行统计分析，但所依据材料不同，结论也不尽相同。平山久雄（1990）则试图给北京话清入字分出不同的层次。

以上研究，从不同角度考察了北京话清入字归调的情况，虽然都试图找出其中可能隐藏的规律，但多表明，清入字的归调确实不存在浊入字那样的规律性。至于这种无规律状态形成的原因，则可能与方言接触有密切关系。本文在前人研究基础上，对《中原音韵》（周德清）、《合并字学集韵》（徐孝）、《李氏音鉴》（李汝珍）、《音韵逢源》（裕恩）、《语言自迩集》（威妥玛）、《京音字汇》（王璞）、《京音入声字谱》（黎锦熙）、《增注中华新韵》（中国大辞典编纂处）等韵书中清入字的归调进行考察，试图理出北京话清入字的归调历史，进而探讨其成因。

1. 今北京话古清入字的归调

说今北京话清入字归四声，是比较笼统的。实际上，今北京话中清入字的归调存在很大的歧异。根据黄晓东（2001），年龄、文化程度、职业、家庭语言环境、民族等因素都对北京话清入字的异读有明显的作用，年龄因素的作用尤为显著。正因为如此，不同的人根据不同的材料统计清入字得出的结果也不同。如黎新第（1986）、周长楫（1988）、林焘（1992）、刘淑学（2000）等，都曾统计过清入字的归调情况，他们的共同之处是归上声的比例最小，其次阳平；不同之处主要是有的归去声的最多，有的归阴平的最多。大致说来，如果以常用字为主，归阴平的比例就大于归去声，如果书面用字多，则归去声的比例往往大于归阴平。

本文主要根据《汉语方音字汇》统计了310个清入字，只有一个声调的有210字，其中只读阴平的75字，占36%；只读阳平的40字，占19%；只读上声的24字，占11%；只读去声的71字，占34%。有声调异读的100字，占总数的32%，其中66字有阴平一读，47字有阳平一读，44字有上声一读，52字有去声一读。无论有无异读，均是读阴平的最多，去声次之，上声最少。

2. 几种韵书中古清入字的归调

韵书是汉语史上非常重要的一种文献材料。由于韵书往往是为了作诗、词、曲押韵而编的，并不是对历史上某一方言音系的直接描写，因此一般韵书中都不说明其所依据的方言。但在利用韵书时，必须首先确定其反映的基础方言。对其基础方言的看法不同，据此得出的结论也必然不同。如本文所用《中原音韵》，其基础方言就多有争论，有人认为是以元大都话为基础，有人认为反映的是汴洛方言，还有人认为是胶辽官话（参见刘淑学，2000）。显然，若是汴洛方言或胶辽官话，就无法用来说明北京话清入字的情况。根据宁继福（1985）、刘淑学（2000），本文认为《中原音韵》是以元大都话为基础的，即使不一定是今北京话的直接源头，也与之基本一致，可以反映早期北京话的情况。至于其他几种材料，根据郭力（1987）、陆志韦（1988）、杨亦鸣（1992）、耿振生（1992）以及韵书作者自己的说明，基本上反映了不同时代的北京话。

2.1 《中原音韵》

《中原音韵》为元人周德清所作，最早反映了"平分阴阳、入派三声"的现象。其全浊入归阳平、次浊入归上声，其后各种反映北京话的材料在这一点上都很一致。其清入字派入上声，只有影母字和次浊入声字一同派入去声，例外极少。影母字是《中原音韵》清入字归上声这一规律的主要例外。

2.2 《合并字学集韵》（简称《合韵》）

《合韵》为明末顺天人徐孝所作。徐孝还是著名的韵图《重订司马温公等韵图经》（简称《等韵图经》）的编者。陆志韦（1988）认为《等韵图经》反映了明末北京话音系。郭力（1987）则进一步指出，《合韵》与《等韵图经》音系相同，只是一为韵书，一为韵图而已。《合韵》有四个声调，平上去如，分别与现在的阴平、上声、去声、阳平相当。据郭力（1997）统计，《合韵》中见于《广韵》的清入字共 2738 个，都有去声一读。其中 515 个为常用字，只读去声一个声调的 368 字，有其他声调异读的 147 字。郭力认为，清入字读去声反映的是书面语系统的读音，而读其他声调则是口语系统的读音。

本文根据《方言调查字表》中的清入字来统计，结果如下（有三读或四读的字不在统计之内）：278 个清入字中，只有去声一读的有 182 个，占总数的 65%；有平声异读的 44 字，占 16%；有上声异读的 35 字，占 12%；有如声（阳平）异读的只有 17 字，占 6%。与今北京话比较，《合韵》读阴平的清入字今天大部分仍读阴平，或者有阴平一读；读上声的清入字今天还读上声或有上声一读，完全改读他声的只是一小部分，而且，这些字在北京附近的方言中往往读上声。《合韵》只读去声的清入字中，85 字今仍读去声或有去声一读，但有些字去声读音并不常用，如“缩夹甲”等字。剩下的字改读他声，不再读去声：其中读阴平的最多，共 34 字；其次阳平，27 字；归上声的字数最少；从两读的情况来看，也是有阴平 / 阳平异读的字数最多。

从《中原音韵》到《合韵》，清入字的归调从归上声到多归去声，规律性减弱，例外字增多，一字多调者增多。从《合韵》到今北京话，最明显的变化是《合韵》读去声的清入字大量改读他声，主要是改读阴平和阳平。相对来说，《合韵》读上声的清入字比较稳定。《合韵》清入字多归去声，归其他声调的比例很小，这反映的可能是明末北京话书面语系统的情况，在口语中，归去声的清入字未必有那么多。因此，北京话的清入字开始派入四声并不一定始于明末，而可能还要早一些。

2.3 《李氏音鉴》

《李氏音鉴》为清初大兴人李汝珍所作，其中声调分阴、阳、上、去、入五声，但入声是虚设的（杨亦鸣，1992）。在其卷四“北音入声论”，记录了当时北京话清入字的实际归调情况：256 个清入字中，28 字有异读，其他的 228 字中归阴平的占 37%，归阳平的占 26%，归上声的占 9.6%，归去声的占 27.3%。

与《合韵》相比，《李氏音鉴》清入字的归调比例及具体字的声调与今北京话更为接近，在无异读的 228 字中，130 字的声调与今北京话相同，30 字与今天完全不同，其余的字《李氏音鉴》只有一个声调，而在今北京话中有不止一个声调。这说明，在《李氏音鉴》时期，即十八世纪末期，今北京话清入字的归调状况大致已经形成。

2.4 《音韵逢源》

《音韵逢源》为满族人裕恩于道光庚子年（1840）所作，大致上反映了当时北京话的语音情况。有四个声调：上平、下平、上声、去声，与今北京话的阴阳上去相当（耿振生，1992）。本文选取其中较为常用的清入字 303 个，归阴平的占 29%，归阳平的占 23%，归上声的占 8%，归去声的占 40%。归去声明显占了多数，其次才是阴平，这与《李氏音鉴》正好相反。

总体来说，《音韵逢源》只读上平、下平、上声、去声的清入字在今北京话中依然保持原调或者有原调的异读，完全改读他声的字只是极少的一部分。

2.5 《语言自迩集》

《语言自迩集》是 19 世纪英国人威妥玛编写的汉语教学课本，而且是教、学北京话口语的汉语课本。作者用威妥玛式拼音记录了一百多年前北京话的大量口语语料。最后还附有“北京话音节表”和“北京话字音表”。作者详细描述了当时北京话的四个声调，其中指出（威妥玛，2002：29）：“入声，或称为 entering，是一种急促的声调（an abrupt tone），在研究书面语时尚被承认，就是说，只用于背书——现在练习说北京话已不必管它了。这种入声字大部分都列在词汇表里，被分派到第二声。但入声在其他一些方言里并未消失。”也就是说，作者认为当时北京话入声字多归阳平。张卫东在译注里则指出：“这一说法（古入声字全归第二声）与当时北京音的实际不符。《语言自迩集》中，标明今声调的古入声字约 225 个，分派四声的统计如下：阴平，59，26.2%；阳平，60，26.7%；上声，35，15.5%；去声，71，31.6%。”因为作者和译者都未区分入声的清浊，只是笼统地说“入声”如何，所以并不清楚全浊入、次浊入和清入字归调的具体情况。本文根据其附录“北京话字音表”进行统计，其中全浊入归阳平，次浊入归去声。清入字找到 306 个，60 个只归阴平，40 个只归阳平，9 个只归上声，66 个只归去声；其他的字均有 1—4 个声调，以阴平 / 去声最多，33 个，其次为阳平 / 去声，20 个。

《语言自迩集》清入字归去声的最多，但与归阴平的比例相差不大。这与《音韵逢源》不同。

2.6 《京音字汇》

《京音字汇》出版于1913年，为王璞所作，作者明确说明以当时的北京话为准。本文统计此书常用清入字302个，无异读字有241个，其中归去声的最多，91个，占无异读字的37.8%，其次阴平，86个，占35.7%，再次阳平，42个，占17.4%，归上声的最少，只有22个，占9%。《京音字汇》中归阴平、阳平、上声、去声四调的清入字今北京话中基本上仍然保持原调，改读他声的字极少。不过，也有一部分字《京音字汇》中只有一读，而今北京话却有两读或多读。

2.7 《京音入声字谱》

《京音入声字谱》是关于北京话入声字的一个专门的字谱，作者黎锦熙。根据其谱例来看，字谱所收的入声字基本以《京音字汇》中所有的为限。但实际上二者并不完全一致。有异读的入声字比《京音字汇》多出许多。有的字甚至有四个声调。清入字归去声的最多，其次阴平，再次阳平，上声最少。归去声的清入字有相当一部分字同时读其他声调。

2.8 《增注中华新韵》

《增注中华新韵》306个清入字，78个归阴平，59个归阳平，19个归上声，90个归去声，其他字均有异读。归各调的清入字在今北京话中大多还保持原来的声调，一部分又增加了其他声调的异读，声调完全改变的只是很少的一部分字。《增注中华新韵》中有声调异读的清入字今北京话中大多也还有异读，只有少数字为单个声调。

2.9 小结

根据以上材料，北京话的清入字最晚在明末已经由《中原音韵》的归上声转为归四声，清代归四声的比例已经与今北京话接近，但在不同的材料中归调的比例都不尽相同。此外，有声调异读的字比较多是《合韵》以来北京话清入字归调的一个显著特点，从《合韵》到今天，一直有相当多的清入字有两个甚至三个、四个声调。比较如下表。

	总数	阴平	阳平	上声	去声	异读
《中原音韵》	232	0	4（1.7%）	214（92.5%）	13（5.6%）	1（0.4%）
《合韵》	278	44（15.8%）	17（6.1%）	35（12.6%）	182（65.5%）	96（34.5%)
《李氏音鉴》	256	84（32.8%）	60（23.4%）	21（8.2%）	63（24.6%）	28（10.9%）
《音韵逢源》	303	76（25.1%）	60（19.8%）	21（6.9%）	97（32.0%）	49（16.2%）
《语言自迩集》	306	60（19.6%）	40（13.1%）	9（2.9%）	66（21.6%）	131（42.8%）
《京音字汇》	302	86（28.5%）	42（13.9%）	22（7.3%）	91（30.1%）	61（20.2%）
《京音入声字谱》	291	57（19.6%）	31（10.7%）	14（4.8%）	95（32.6%）	94（32.3%）
《增注中华新韵》	306	78（25.5%）	59（19.3%）	19（6.2%）	90（29.4%）	60（19.6%）
今北京话	310	75（24.2%）	40（12.9%）	24（7.7%）	71（22.9%）	100（32.3%）

注：《合韵》所有清入字都有去声一调，所以，阴平、阳平、上声的比例分别是有这三调异读的清入字，去声则是只读去声的清入字比例。

不仅归四声的比例各种材料存在差异，具体到每个清入字的声调，以上材料与今北京话也不尽相同。下面对《李氏音鉴》《音韵逢源》《京音字汇》《增注中华新韵》及今北京话的清入字声调进行具体比较。

五者都有而且声调相同的清入字共95字：

阴平：鸽掐鸭接贴汁湿吸揖八瞎揭歇蝎拨刮说缺七虱失出屈托捉只滴踢激扑秃哭屋督

阳平：劫胁急级察洁厥决诀吉卒橘博酌则职国格革嫡蝠

上声：给渴铁笔戟嘱

去声：榻恰妾摄泣泄设阔瑟毕恤率错却廓确鲫啬式饰亿抑魄赫栅碧壁僻适释蓄畜郁束

此外，还有一部分字不是每种材料都有，但记有这些字的材料，声调都相同，共31字。

阴平：塌擦憋楔噎託桌

阳平：琢责掬

上声：眨胛饺卜

去声：拓怯轧彻撤猝扩握饬忆吓策扼轭炙酷畜

以上声调相同的清入字都只有一个调，没有异读。总起来看，去声字最多，其次阴平，再次阳平，上声最少。归阳平的字基本是不送气塞音、塞擦音声母，而归去声的基本是送气或擦音声母。但归阴平与上声的两类声母字都有。

五种材料都有的清入字共252个，除了声调相同的95字，还有157字声调不完全相同，大致可以分为以下几种情况（A、B、C、D代表四种声调，但不确指哪种声调）。

1. 五者共有两种声调，分为三种情况：

（1）A，B（或C，或D）：21字，都只有一个声调，共两种声调。

（2）A/B，A（或B）：63字，有的有两个声调，有的只有一个，但必是那两声调之一。

（3）A/B，C（或D）：仅2字，有的有两个声调，有的只有一个，但不同于两声调中的任一个。

2. 五者共有三种声调，分为五种情况：

（1）A，B，C：3字，都只有一个声调，共三种声调。

（2）A/B，A，B：25字，其他只有一个声调，分别是这两调之一。

（3）A/B，A（B），C（或D）：8字，有的有两个声调，有的只有一个，或者是这两个声调中的一个，或者是两声调之外的一个声调。

（4）A，A/B，A/C（或D）：7字，有的只有一个声调，有的有两个，但其中之一必与前者相同。

（5）A/B，A/C，B：这种情况只有1个字。

3. 五者共有四种声调：

（1）A，B，C ，A/B：4字，有的只有一个声调，共三种声调；有的是两个声调，由三个声调中的两个组成。

（2）A，B，A/B，A/C：2字，有的只有一个声调，共两种；有的是两个声调，或者由那两种声调组成，或者由两声调之一与第三种声调组成。

4. 至少一种材料的声调是三调或四调，比较复杂，21字。

五种材料声调相同的清入字占五者共有总数的37.7%，声调不同的清入字占62.3%。从上列十一种情况来看，声调不同的清入字也并非完全不同，如第二种A/B，A（或B）与第五种A/B，A，B，体现了五种材料之间的一些联系。但并不能说明清入字声调的变化趋向。

总之，清代以来的材料，尽管清入字都归四声，但互有参差，看不出明显的变化规律。从《李氏音鉴》到今北京话不过两百年左右，清入字归调一直处在这种比较乱的状态，即使相隔时间很近的材料也不完全相同，如同是反映19世纪中期北京话的《音韵逢源》和《语言自迩集》，同是反映民国初期北京话的《京音字汇》和《京音入声字谱》。这种不同可能是记录者的人为因素造成的，不同材料收字多少不同，收哪些字也不同。但更可能是北京话清入字本身的歧异造成的，不同时期清入字的归调不完全相同，同一时期，也因人而异。这几种材料所记录的浊入字归调十分一致，都是全浊入归阳平，次浊入归去声，异读的字数也比较少，尤其是次浊入。这也说明北京话清入字本身归调的歧异是造成各种材料不同的主要原因。

3. 古清入字归四声的成因

研究语音史的一个前提假设即语音演变的规律性，相同的条件必然有相同的变化，如果有例外，则必有更细致的条件起作用。由此出发，北京话清入字的归调也可能是有规律的，只是条件不明显，我们没能找出来而已。前人研究这一现象时，多是试图找出其中可能隐含的分化条件。如白涤洲除了根据古声母的清浊，还进一步根据声母的送气不送气、擦声等条件考察清入字的归调。但语音演变并不那么单纯，可能受到多种因素的影响，也并不一定每一个变化都能完成，这就使语言中存在许多不规律的现象。以上材料充分显示出，北京话清入字的归调是没有规律的。至于造成这种无规律状态的原因，陈刚（1988）、平山久雄（1990）等都曾指出北京话清入字的归调与方言接触有关。下面对此进行较为具体的论述。

3.1 古清入字的声调与韵母文白的关系

任何一种语言或方言，在其发展过程中，都难免与其他语言或方言发生接触，也就难免或多或少在其系统内留下其他语言或方言的一些痕迹。今北京话中可以找到的最为明显的方言接触的痕迹，大概就是宕江曾梗通五摄入声字存在的文白异读了。而我们说北京话清入字归调与方言接触有关，最为直接的证据也正是今北京话中有一部分清入字的归调与其韵母的文白有关联。具体说来，韵母只有白读的清入字，声调多为阴平或上声；韵母有文白两读的，白读音为阴平或上声，文读音为阳平或去声；韵母只有文读的，四个声调都有，但以归阳平或去声为多。而且，这一现象不仅存在于今北京话中，早在明末就已存在。以《合韵》《李氏音鉴》《京音字汇》为例。

《合韵》中宕江曾梗通五摄清入字或者文白兼有，或者只有文读。

（1）文白兼有：伯擘拍塞黑（阴平/去声）焯（阳平/去声）百窄侧册色客北得德国阁各郝雀觉脚宿鑁（上声/去声）柏（上声/阳平、去声）

（2）只有文读：锅卓戳劅（阴平/去声）筑魄酌藿（阳平/去声）菊掬麴蓄足促速肃粟竹粥祝博剥驳绰胳恶爵鹊削角确却约索啄涿琢捉朔缩郭廓握忒则摘责仄折策测瑟啬隔革刻克扼轭迫虢（去声）曲作霍（上声/去声）

只要是文白读音兼有的字，读去声的一定是文读音，而白读音则读阴平或上声。只有文读音的字，多为去声，少数也有阴平或阳平、上声的异读。

《李氏音鉴》有三种情况。

（1）只有白读：削黑拍摘粥（阴平）脚雀郝北窄（上声）

（2）文白兼有：得德（上声/阳平）宿百柏（上声/阳平、去声）

（3）只有文读：剥托搁涿捉虢叔麴戳（阴平）阁觉角博卓爵酌则国格革菊足朔筑祝啄驳焯竹（阳平）索（上声）涩瑟迫客鹊色错却廓霍藿确刻啬魄赫各克忒（去声）绰隔胳粟速（阴平/阳平）壳约肃（阴平/去声）测（阴平/阳平/去声）

《李氏音鉴》记录的只有白读音的字比较多，这些字的声调都是阴平或上声，没有一个字是阳平或去声的。而文白兼有的字较少，白读音都为上声，文读音或为阳平，或为去声。

《京音字汇》也有三种情况。但只有白读的字仅有“饺”字。文白兼有的字较《李氏音鉴》多，声调也较复杂。但仍是白读以归阴平、上声为主，文读以归阳平、去声为多。

（1）只有白读：饺（上声）

（2）文白兼有：宿（阴平/去声、去声）粥虱侧摘擘折拍（阴平/去声）黑（阴平、上声/去声）绰削（阴平/阴平、去声）剥（阴平）隔（阴平/阳平）北郝雀鹊柏百册窄（上声/去声）色（上声/去声、去声）角（上声/阳平）得脚（上声/阳平、去声）伯（阳平/去声）责（阳平/阳平、去声）塞（去声）

（3）只有文读：托卓捉桌涿戳郭搁胳劐（阴平）菊（阴平/阳平/去声）刻壳约作（阴平/去声）阁国虢格则琢酌叔掬博驳筑（阳平）足竹爵（阳平/去声）索（上声）却确客各克赫廓扩恶扼轭忒册测策啬涩瑟啄焯朔错握魄迫柷肃促粟霍藿（去声）

根据宕江曾梗通五摄清入字的声调与文白异读的关系，可以说，这几摄清入字归阴平或上声属于白读层，而归阳平或去声属于文读层。白读往往是方言固有的读音，因此，大致可以断定，早期北京话的清入字应是归阴平或上声的，只是后来才归阳平或去声。

文白异读是外方言影响而产生的读音叠置。存在文白异读说明北京话曾经受其他方言的影响，而清入字声调与文白异读的关联，说明外方言不仅影响到北京话入声字的韵母，也影响到了清入字的声调。由此可以确定，方言接触确实是导致清入字归调无规律的重要因素。但为什么北京话清入字的白读层会有阴平和上声两个声调？文读层会有阳平和去声两个声调？这就需要联系北京地区的历史及周围方言的情况来说明。

3.2 北京地区的历史与移民

北京地区由于其地理位置，自古以来一直是北方与中原文化的交接、过渡地带。唐代以前，北京地区主要是北方的中心，自唐代后期开始，北京地区的政治地位上升。五代时期，石敬瑭割包括北京地区在内的幽云十六州给契丹，从此北京处于北方少数民族的统治之下，成为北方各民族的聚居地。金代以中都为都，元代改中都为大都，北京地区逐渐成为北方乃至全国的政治、文化中心。元以后，北京的政治中心地位基本上延续下来。新朝代都是以战争来结束旧朝代的，每次战争都造成北京地区人口的大量流失和死亡，而新建立的王朝又会从外地迁入大量人口充实北京。所以说，北京地区在历史上人口变动一直很大，人口成分复杂。这就使北京话一直都有比较多的机会与其他方言发生接触。

关于辽金以来北京地区的历史移民情况，可参考林焘《北京官话溯源》（1987）。不过，单纯依靠文献记载的移民情况来说明北京话与其他方言的接触是很困难的。因为大部分的记载都缺少移入人口的移出地、所说方言以及具体的人数，这就很难判断究竟哪些方言影响了北京话，影响的程度又如何。从历史记载来看，元末明初大概是北京人口成分变动最为剧烈的时期。一方面，元朝统治者败退回蒙古，战争造成大都地区的人口大量流失，明朝建立后又迁大都人口至中原地区，使大都几乎变成一座空城。另一方面，明初多次从外地大规模移民。从这些情况来看，明初北京的人口成分与元代应该很不相同。所以，韩光辉（1996：255））认为，元末明初北京人口的变化"应该使当时地方语言的形成受到了强烈的冲击，几乎中断了它的发展。据此推测北京话的真正形成，并走向成熟，应该在明代以后"。

明初的北京话是什么样的情况，由于缺乏材料，我们无从了解。但明末《合韵》与元代的《中原音韵》比较，音系基本一致。这说明，虽然明初人口的迁移肯定影响到当时的北京话，但两百多年之后，明末北京话仍然与元代大都话十分接近，也就是说，人口的变化并没有中断北京话的发展。《合韵》所记录的北京话显然是《中原音韵》记录的大都话基础上的发展:《中原音韵》仅宕江通三摄入声字有文白异读，而且宕江摄的白读音占比较大的优势，但《合韵》中曾梗摄入声字也出现了文白异读，而且这五摄的白读音都处于弱势（高晓虹，2000）；《中原音韵》清入字归上声，例外字极少，而《合韵》清入字虽多归去声，但已是归四声。这些变化应该都与方言接触有关。

为什么元末明初北京的人口变动那么大，明代的北京话仍然与元代的大都话基本一脉相承？这可能是因为:（1）历史记载中的移民，由于来源复杂，方言复杂，人口比例上也不占优势，其方言并没能成为明代北京话的主流。（2）元末由于战争逃离大都的人口，在战争结束之后的明初，很可能又返回自己的家乡，这种情况在历史上并不少见。（3）当时大都周围地区的方言应该与大都话基本一致。虽然缺乏文献记载，但很有可能，这些地区在明代一直是北京源源不断的人口输送地。正是这些人，而不是历史记载的移民，构成了明代北京人口的主体。所以，虽然明代北京人口结构与以前很不相同，但语言却并未发生本质变化。

关于第（3）点，今北京话的情况可以作为佐证。今北京话周围的河北方言与北京话有很强的一致性。又根据黄晓东（2001：20），民国以来，外来人口是北京人口增长的重要来源，据民国25年的调查，来自河北省的人口占40.2%；1997年的流动人口中，来自河北的人口在京平均滞留时间长、人口比重最大。在民国之前，情况大概也会如此。官方的移民毕竟是少数，一次移民之后，很长时间都不会再移民，而且移民也不可能只来自一个地区。而相邻地区的人口流动则可以持续不断。

3.3 北京话与周围方言

北京话处于河北方言包围之中。根据刘淑学（2000），河北方言无入声区方言有着与北京话一致的文白异读。只此一点，就足以说明河北方言与北京话之间渊源甚深。河北方言无入声区方言的清入字归调有三种类型：归四声，归阴平，归上声。北京周围都是清入字归四声，顺平、唐县一带清入字归上声，河北东南部清入字归阴平。顺平、唐县一带清入字归上声，与《中原音韵》是一致的，很可能元代时清入字归上声的分布范围大于今天，后来逐渐缩小，只剩下今天这一小片。也就是说，早期北京话就处在清入字归上声的范围之内。这不仅与《中原音韵》相互印证，也可以说明，为什么今北京话宕江曾梗通摄入声字的白读音读上声。而且，清入字归上声在地域范围上的逐渐缩小，也与北京话清入字归上声数量的减少相呼应。

河北清入字归阴平的方言与归上声、归四声的方言紧密相连，分布范围很广。与河北相邻的山东西齐片方言清入字也归阴平。由于地域相邻，这些方言可能很早就与北京话发生接触，这些地区的人口不断流向北京地区，成为不同时期北京人口的组成成分。由于他们方言的声韵系统与北京话基本一致，在移居北京之后，比较容易保持自己原来方言的成分，并使这些成分在不知不觉中进入北京话。北京话清入字白读音读阴平，应该是来源于此。

3.4 北京话与读书音

一种方言中的文白异读是受外方言影响而形成。显然，能影响一种方言系统使其形成文读音的外方言非同一般，而应是一种权威方言。元明两代，是北京话文白异读的形成期。这一时期，北京几乎一直是全国的政治文化中心，北京话的地位自然也非其他地区的方言所能比。因此，北京话的文读音只能来自当时的标准语，而且是标准语的读书音。《合韵》较《中原音韵》的文白异读有很大发展：宕江通摄之外，曾梗摄入声字也出现文白差异；韵母之外，声调也出现文白不同；文读音占绝对优势。从现在的方言来看，韵母比较容易形成文白差异，声调最难形成文白异读。《合韵》中入声字的声调都出现了文白异读，也说明这种外方言非同寻常，只能是当时的标准语。

据鲁国尧（1985）、曾晓渝（1991）、杨福绵（1995）等，明代的标准语以南京方言为基础。徐孝《合韵》中曾梗通摄入声字的文读音，以及清入字归去声，应该是受此标准语影响（高晓虹，2000）。而且，即使到了清代乃至民国，这一标准语的影响仍然保留在读书音中，《李氏音鉴》中的入声就是这一影响的直接反映。威妥玛《语言自迩集》中也讲到入声仍然被承认，尽管只用于背书。现在虽然再没有人念书的时候故意把入声字读成短促的去声了，但清入字归去声的比例仍然很高，应该就是早期读书音作用的结果。在本文所用韵书中，清入字归去声的比例也大多是最高的。还有一点，北京话次浊入归去声的规律性最强，例外字很少，全浊入归阳平的比例虽然也很高，但清代以来的韵书，全浊入都有相当一部分字归去声，或有去声的异读，这也应是读书音把入声归去声对北京话的影响。尤其是编写韵书的都是文化程度高的读书人。这些都说明，读书音的影响是北京话清入字归去声比例高的一个主要原因。

3.5 小结

根据今北京话及历史上北京话清入字的归调情况，清入字归四声与方言接触密切相关。但由于北京地区的历史复杂，人口变迁十分频繁，所以这种方言接触的过程并非只是两种方言的接触那么单纯，而是有多种方言参与，既有相邻方言，也有权威方言，既有口语层的接触，也有书面语层的接触。不同时期也不完全相同。从目前的研究来看，语言之间的接触可以是有规律的（陈保亚，1996），方言间的接触虽然与语言接触不完全相同，但也可以是有规律的。所以，方言接触并不是造成北京话清入字归调无规律的充分条件，更根本的原因在于北京地区历史上一直是五方杂处，使北京话经历的方言接触复杂多变，才形成清入字无规律的状态。

如果说，归上声是北京话清入字本来的规律，周围方言的影响使清入字归阴平，而标准读书音的影响导致大量清入字读去声。那么，是什么原因使清入字归阳平呢？清入字归阳平属于文读层。一种可能是，全浊入归阳平的类推作用。前面也提到，清入字归阳平的基本都是不送气塞音、塞擦音。而全浊声母大多是塞音、塞擦音，浊音清化后，多变为不送气塞音、塞擦音。当然，也不排除连读音变、文字类推等因素的作用（黄晓东，2001）。

∷ 参考文献 ∷

白涤洲．北音入声演变考 [J]. 女师大学术季刊，1931（2）.

北京大学中国语言文学系教研室．汉语方音字汇（第二版）[M]. 北京：文字改革出版社，1989.

陈保亚．论语言接触与语言联盟 [M]. 北京：语文出版社，1996.

陈　刚．古清入字在北京话里的演变情况 [J]. 中国语言学报，1998（3）.

高晓虹. 方言接触与北京话入声字的历史层次[D]. 北京大学中文系博士学位论文，2000.

耿振生．明清等韵学通论 [M]. 北京：语文出版社，1992.

郭　力.《重订司马温公等韵图经》研究 [D]. 北京大学中文系硕士学位论文，1987.

郭　力．古清入字在《合并字学集韵》中的归调 [A]. 载《语言学论丛》第 19 辑，北京：商务印书馆，1997.

韩光辉．北京历史人口地理 [M]. 北京：北京大学出版社，1996.

侯精一．试论现代北京城区话的形成 [J]. 日本：中国语学，2001.

侯仁之．北京城市历史地理 [M]. 北京：北京燕山出版社，2000.

黄晓东．中古清入字在今北京话中的异读现象考察 [D]. 北京语言文化大学硕士学位论文，2001.

忌　浮．十四世纪大都方言的文白异读 [A]. 载《中原音韵新论》，北京：北京大学出版社，1991.

黎锦熙．京音入声字谱 [J]. 东方杂志，1924（21 卷第 2 期）.

黎新第．普通话古清入字归调条理探索 [J]. 音韵学研究，1986（第 3 辑）.

林　焘．北京官话溯源 [J]. 中国语文，1987（3）.

林　焘．“入派三声”补释 [J]. 语言学论丛，1992（第 17 辑）.

刘淑学．中古入声字在河北方言中的读音研究 [M]. 保定：河北大学出版社，2000.

鲁国尧．明代官话及其基础方言 [A]. 载《鲁国尧自选集》，郑州：河南教育出版社，1994.

陆志韦．陆志韦近代汉语音韵论集 [C]. 北京：商务印书馆，1988.

宁继福．中原音韵表稿 [M]. 长春：吉林文史出版社，1985.

平山久雄．中古汉语的清入声在北京话里的对应规律 [J]. 北京大学学报，1990（5）.

王　璞．京音字汇 [M]. 北京大学图书馆藏书，1913.

威妥玛．语言自迩集——19 世纪中期的北京话 [M]. 张卫东译，北京：北京大学出版社，2002.

杨福绵．罗明坚、利马窦《葡汉辞典》所记录的明代官话 [J]. 中国语言学报，1995（5）.

杨亦鸣．李氏音鉴音系研究 [M]. 西安：陕西人民教育出版社，1992.

裕　恩．音韵逢源 [M]. 北京大学图书馆藏书，1840.

曾晓渝．试论《西儒耳目资》的语音基础及明代官话的标准音 [J]. 西南师范大学学报，1991（1）.

周长楫．古清音声母入声字的读音问题 [J]. 辞书研究，1988（2）.

中国大辞典编纂处．增注中华新韵 [M]. 北京：商务印书馆，1950.

（原载《语言教学与研究》2003 年第 4 期）

冀鲁官话中宕江摄入声字的韵母

提　要　本文考察冀鲁官话中宕江摄入声字的韵母情况。冀鲁官话宕江摄入声字有三类韵母：A 读同效摄，B 读同果摄，C 读同假摄。大部分冀鲁官话，包括河北、天津、山西广灵以及山东西北地区靠近河北的方言，宕江摄入声字 A、B 类共存，其中 A 为白读，B 为文读；而在山东济南、聊城一带方言虽然 A、B 也共存，但 A 类字很少，B 类是这些方言的固有读音。仅个别字有 C 类音，基本也只限于山东的冀鲁官话。

关键词　冀鲁官话　宕江摄入声字　文白异读

在近代汉语语音演变中，官话入声的演变是较为复杂的。李荣（1985）根据入声字的归调把官话方言划分为十区。入声字的归调因此成为大家关注的一个重要问题。但入声的演变不仅包括声调的变化，还涉及韵母的变化。不同的官话区入声字韵母的演变是否像声调那样各不相同呢？对官话入声字的韵母进行系统的考察，不仅有助于深化对官话入声演变的认识，而且可以从入声字韵母的角度来检验官话的分区。

本文选择冀鲁官话宕江摄入声字的韵母进行讨论。冀鲁官话分布在河北省、山东省境内，其特点是全浊入归阳平，次浊入归去声，而清入字归阴平。研究冀鲁官话，对研究北京话具有重要意义。因为北京话正处于冀鲁官话的包围之中，与冀鲁官话有许多共同的特点。又根据以往的研究，宕江摄入声字的韵母在北京话及大部分河北方言中有文白两个层次，而且这种文白异读早在《中原音韵》时期就已出现。通过考察宕江摄入声字在整个冀鲁官话中的读音情况，有助于确定

《中原音韵》基础方言通行的范围。

1. 冀鲁官话中宕江摄入声字的韵母

宕江摄入声字包括宕摄开合口一等铎韵、开合口三等药韵、江摄开口二等觉韵，《方言调查字表》中收录如下 98 字：

博泊梁山~薄泊莫膜幕寞摸托託铎踱诺落烙骆酪洛络乐作错凿昨柞索各阁搁胳鄂郝蓋鹤恶善~（宕开一）郭廓扩霍藿劐镬（宕合一）略掠爵雀鹊嚼削着~衣着附~酌绰皭焯勺芍若弱脚却虐疟约药钥跃（宕开三）缚玃矍（宕合三）剥驳樸朴雹桌卓琢啄涿戳浊捉镯浞朔觉角饺确推壳嶽岳乐音~学握（江开二）

这些字有很多都不常用。本文仅从中选择一小部分常用字作为考察的例字。

根据《中国语言地图集》，冀鲁官话（北方官话）区共有 165 个县市，分为 3 片 13 个小片，分布在河北省的大部分地区、天津市（全部）、山东省的不足一半地区、以及北京的平谷县、山西的广灵县。分片的主要根据是古清入字的声调：保唐片分归四声，石济片归阴平，沧惠片也归阴平，但有少数归上声。

1.1 保唐片

保唐片包括 52 个县市，6 个小片：涞阜小片，定霸小片，天津小片，蓟遵小片，滦昌小片，抚龙小片。除了山西广灵、北京平谷、天津等点外，其他都属于河北省。下面以保定、安国（定霸小片）、玉田（蓟遵小片）、昌黎（滦昌小片）、平谷（蓟遵小片）、天津（天津小片）、广灵（涞阜小片）为例。

表 1　冀鲁官话保唐片宕江摄入声字的韵母[①]

	保定	安国	玉田	昌黎	平谷	天津	广灵
薄	po/pau	po/pau	po/pau	puo/pau	po/pau	po/pau	pə/pᴀo
摸	mo/mau	mo/mau	mo/mau	muo	mo/mau	mo	mə/mᴀo

① 为方便印刷，不标声调，下同。

续表

	保定	安国	玉田	昌黎	平谷	天津	广灵
烙	lau	lau	lau	luo/lau	lau	lau	lᴀo
落	luo/lau	luo/lau	luo/lau	luo/la/lau	lɤ/lau/la	luo/lau	luə/lᴀo
凿	tsau	tsau	tsau	tsau	tsuo/tsau	tsau	tsᴀo
搁	kɤ/kau	kɤ/kau	kɤ	kɤ/kau	kɤ/kau	kɤ	kə
郝	xau	xau	xau	xau	xau	xau	xə/xᴀo
恶	ŋɤ/ŋau	ɤ	ɤ	ŋau	nɤ/nau	nɤ	nə
略	lyɛ/liau	lyɛ/liau	lyɛ/liau	liau	lyɛ/liau	lye	liᴀo
鹊	tɕʻyɛ/tɕʻiau	tɕʻyɛ/tɕʻiau	tɕʻyɛ/tɕʻiau	tɕʻiau	tɕʻyɛ/tɕʻiau	tɕʻye/tɕʻiau（雀）	tɕʻyə/tɕʻiᴀo
嚼	tɕiau	tɕiau	tɕiau	tɕiau	tɕiau	tɕiau	tɕiᴀo
削	ɕyɛ/ɕiau	ɕiau	ɕyɛ/ɕiau	ɕiau	ɕyɛ/ɕiau	ɕye	ɕiᴀo
焯	tʂʻau	tʂʻau	tʂʻau	tʂʻau	tʂʻau		
勺	ʂau	ʂau	ʂau	ʂau	ʂau	ʂau	sᴀo
弱	ʐuo/ʐau	ʐuo/ʐau	ʐuo/ʐau	ʐau	ʐɤ/ʐau		zᴀo
脚	tɕiau	tɕiau	tɕiau	tɕiau	tɕiau	tɕiau	tɕiᴀo
药	iau	iau	iau	ye/iau	iau		iᴀo
郭	kuo	kuo	kuo	kuo	kuo	kuo	kuə
剥	po/pau ～皮	po/pau ～皮	po/pau ～皮	puo/pau	po/pau ～皮	po	pə/pᴀo
雹	pau	pau	pau	pau	pau	pau	pᴀo
桌	tʂuo	tʂuo	tʂuo	tsuo	tʂuo	tʂuo	tsuə
觉	tɕyɛ/tɕiau	tɕyɛ/tɕiau	tɕyɛ/tɕiau	tɕye/ tɕiau	tɕyɛ/tɕiau		tɕyə/tɕiᴀo
角	tɕiau	tɕiau	tɕiau	tɕiau	tɕyɛ/tɕiau	tɕiau	tɕiᴀo
岳	yɛ/iau	yɛ/iau	yɛ/iau	ye/iau	yɛ/iau	ye	iᴀo
学	ɕyɛ/ɕiau	ɕyɛ/ɕiau	ɕyɛ/ɕiau	ɕye/ɕiau	ɕyɛ/ɕiau	ɕye/ɕiau	ɕiᴀo

由表 1，保唐片方言中，所举宕江摄入声字的读音有两类，一类为 [ɑu] 类韵母（包括 [au、ɔ、ᴀo] 等），多数字有此类读音；一类为 [ə] 类韵母（包括 [o、ɤ、yɛ、ye] 等）。

1.2　石济片

包括 69 个县市，3 个小片：赵深小片，邢衡小片，聊泰小片。其中，赵深、邢衡小片都在河北省，聊泰小片大部分在山东省，小部分在河北省。下面以石家庄、井陉（赵深小片）、深泽、冀县（邢衡小片）、德州、临清、聊城、济南、新泰（聊泰小片）为例。

表 2　冀鲁官话石济片宕江摄入声字的韵母

	石家庄	井陉	深泽	冀县	德州	临清	聊城	济南	新泰
薄	pɔ	po/piɤ	pau	pau	pə/pɔ	pə	pə	pə	pə
摸	mo/mɔ	mɤ	mo/mau	mo/mau	mə/mɔ	mə	mə	mə	mə
烙	lɔ	lau	lau	lau	lɔ	luə/lɔ	luə	luə	luə
落	luo/lɔ	luo/lau	luo/lau	luo/lau	luə/lɔ/la	luə/lɔ	luə/lɔ/la	luə/la	luə/la
凿	tsɔ	tsau	tsau	tsau	tsɔ	tsɔ	tsuə	tsuə	tθuə
搁	kɤ/kɔ	kɤ/kau	kɤ/kau	kɤ/kau	kə	kə	kə	kə	kə
郝	xɔ	xau	xau	xau	xɔ	xə	xə	xə	xə/xɔ
恶~心	ŋɤ/ŋɔ	ŋɤ	ŋɤ/ŋau	ŋɤ/ŋau	ŋə	ŋə		ŋə	ŋə
略	lyɛ/liɔ	lyɛ/liɤ	lyɛ/liau	lyɛ/liau	lyə	luə/liɔ	luə	luə	luə/lyə
鹊（雀）	tɕʻyɛ/tsʻiɔ	tɕʻiɤ	tsʻyɛ/tsʻiau	tɕʻyɛ/tɕʻiau	tɕʻyə	tɕʻiɔ	tɕʻyə/tɕʻiɔ	tɕʻyə	tɕʻyə
嚼	tsiɔ	tɕiɤ/tɕiau	tsiau	tɕiau	tɕiɔ	tɕiɔ	tɕyə/tɕiɔ	tɕyə/tɕiɔ	tɕyə
削	ɕyɛ/siɔ	ɕyɛ/ɕiau	siau	ɕyɛ/ɕiau	ɕiɔ	ɕiɔ	ɕyə	ɕyə	ɕyə
焯~菜	tʂʻɔ	tsʻɤ	tʂʻauɔ	tʂʻauɔ	tʂʻɔ		tsʻuə	tʂʻuə	
勺	ʂɔ	sɤ/sau	ʂau	ʂau	ʂɔ	sɔ	suə	ʂuə/ʂɔ 新	fə
弱	ʐuo/ʐɔ	zɤ	ʐuo/ʐau	iau	ʐuə/ʐɔ	zɔ	zuə	luə	luə
脚	tɕiɔ	tɕiau/tɕiɤ	tɕiau	tɕiau	tɕiɔ	tɕiɔ	tɕyə	tɕyə	tɕyə
药	iɔ	iɤ	iau	iau	iɔ	iɔ	yə	yə/iɔ	yə
郭	kuo	kuo	kuo	kuo	kuə	kuə	kuə	kuə	kuə
剥	po/pɔ ～皮	pɤ/pau	po/pau	po/pau	pə/pa	pə	pə	pə/pa	pə/pa
雹	pɔ	pau	pau	pau	pɔ	pɔ	pɔ	pa/pɔ	pa/pɔ
桌	tʂuo	tsuo	tʂuo/tʂuau	tʂuo	tʂuə	tsuə	tsuə	tʂuə	pfə
觉~悟	tɕyɛ/tɕiɔ	tɕiau	tɕyɛ/tɕiau	tɕyɛ/tɕiau	tɕyə/tɕiɔ	tɕiɔ	tɕyə/tɕiɔ	tɕyə	tɕyə/tɕiɔ
角	tɕiɔ	tɕiau	tɕiau	tɕiau	tɕia/tɕiɔ	tɕia/tɕiɔ	tɕyə	tɕia/tɕyə	tɕia/tɕyə
岳	yɛ/iɔ	yɛ/iau	yɛ/iau	yɛ/iau	yə/iɔ	yə/iɔ	yə	yə	yə
学	ɕyɛ/ɕiɔ	ɕyɛ/ɕiau	ɕyɛ/ɕiau	ɕyɛ/ɕiau	ɕyə/ɕiɔ	ɕiɔ	ɕyə	ɕyə	ɕyə

表 2 中，前四种为河北方言，后五种为山东方言。其中河北的方言点与保唐片读音基本一致，有 [au]、[ə] 两类韵母。山东的德州、临清与河北方言比较一致；聊城、济南、新泰虽然也有与河北方言一致的两类读音，但 [ə] 类韵母占多数。此外，山东的方言点有几个字有 [a、ia] 的异读，如：落剥雹角。河北只有

“落”字有此类音，如昌黎、平谷，“落”在普通话里也有一读为 lɑ。

1.3 沧惠片

包括 44 个县市，4 个小片：黄乐小片，阳寿小片，莒赵小片，章桓小片。其中黄乐小片既有山东的点，也有河北的点。其他三小片均在山东。下面以沧州、海兴、宁津、临邑（黄乐小片）、利津（章桓小片）、博兴（阳寿小片）、章丘（章桓小片）、寿光（阳寿小片）、日照（莒照小片）为例。

表 3 冀鲁官话沧惠片宕江摄入声字的韵母

	沧州	海兴	宁津	临邑	利津	博兴	章丘	寿光	日照
薄	po/pɑu	pɑu	pɔ	pə/pɔ	pɔ	pɔ	pə	pə	pə
摸	mo/mɑu	mo/mɑu	mə/mɔ	mə		mɔ	mə		mə
烙	lɑu	lɑu	lɔ	lɔ	luə/lɔ	luə	luə	luə	luə
落	luo/lɑu	luo/lɑu	luə/lɔ	luə/lɔ/la	luə/lɔ/lɑ	luə/lɔ	luə/la	luə	luə
凿	tsɑu	tsɑu	tsɔ	tsɔ	tsɔ	tsɔ	tsuə	tsuə	tθuə
搁	kɤ/kɑu	kɤ/kɑu	kə/kɔ	kə/kɔ	kə/kɔ		kə	kuə	kə
郝	xɑu	xɑu	xɔ	xuə/xɔ	xɔ	xuə	xuə	xuə	xə
恶～心	ŋɤ/ŋɑu	ŋɤ/ŋɑu	ŋə/ŋɔ	ŋɔ	ŋə	ŋɔ	uə	uə	ŋə
略	lyɛ/liɑu	lyɛ/liɑu	lyə/liɔ	lyə/liɔ	lyə/liɔ	lyə	lyə	lyə	lyə
鹊	tɕʻyɛ/tɕʻiɑu	tɕʻyɛ/tɕʻiɑu	tɕʻyə/tɕʻiɔ	tɕʻiɔ	tsʻiɔ	tsʻiɔ	tɕʻyə	tɕʻyə/tɕʻiɔ	tθʻyə
嚼	tɕiɑu	tɕiɑu	tɕiɔ	tɕiɔ	tsiɔ	tsiɔ	tɕyə	tɕyə	tθyə
削	ɕyɛ/ɕiɑu	ɕiɑu	ɕyə	ɕiɔ	syə/siɔ	siɔ	ɕyə	ɕyə	θyə
焯～菜	tʂʻɑu	tʂʻɑu			tʂɔ	tʂʻɔ（绰）	tʂʻuə	tʂʻɔ	tʂʻuə
勺	ʂɑu	ʂɑu	ʂɔ	ʂɔ	ʂɔ	ʂɔ	ʂuə	ʂuə	ʂuə
弱	ʐuo/ʐɑu	ʐuo/ʐɑu	ʐuə/ʐɔ	ʐuə/ʐɔ	ʐuə/ʐɔ	ʒɔ	luə	luə	yə
脚	tɕiɑu	tɕiɑu	tɕiɔ	tɕiɔ	tɕiɔ	tɕiɔ	tɕyə	tɕyə	tɕyə
药	iɑu	iɑu	iɔ	iɔ	iɔ	iɔ	iɔ	yə	yə
郭	kuo	kuo	kuə	kuə	kuəɔ	kuə	kuə	kuə	kuə
剥	po/pɑu ～皮	po/pɑu ～皮	pə/pa	pə	pə/pɑ	pɑ	pə/pa	pə/pA	pə
雹		pɑu	pɔ	pɔ	pɔ	pɑ	pa	pA	pɑ
桌	tsuo	tʂuo	tʂuə	tʂuə	tʂuə	tʃuə	tʂuə	tʂuə	tʂuə
觉～悟	tɕyɛ/tɕiɑu	tɕyɛ/tɕiɑu	tɕyə/tɕiɔ	tɕiɔ	tɕyə/tɕiɔ	tɕiɔ	tɕyə	tɕyə/tɕiɔ	tɕyə
角	tɕiɑu	tɕiɑu	tɕiɔ/tɕia	tɕiɔ/tɕia	tɕiɔ	tɕyə/tɕiɑ	tɕyə/tɕia	tɕyə/tɕia	tɕyə
岳（乐）	yɛ/iɑu	yɛ/iɑu	yə/iɔ	yə/iɔ	yə/iɔ	iɔ	yə	yə	yə
学	ɕyɛ/ɕiɑu	ɕyɛ/ɕiɑu	ɕyə/ɕiɔ	ɕyə/ɕiɔ	ɕyə/ɕiɔ	ɕiɔ	ɕyə/ɕiɔ	ɕyə	yə

表 3 沧惠片只有沧州、海兴属河北，其他均属山东。但显然，宕江摄入声字的韵母并不因省份不同而有区别。山东的宁津、临邑、利津、博兴，虽然读 [ɑu] 类韵母的字比河北方言略少，但明显比山东其他方言多。而山东章丘、寿光、日照等地则以读 [ə] 类韵母为主，仅个别字有 [ɑu] 类韵母的读音。与石济片的山东方言一样，沧惠片的山东方言“落剥雹角”等字也往往有 [a、ia] 的异读。

1.4　小结

保唐片、石济片、沧惠片主要是根据清入字的声调而分的。宕江摄入声字的韵母差异与清入字的归调关系不大。若以宕江摄入声字的韵母为标准，分出来的片应与现在的不同。

总体上来看，冀鲁官话宕江摄入声字的韵母读音有三类：与中古效摄字合并，即 [ɑu] 类韵母；与中古果摄字合并，即 [ə] 类韵母；与中古假摄二等字合并，即韵母 [a ia]。由于不同方言音值不完全相同，下文分别称这三类读音为：A、B、C 三类。前面所列举的每种方言都至少有两类读音。下面具体说明。

A 读同效摄

从分布来看，保唐片大部分字都有此类读音。保唐片基本都是河北方言，平谷（属北京）、天津、广灵虽然不属河北，但都与河北其他方言地域上相连。

石济片小部分在河北，大部分在山东。河北的点，如石家庄，与保唐片一致，以 A 类音为主。山东的德州、临清与河北方言较为一致，读同效摄的字较多，而聊城、济南、新泰只有很少的字读同效摄。

沧惠片也是小部分在河北，大部分在山东。河北的点与保唐片一致，以读同效摄为主，如沧州。山东的宁津、临邑、利津以及博兴，与保唐片相近，而章丘、寿光、日照，则与石济片的聊城、新泰一样，只有很少的字读同效摄。

B 读同果摄

这类读音与A类在方言中共存。就以上所举常用字来说，A类音字多的方言，B 类音字就少，而 A 类音字少的方言，则以 B 类音为主。

C 读同假摄

这类读音主要出现在山东方言中，字数很少，所举字中只有“落剥雹角”四个。河北方言仅“落~在后头了”有此类音，其他字河北等非山东方言都没有此类读音。

虽然三类音的分布并没有截然分明的界限，但不同的读音有比较明显的分布特点。A 类主要分布在河北及靠近河北省的山东冀鲁官话，C 类除“落”外只山东的冀鲁官话中才有，B 类分布在整个冀鲁官话。在山东，A、B 两类的分界，西部大致是临清与聊城之间，东部大致在博兴与寿光之间，临清、博兴以西以北地区 A 类读音字数较多，往南则明显减少，以 B 类读音为主，日照所举字中没有 A 类读音。

2. 冀鲁官话宕江摄入声字三类韵母的关系

前面考察了冀鲁官话常用宕江摄入声字的三类韵母及各自的分布情况。这三类韵母之间的关系是怎样的？根据刘淑学（2000），河北大部分方言，主要属于冀鲁官话和北京官话，宕江摄入声字都有与北京话一致的文白异读，即文读音读同果摄，白读音读同效摄。这种异读最早在《中原音韵》中就已存在。又据高晓虹（2000），《中原音韵》中宕江摄入声字几乎都有白读音，即读同效摄，有文读音即读同果摄的只是少数字，而且这些字同时有白读音。在今北京话中正好相反，几乎所有字都有文读音，有白读音的字是少数，这些字大多同时有文读音。河北方言中保留白读的字比北京话多，常用字多保留白读音，而不常用的字往往只有文读音。本文 A、B 两类韵母与北京话及河北方言的文白读一致，A 类与白读音同，B 类与文读音同。由此，河北的冀鲁官话及平谷、天津、广灵方言中，A、B 两类韵母应该是文白异读，这些方言的材料中若一字有 A、B 两种读音，一般都注明 A 类音为白读，B 类音为文读。

山东的冀鲁官话中，临清、博兴及以北的方言有 A 类韵母的宕江摄入声字比较多，这些方言与河北的冀鲁官话连成一片，虽然分属两省，却具有很强的一致性。这些方言中的 A、B 两类韵母也应是文白的差异。临清、博兴以南的方言所举例字中有 A 类音的字很少，大部分字都是 B 类读音，与河北方言情况正好相反。这些方言中的两类读音是否是文白差异？若是，是否与河北方言一致？如果是文白差异，并且与河北方言一样，A 类为白读音，B 类为文读音，那么两类读音的势力强弱为何与河北方言相反？一种可能是，这些方言正好与中原官话相连，中原官话宕江摄入声字多读 B 类韵母，受中原官话的影响，读 A 类韵母的字越来越少。从地理位置上来看，这些方言与中原官话毗邻。与其他冀鲁官话方言相比，更容易受到中原官话的影响，A类音字比其他冀鲁官话少，也是可能的。据高晓虹（2000），《中原音韵》宕江摄入声字的文读是元代受中原汴洛音影响产生的，到明末时，文读音已经占优势，明代中原汴洛音不再是权威方言，官话方言的基础是明代的南京话。到清代，以北京话为基础的官话又逐渐代替以南京话为基础的官话。也就是说，明代以来，中原官话已经不再是权威方言，仅仅是地域相邻，似乎不至于使这些方言放弃原有的A类读音。若说是因明清时官话方言文读音占优势所致，又无法解释其他方言为何并没有受到影响？

如果是文白差异，但与河北方言正好相反，B类为白读音，A类为文读音，从数量上，文读音处于弱势，说明文白竞争刚开始不久。文读音只能来自北京话及相邻的河北方言。而从权威性来看，只能是北京话及其代表的普通话。文读音的数量少，大概与北京话中A类读音少有关。不过，这很难解释，北京话及普通话中为A类韵母的“脚”在章丘等方言中却未形成文读。

由上，临清、博兴以南的冀鲁官话A、B两类读音似乎不该是文白的差异。究竟这一带方言哪类音是固有的呢？受王洪君（2006）的启发，我们尝试用陈保亚的语言接触有阶无界理论来讨论这一问题。根据这一理论，语言中最基本的核心词是最不容易被其他语言影响发生变化的。王洪君（2006）用这一理论来分析北京话清入字的层次，说明同样适用于汉语方言间的接触情况。既然最基本的核心词是不容易在接触中受到外来影响的，那么，其读音应该是方言所固有的。若宕江摄入声字中有核心词，应该就可以据其读音来确定宕江摄入声字在方言中固有的读音。

根据陈保亚、汪锋（2006），宕江摄入声字中，“脚（foot）、角(horn)”两字属于高阶核心语素候选词，其中“角”是上古汉语高阶核心语素（严式）；“恶（bad）、斫（cut）、落（fall）、泊（lake）、索（rope）、薄（thin）、缚（tie）、濯（wash）”等字属于低阶核心语素候选词，其中“恶、斫、索、薄”是上古汉语低阶核心语素（严式）。不过，在上古汉语里是核心词，在现代汉语里却未必常用，有些只是保留在书面语中。北京话里与这些词相对应的说法是：“脚/脚（把）丫儿（foot），犄角（horn），坏/赖（bad），砍（cut），掉（fall），湖（lake），绳子/绳儿（rope），薄（thin），捆（tie）、洗（wash）”。北京话与河北的冀鲁官话关系密切，又处于冀鲁官话的包围之中，词汇的一致性很强，以上说法应可以代表冀鲁官话。这样，从现代的官话来看，宕江摄入声字只有三个是核心语素："脚、角"是高阶核心语素，"薄"是低阶核心语素。作为核心语素，它们的读音应该是一个方言所固有的。

在冀鲁官话的保唐片方言中，"脚"都只有A类音；"角"大多数也只有A类音，仅平谷有A、B两类音，但B类音是"主角儿"之义，不符合horn的意思，作为"犄角"义的，也是A类音；"薄"则基本都有A、B两类音。在石济片方言中，"脚"在聊城、济南、新泰方言中只有B类音，其他方言大多只有A类音，仅井陉方言有A、B两类音；"角"在河北的方言点中只有A类音，在山东的方言点中，德州、临清是A、C两类音共存，聊城只有B类音，济南、新泰是B、C共存，德州、临清方言中horn义为C类音，济南则两音都可，新泰不明；"薄"在河北的方言点中，除井陉外，都是A类音，山东的临清、聊城、济南、新泰都是B类音，德州A、B两类共存。沧惠片方言中，"脚"在章丘、寿光、日照方言中为B类音，其他方言中为A类音；"角"在河北的沧州、海兴都只有A类音，而在山东的方言点中，利津只有A类音，日照只有B类音，宁津、临邑A、C共存，其中C类音用在"牛角"中，A类音用在"墙角"等词中，章丘、寿光B、C共存，章丘两音都可用在"牛角"一词中，寿光"牛角"用C类音；"薄"在章丘、寿光、日照方言中为B类音，临邑A、B共存，其他仅A类音。

"脚、角、薄"这三个字中，"脚"在以上方言中几乎没有异读，或为A类，或为B类，由此来看，保唐片、石济片的河北方言及山东的德州和临清、沧惠片的河北方言及山东的宁津、临邑、利津、博兴方言，A类音是固有的，而石济片的聊城、济南、新泰和沧惠片的章丘、寿光、日照诸方言中，B类音是固有的。"角"在河北的冀鲁官话方言中，基本是A类音，而在山东的冀鲁官话中，往往是A、C或B、C共存，其中C类音多用在horn义的词中。"薄"有异读的方言比较多，但仅读B类音的方言与"脚"只读B类音的方言基本一致。从这三个字的读音来看，山东省的冀鲁官话，部分与河北方言一样，A类音是固有的，而部分方言B类音是固有的。

"角（horn）"在山东的冀鲁官话中多为C类音。这个语素在汉语中比"脚"更为古老，在上古汉语就是高阶核心语素。C类音可能是山东方言早期的一个层次。这类音涉及的字很少，多是江摄入声字，而且都是口语词，但在山东分布比较广，东区及西区的西齐片都有。明代《韵略汇通》中，入声字保留喉塞尾，其中宕江摄入声字的主要元音即为 a。从音理上来看，喉塞尾脱落后变为 C 类音是很自然的。《韵略汇通》的作者毕拱辰是莱州人，莱州属胶辽官话。但今天胶辽官话中宕江摄入声字的读音基本为 B 类，只有“落剥雹角”等个别字为 C 类音。根据张树铮（2005），清代莱州人周云炽所作《韵略新抄便览》，是改编增订《韵略汇通》而成，反映了方言的一些情况。其中宕江摄入声字都为 B 类音。在清代其他材料中，宕江摄入声字的读音或为 B 类，或 A、B 两类共存，仅在道光二十五年（1845）刊《胶州志》“方言”中有 C 类音的记载：路泞曰泥（锄加切）；“方音”：雹曰拔，岳庙曰迓庙。这说明，当时胶州方言有 C 类音。从今天的情况来看，应该不限于胶州方言。但这类音究竟如何，目前尚无法说清。

张树铮（2005）曾考察清代山东方言的宕江摄入声字韵母，指出，清代“觉药两韵字在山东方言中有两种表现：一种均读 au iau，一种则不读 au iau。从与现代方言的比较来看，读 au iau 的地区正是今山东方言这类字全部或部分读 au、iau 类韵母的地区，与今方言基本一致。从桓台方言的情况来看，觉药两韵的字现代已经比较多地读成了 uo、ye 韵，如‘学略若’等字，这是受普通话、特别是邻近山东方言的影响的结果”。具体来说，《万韵书》（高青）、《等韵简明指掌图》（桓台）、《聊斋俚曲集》（淄川）清代都是 A、B 两类音并存，到今天高青变化不太大，桓台、淄川 A 类音字数减少，这几种方言今都属冀鲁官话；《等韵变读》（寿光）、《七音谱》（高密）、《韵略新抄便览》（莱州）、《木皮散人鼓词》（曲阜）清代都是 B 类读音，今天也仍然如此，其中寿光属冀鲁官话，高密、莱州属胶辽官话，曲阜属中原官话。

综合这些情况，本文认为，虽然 C 类音可能是山东冀鲁官话较早期的读音，但清代时，这类音已经濒临消失，只残存于少数口语词中；A、B 类音是当时主要的读音，二者的分布范围不同。从今天的情况来看，清代聊城、寿光以北地区为 A 类音，而以南为 B 类音。这两类音的交界地带，B 类音方言也有少数字读 A 类音。当然，从桓台、淄川方言的情况来看，清代至今，两类音的界线有所变化，B 类音的范围略有扩大，往北推移。这大概由于山东方言大多为 B 类音，而且，济南、北京这些权威方言也都是 B 类音或以 B 类音为主所致。

3. 余论

本文主要考察了冀鲁官话宕江摄常用入声字的韵母。这部分之外的宕江摄入声字的韵母基本一致，多读同果摄，不管是山东还是河北。

根据宕江摄常用入声字在冀鲁官话中的读音，并结合“脚、角、薄”三个核心语素的情况，可知：宕江摄入声字在冀鲁官话中有 A、B、C 三类读音。其中 A、B 两类分布广泛，在河北的冀鲁官话及临清、博兴一线及以北的山东冀鲁官话中共存，A 类是这些方言中固有的，B 类为外来的。在临清、博兴一线以南的山东冀鲁官话中，基本只有 B 类音，而 A 类音很少，B类音是固有的。清代这条界线略偏南。C 类音在山东分布广但字数少，其形成及发展情况还不能确定。显然，大部分冀鲁官话宕江摄入声字以 A 类音为固有形式。与清入字的归调情况比较来看，冀鲁官话宕江摄入声字读音的一致性更强一些。

北京话、河北方言宕江摄入声字有读同效摄的白读音，这点常是判定《中原音韵》基础方言是元大都一带方言的语言证据。根据本文的考察，元代宕江摄入声字读同效摄的范围可能还要更广一些，从今河北地区，一直延伸到与之相连的山东西北地区。

本文尝试用核心词的读音来确定一个方言固有的白读音。核心词理论的基本假设是，与其他词相比，核心词是语言中最不易受外来影响发生变化的，由此可推出，其读音往往是语言中固有的形式。但语言中的核心词数量是很少的，具体到所要考察的语言现象，核心词的数量更少。而数量少就很难排除偶然性的因素。本文考察的宕江摄入声字只有三个可算核心语素。仅用这三个字的读音来说明问题，难免令人怀疑。不过本文所选用的均为常用字，与这三个字反映的情况基本一致，二者结合，得出的结论应该比较可靠。

在方言研究中一般多选用常用字、常用词来说明问题，虽然没有明确说明，实际也暗含了与核心词理论类似的假设：常用词往往保留一种方言中最土的语音层次。从这个角度来说，方言研究中选取常用字的研究方法与核心词理论的前提基础是相同的，即语言或方言中的常用字、核心字最稳定。不同的是，核心字是所有语言共有的，而常用字并非如此。正由于此，核心词的数量少，现在一般确定为 200 个。相对来说，常用字的范围更宽一些。从理论上来说，核心字既然是一种语言最基本的词语，那么必然也在常用字的范围之内，应该也是常用字中最核心的部分。

在研究不同语言的接触时，核心字比常用字更有价值。因为核心字是语言所共有的，不同语言间可以进行比较。而常用字不同的语言未必相同，缺乏可比性。而在汉语方言的接触研究中，方言间的接触往往体现在更为具体的语言项目上，能用作考察材料的核心字就非常少，而方言所共有的常用字反而比较多，这种情况下，常用字可能就比核心字更能说明问题。但问题是，确定常用字的标准比较主观，至今没有明确的可操作的方法。再就是，常用字的读音也会有分歧，是否这种分歧反映了常用程度的不同？迄今为止，似未有人对常用字的这些方面进行理论上的阐述。而核心字的这些方面已经研究得较为成熟。把核心字和常用字结合起来，应该是研究方言接触的一种行之有效的方法。王洪君（2006）可以说是一个很好的范例。

∷ 参考文献 ∷

曹延杰．德州方言志 [M]. 北京：语文出版社，1991.

曹延杰．宁津方言志 [M]. 北京：中国文史出版社，2002.

曹延杰．临邑方言音系 [J]. 方言，2015（1）.

陈保亚、汪锋．论核心语素的确定——以上古汉语为例 [A]. 载《语言学论丛》第33辑，北京：商务印书馆，2006.

陈淑静．平谷方言研究 [M]. 保定：河北大学出版社，1998.

陈章太、李行健．普通话基础方言基本词汇集 [M]. 北京：语文出版社，1996.

河北省昌黎县县志编纂委员会、中国社会科学院语言研究所．昌黎方言志 [M]. 上海：上海教育出版社，1984.

高晓虹．方言接触与北京话入声字的历史层次 [D]. 北京大学中文系博士论文，2000.

高晓虹．北京话入声字文白异读的历史层次 [J]. 语文研究，2001（2）.

高慎贵．新泰方言志 [M]. 北京：语文出版社，1995.

忌　浮．十四世纪大都方言的文白异读 [A]. 载《中原音韵新论》，北京：北京大学出版社，1991.
李　荣．官话方言的分区 [J]. 方言，1985（1）.
刘淑学．中古入声字在河北方言中的读音研究 [M]. 保定：河北大学出版社，2000.
罗福腾、孟庆泰．淄川方言志 [M]. 北京：语文出版社，1994.
马文忠．广灵方言志 [M]. 太原：山西高校联合出版社，1994.
钱曾怡、朱广祁．济南话音档 [M]. 上海：上海教育出版社，1998.
钱曾怡．山东方言研究 [M]. 济南：齐鲁书社，2001.
唐作藩．音韵学教程 [M]. 北京：北京大学出版社，1986.
王福堂．汉语方言语音的演变和层次 [M]. 北京：语文出版社，1999.
王洪君．文白异读与叠置式音变 [A]. 载《语言学论丛》第 17 辑，北京：商务印书馆，1997.
王洪君. 北京话清入归调的层次与阶曲线判定法——兼评《基本词汇与语言演变》[A]. 载《语言学论丛》第 33 辑，北京：商务印书馆，2006.
徐通锵．历史语言学 [M]. 北京：商务印书馆，1991.
杨秋泽．利津方言志 [M]. 北京：语文出版社，1990.
张鹤泉．聊城方言志 [M]. 北京：语文出版社，1995.
张鸿魁．临清方言志 [M]. 北京：中国展望出版社，1990.
张树铮．寿光方言志 [M]. 北京：语文出版社，1995.
张树铮．方言历史探索 [M]. 呼和浩特：内蒙古人民出版社，1999.
张树铮．清代山东方言语音研究 [M]. 济南：山东大学出版社，2005.
张玉来．韵略汇通音系研究 [M]. 济南：山东教育出版社，1995.
中国社会科学院、澳大利亚人文科学院. 中国语言地图集[M]. 香港：香港朗文（远东）有限公司，1987.

（第一作者为刘淑学，原载《语苑撷英》二，中国大百科全书出版社，2007）

山东方言古江摄入声字的读音

提　要　山东方言古江摄入声字有三种读音：读同果摄；读同假摄；读同效摄。本文首先考察了这三种读音在山东方言中的分布，发现读同假摄主要分布在东区以及西区临近东区的方言中，并且仅出现在少数常用词中；读同果摄分布最为广泛，是山东方言古江摄入声字的优势读音；读同效摄主要分布在西齐片。其次，本文考察了几种文献的情况，发现早在清代初期，山东方言中古江摄入声字就存在这三种读音，但读同效摄的分布范围比今天要大一些，读同假摄当时已经是弱势读音，而读同果摄从那时起就已占据优势。

关键词　山东方言　古江摄入声字

山东章丘方言中，江摄入声字有三种不同的读音。第一种读音与果摄字合流，如：桌 tʂuə，学 ɕyə~校，剥 pə~削；第二种读音与假摄二等字相同，如：剥 pa~皮，角tɕia羊~，摧tɕʰia~蒜，雹pa~子；第三种读音与效摄字相同，如：学ɕiɔ上~。其中第一种读音字数最多，大多数字都有这种读音。第三种读音最少，目前只记到这一个字。第二种读音的字多于第三种，字数也不多，所在词语比较土一些。第一种读音对应于北京话的文读，是官话方言中常见的一种读音；第三种读音对应于北京话的白读，在冀鲁官话中普遍存在。第二种读音在其他官话中不那么常见，但从其在章丘方言的表现来看，应是比较早的一个层次。《山东方言研究》（钱曾怡，2001：323）曾注意到《聊斋俚曲集》中“剥觉”二字读家麻韵，并与今淄川方言比较，认为“由‘剥雹角’今淄川仍读 a、ia 韵母来看，300 年前古觉韵的一些字确实是读 a、ia 韵母的。其中，‘剥’字白读至今仍保留原来的读法，而‘觉’字后来则发生变化失去了 a 韵母的读法”。可见，至少在清代，第二种读音就已经存在。

不过，至今为止，未有人对山东方言此类读音的来源及分布进行讨论。本文将考察山东方言江摄入声字的读音情况，在此基础上尝试对此类读音的形成进行一些解释。

1. 山东方言江摄入声字的读音类型及分布

山东方言分属于三种官话：冀鲁官话、中原官话、胶辽官话。从山东方言内部的分区（钱曾怡等，1982）来看，属于冀鲁官话、中原官话的方言组成山东方言的西区，分别与西齐片与西鲁片大致相当；属于胶辽官话的方言与山东方言的东区基本一致。本文主要考察了《山东方言志丛书》《山东省志》中的方言，以及其他一些材料，结果发现山东方言的江摄入声字存在与章丘方言相同的三种读音。下面分别说明。

1.1　第一种读音，江摄入声字读同果摄

山东方言江摄入声字大部分读同果摄或有此种读音，不过不同方言的具体音值不完全相同。四片各举一点如下。

荣成（东莱）：剥 pa ~皮/pɔ ~皮 驳 pɔ 桌 tʂɔ 琢 tʂɔ 捉 tʂɔ 浊 tʂɔ 戳 tʂ^{h}ɔ 啄 tʂ^{h}ɔ 鸡~食 角 tsia/cyɔ 菜~，~色 觉 cyɔ 确 c^{h}yɔ 学 çyɔ 岳 yɔ

诸城（东潍）：剥 pə ~削/pɑ ~皮 驳 pə 桌 tʂuə 琢 tʂuə 捉 tʂuə 浊 tʂuə 啄 tʂuə 戳 tʂ^{h}uə 岳 yə

德州（西齐）：剥 pə ~削/pa ~皮儿 驳 pə 桌 tʂuə 琢 tʂuə 捉 tʂuə 浊 tʂuə 啄 tʂuə 戳 tʂ^{h}uə 角 tɕiɔ 豆~儿/tɕia 牛~ 觉 tɕyə 文/tɕiɔ 白 确 tɕ^{h}yə 学 ɕyə 文/ɕiɔ 白 岳 yə/ia~庄儿/iɔ 姓

定陶（西鲁）：剥 pə 驳 pə 雹 pə~子 桌 tʂuə 琢 tʂuə 捉 tʂuə 浊 tʂuə 戳 tʂ^{h}uə 角 tɕyə 学 ɕyə 岳 yə

以上四点读同果摄的江摄入声字数量都不少，涵盖了《方言调查字表》中的大多数江摄入声字。与下面两种读音相比，这点非常突出。

1.2 第二种读音，江摄入声字读同假摄

这种读音在山东方言中也很普遍，但涉及的字很少，主要是“剥雹角”三字，而且常有其他异读并存。下面列举多于三字的方言点。

新泰：剥 pa/pə 雹 pa/pɔ 角 tɕia/tɕyə

淄川：剥 pɑ ~皮/pə ~削 角 tɕiɑ/tɕyə 牛~ 雹 pɑ

博山：剥 pɑ ~皮/pə ~削 雹 pɑ 角 tɕiɑ 牛~/tɕyə

济南：剥 pa ~皮 雹 pa/pɔ 角 tɕia

德州：剥 pa ~皮儿/pə ~削 角 tɕia 牛~/tɕiɔ 墙~儿 岳 ia~庄儿/iɔ 姓/yə

利津：剥 pɑ ~皮/pə ~削 角 tɕiɑr ~儿上

蒙阴：剥 pɑ/pə 雹 pɑ 角 tɕiɑ 牛~

寿光：剥 pᴀ 雹 pᴀ 角 kᴀ 仰角子~/tɕiᴀ 低头耷拉~①

沂水：剥 pɑ/pə 雹 pɑ 角 tɕiɑ 牛~

平度②：雹 pa 角 cia

烟台：剥 pa ~皮/po 雹 pa 角 cia 牛~，豆~

即墨：剥 pɑ ~皮/pə 雹 pɑ 角 tɕiɑ

牟平③：剥 pɑ ~皮/po ~削 雹 pɑ 角 ciɑ

龙口：剥 pa ~皮/pə ~削 雹 pa 角 cia ~色 捉 tsua

虽然本文考察的方言中，绝大多数都存在江摄入声字读同假摄的现象，但比较来看，西鲁片方言比较少。

1.3 第三种读音，江摄入声字读同效摄

山东方言中江摄入声字读同效摄的读音也很普遍。但多数方言限于“朴雹饺”等字，而这几字的这一读音与普通话是一致的。此类读音有三字以上的方言

---

① 《寿光方言志》（张树铮，1995）的同音字表里“角”只收了 tɕyə 一读，并注明是“文读”，此处据词汇收录。

② 《平度方言志》（于克仁，1992）的同音字表里“剥”只有 pə 一读。但“扒”注音为 pa，上声。一般“扒”为阴平调，而非上声。而“剥”为清入字，应读上声。因此“扒”疑为“剥”。

③ 《牟平方言志》（罗福腾，1992）有一无字词为□ c^{h}iɑ，注释为“碾压，～地瓜干儿”，本字应为“搉”。

如下：

临清：雹 pɔ 角 tɕiɔ 墙~ 学 ɕiɔ 岳 iɔ

德州：雹 pɔ 觉 tɕiɔ 白 /tɕyə 文 角 tɕiɔ 豆~儿 /tɕia 牛~ 学 ɕiɔ/ɕyə 壳 tɕʰiɔ 岳 iɔ 姓 / ia ~庄儿 /yə

庆云：剥 pɔ ~皮儿 雹 pɔ 桌 tʂuɔ ~子 学 ɕiɔ

利津：学 ɕiɔ/ɕyə 乐 iɔ 音~ /yə 音~ 觉 tɕiɔ 角 tɕiɔ 推 tɕʰiɔ ~蒜

费县：雹 pɔ 冰~ 角 tɕiɔ 饺 tɕiɔ 壳 tɕʰiɔ 地~

莒县：角 tɕiau 饺 tɕiau 剥 pau

在所考察的方言中，只有临清、德州、庆云、利津等方言中的字较多，像“岳学乐推桌”等字也读同效摄，与普通话不一致，所以这几个方言江摄入声字读同效摄应该不是受普通话的影响造成的，而是其固有的读音。费县方言虽然有四字，但这四字的一读一般被看作是文读，而且普通话中也有这种读音，应是文读。莒县与费县的情况则应是一致的。

1.4 小结

通过考察，山东方言江摄入声字有三种读音：1. 读同果摄，2. 读同假摄，3. 读同效摄。其中，第 1 种读音的势力最大，字数多，分布广，体现了山东方言江摄入声字读音的一致性；第 2 种读音字数很少，但都是日常用字，显然是一种残余的读音；第 3 种读音西齐片字数较多，尤其是与河北交界的地带，多为白读音，西鲁片以及东区字数较少，多是文读。下面以“雹”为例来看江摄入声字的读音分布。由于“冰雹”为常见自然现象，而且在多数山东方言中，“冰雹”为“雹子”，因此“雹”是一个口语常用字，能够体现一个方言的固有读音。

地名	方言区	字音	冰雹	地名	方言区	字音	冰雹
荣成	东莱	pau	凝子（霰），雹子	莱芜	西齐	pɑ 白 /pɔ 文	–
牟平	东莱	pɑ	雹子	新泰	西齐	pa/pɔ	雹子
烟台	东莱	pa	雹子	利津	西齐	pɔ	雹子
蓬莱	东莱	pa	雹子	无棣	西齐	pɔ	雹子
海阳	东莱	pa/pɔ 文	雹子	宁津	西齐	pɔ	雹子
龙口	东莱	pa	雹子	德州	西齐	pɔ	雹子
文登	东莱	pa	凝子	聊城	西齐	pɔ	冷子
莱州	东潍	pɑ	雹子	临清	西齐	pɔ	冷子

续表

地名	方言区	字音	冰雹	地名	方言区	字音	冰雹
平度	东潍	pa/pɔ文	雹子	阳谷	西齐	puə	雹子
即墨	东潍	pɑ	雹子	费县	西鲁	pɔ	–
青岛	东潍	pɑ	雹子	泰安	西鲁	pɔ	雹子
胶南	东潍	pa	雹子	枣庄	西鲁	pɔ	冷子
日照	东潍	pa	雹子	曲阜	西鲁	pɔ	雹子
诸城	东潍	pɑ/pɔ文	雹子	郯城	西鲁	pɔ	冷子
莒县	东潍	pa	雹子，冷子	汶上	西鲁	pə白/pɔ文	雹子
沂水	东潍	pɑ	雹子	定陶	西鲁	pə	雹子
沂南	东潍	pɑ	雹子	金乡	西鲁	pə	–
潍坊	东潍	pɑ	雹子	苍山	西鲁	pɑ/pɔ	冷子
临朐	东潍	pɑ	雹子	宁阳	西鲁	pə/pɔ	雹子
寿光	东潍	pᴀ	雹子	临沂	西鲁	pɑ/pɔ	雹子，冷子
蒙阴	东潍	pɑ/pɔ	冰雹	济宁	西鲁	pə	雹子
济南	西齐	pa	雹子	单县	西鲁	pə	雹子
章丘	西齐	pa	雹子	荷泽	西鲁	pə	冷子
淄川	西齐	pɑ	雹子	东明	西鲁	po	雹子，冷子
博山	西齐	pɑ	雹子	东平	西鲁	pə	雹子

上表列出了山东 50 点方言“雹”的读音。东区方言 21 点，除了荣成外，都读同假摄。荣成读音比较特殊，也许是由于它独特的历史地理造成的。荣成位于山东半岛的最东端，内扼京津门户，外锁海运要津，为历代兵家所重视。1398 年置成山、靖海两卫及宁津、寻山两所（王淑霞，1995：1—2）。因此，应该是历代驻军较多的地方，其居住人口不像其他地方那么单纯，方言也必然受到一些影响。

西区“雹”的三种读音都有，有的方言点有两种读音，但其中一读与普通话相同，应是文读。如果不考虑文读，西齐片 6 点读同假摄，6 点读同效摄，1 点（阳谷）读同果摄；西鲁片 5 点读同效摄，9 点读同果摄，2 点（苍山、临沂）读同假摄。阳谷位于聊城最南部，与菏泽相邻，其“雹”的读音与菏泽一致。苍山、临沂则与东区相邻。

从以上情况来看，读同假摄应是东区的固有读音，读同效摄是西区西齐片部分方言的固有读音，而读同果摄是西区西鲁片部分方言的固有读音。但由于相邻方言的互相影响以及普通话的影响，这三种读音处于交错分布状态。目前虽然读同假摄的江摄入声字很少，且限于口语用词，处于一种残存状态，但从其分布来看，早期应该也是山东方言中的一种常见读音。读同果摄这一读音，不只是西鲁片多数方言的固有读音，还是普通话江摄入声字的优势读音，目前在山东方言中已经从西鲁片扩展到整个东区以及西齐片。读同效摄这一读音，是西齐片部分方言的固有读音，由于北京以及河北方言的白读读同效摄，尤其是普通话中江摄入声字有少数字也读同效摄，这种读音在山东方言中分布也较广泛，但却只限于个别字。

2. 从文献材料看山东方言江摄入声字

关于山东方言的韵书材料不算很多，主要有《韵略汇通》《韵略新抄便览》《等韵简明指掌图》等，另外，《聊斋俚曲集》的押韵也能提供一些线索。由于这些材料中江摄入声字均与宕摄入声字合并，行文中往往“宕江”合称。

2.1 《韵略汇通》

明末山东掖县人毕拱辰改订兰茂的《韵略易通》，1642 年前后编成《韵略汇通》。虽然这部书与当时的标准语有许多共同之处，但不难看出，此书反映的音系与今山东东区方言相当一致。据张玉来（1995），《韵略汇通》江摄入声字的韵母与宕摄入声字合并，为 ɑʔ、iɑʔ、uɑʔ，假摄字的韵母为 a、ia、ua，二者主要元音不完全相同。但喉塞尾失落后，主要元音从 ɑ 变为 a 是很有可能的。《韵略汇通》咸山摄一等入声字到今天的变化可以证明此点。

《韵略汇通》中，咸山摄一等部分入声字与宕江摄合并，而另一部分主要元音与假摄字相同，为 aʔ、iaʔ、uaʔ。今东区方言原与宕江摄入声字合并的咸山摄一等入声字或读同假摄，或读同果摄，其中读同假摄为白读，读同果摄为文读。详见下表。

	宕江摄入	咸山摄一入见组	咸山摄一入端、二等、三等知系	假摄二等	果摄
《韵略汇通》	ɑʔ iɑʔ uɑʔ	ɑʔ uɑʔ	aʔ iaʔ uaʔ	a ia ua	o uo
荣成方言	a ia/ɔ uɔ yɔ	a/ɔ	a ia ua	a ia ua	ɔ uɔ
牟平方言	ɑ iɑ/o uo	ɑ /o uo	ɑ iɑ uɑ	ɑ iɑ uɑ	o uo
莱州方言	ɑ iɑ/ə	ɑ /ə uə	ɑ iɑ uɑ	ɑ iɑ uɑ	ə uə

也就是说,《韵略汇通》中与宕江摄合并的咸山摄一等见组入声字先变同假摄，与其他咸山摄一等入声字合并，后又出现与果摄字读音相同的异读，从而形成今东区方言的状态。《韵略汇通》中与之同音的宕江摄入声字，也应该经历了同样的变化过程。

2.2 《聊斋俚曲集》

《聊斋俚曲集》为清初淄川人蒲松龄（1640—1715）所作，共有 14 种俚曲，"各曲的语言基本采用方言，其对白部分的词汇和语法特点与今淄川一带方言十分吻合，而大量唱词的押韵情况则为研究当时方言的韵母提供了重要依据。这是研究清初鲁中地区方言的最重要的资料"。（钱曾怡，2001：318）

从其押韵来看，宕江摄入声字有的与效摄字通押，如：嚼乐虐药着学；多数字与果摄字通押，如：剥学桌缚弱药灼着箔薄错乐落摸索作；个别字与假摄字通押，如：剥觉。跟其他材料比较来看，与效摄字通押和张象津的《等韵简明指掌图》一致，与果摄字通押和周云炽的《韵略新抄便览》一致，与假摄字通押和《韵略汇通》相承。这说明，在清初淄川方言中，宕江摄入声字就有三种读音，以读同果摄和读同效摄为主，读同假摄的字很少。

2.3 《等韵简明指掌图》

反映早期山东西区方言的材料，还有张象津的《等韵简明指掌图》。张象津生于 1738 年，新城（今山东桓台）人。张树铮（1999）指出："《指掌图》的语音系统基本上与现代桓台方言是相吻合的，有一些不一致之处可以用 180 年来的变化来解释。"此书中，觉韵、药韵入声字归高韵，即宕江摄入声字读同效摄，如"觉确约爵鹊削酌绰学略若"等。这些字在今天的桓台方言中，有的仍然读同效摄，有的则读同果摄，还有的是两种读音都有。不过口语中不用的一般读同果摄，与效摄相同的读音则多为口语用字。

《等韵简明指掌图》中，有个别宕江摄入声字读同果摄："略鹊"两字又列于歌摄。可见当时这两字已经有 ue、ye 的异读，说明已经受到宕江摄入声字读同果摄的方言的影响。

张树铮（1999）还指出："今山东方言中，桓台及以北的方言如博兴、利津、乐陵等地比较一致地将古觉韵、药韵字读为 ao、iao，而其东（如广饶、寿光）、其南（如淄川）、其西（如章丘、济南）读 ue、ye。”从前面的材料来看，淄川、济南、章丘方言宕江摄入声字也有读同效摄的，与桓台方言一样。清代西齐片的山东方言应该有比较多的宕江摄入声字读同效摄。

2.4 《韵略新抄便览》

作者为清中期掖县人周云炽。据《山东方言研究》（钱曾怡，2001：326—327页），此书为周云炽辛未年（1751 年）起根据同郡人毕拱辰所编《韵略汇通》改编增订而成。就韵母来看，《韵略汇通》分韵部 16 部，入声韵与阳声韵相配，而《韵略新抄便览》14 部，入声韵与阴声韵相配。虽然此书没有把入声韵完全与阴声韵混同，但把入声字放在相应的阴声韵字后，说明入声字的喉塞尾已经消失。

此书把宕江摄入声字均划归戈何韵，与果摄字同，读音为 o、io、uo。这与《韵略汇通》不同，而与今山东东区方言大多数的宕江摄入声字读音一致。

此外，《韵略汇通》中，与宕江摄入声字同音的部分咸山摄入声字，到了《韵略新抄便览》中，这部分字出现两种读音：一种与宕江摄入声字相同，归戈何韵，另一种与其他咸山摄入声字相同，归家麻韵，如“鸽葛割渴磕喝盒”等字都两见于戈何韵、家麻韵。周云炽认为，这两种读音是方音的不同。《凡例》第三条称：“方音不同，如‘割葛’及‘渴磕’等字，俗多两呼。”这种异读情况在今东区方言中仍然存在，“今山东东部的方言中，上述字在口语中仍有 a 的读法。大体上说起来，自章丘往东，读 a 的字逐渐增多，东莱片最多；或者说，从东往西，这些字读 a 的逐渐减少，至章丘基本消失”。（钱曾怡，2001：346）

可见，从《韵略汇通》到《韵略新抄便览》，宕江摄入声字与咸山摄一等见组入声字发生了很大的变化：先是喉塞尾失落，这一类入声字的韵母与假摄字韵母合并，之后，受其他方言影响，宕江摄入声字又出现与果摄相同的韵母，咸山摄一等见组入声字也发生了相同的变化，到《韵略新抄便览》时期，宕江摄入声字已经完成变化，而咸山摄入声字还未完成，所以同时存在两种读音。

2.5 小结

在一些方志材料中也有宕江摄入声字的零星材料。如道光二十五年（1845）刊《胶州志》“方言”：路泞曰泥（锄加切）；“方音”：雹曰拔，岳庙曰迓庙。

从以上文献材料来看，18 世纪左右的山东方言江摄入声字就已经存在三种读音，有的读同假摄，有的读同效摄，有的读同果摄。从《聊斋俚曲集》和《韵略新抄便览》的情况来看，当时读同果摄在有些方言中已经占优势，读同假摄处于劣势。

从《韵略汇通》来看，在 17 世纪中期山东东区方言还有独立的入声韵，而到了 18 世纪中期，江摄入声字已读同果摄。也就是说，在一个世纪里，山东东区方言发生了巨大变化。为什么会发生这种变化？我们推测，山东方言的巨大变化与当时的社会状况密切相关。明清交替之际，战乱频繁，山东的地理位置使其难以避免受到战争影响，人口大量流失，同时外地人口会大量移入。这必然会给山东方言带来极大的影响。而且，尽管明末清初随着北京政治地位的提高，影响力日渐增强的北京话很可能会影响山东方言发生变化，但在《韵略新抄便览》中，江摄入声字却不存在异读。这说明外方言的影响并不是通过自然的扩散发生的，而很可能是明末清初时期战争移民造成的。

3. 余论

从今山东方言来看，宕摄和江摄入声字合流。但从读同假摄的情况来看，宕摄与江摄入声字的发展又不完全一致。今山东方言中读同假摄的字，基本都是江摄入声字，宕摄入声字只有“落”一个字，而从总体字数来看，宕摄入声字大大超过江摄。另外，从明末《韵略汇通》来看，当时宕江摄入声字合流，并与咸山摄一等见组入声字合并，均读近假摄。但从今东区方言来看，咸山摄一等帮见组保留较多读同假摄的字，江摄次之，宕摄入声字读同假摄的最少。这是令人奇怪的一点。

在章丘方言中，除了前面所列的“剥角擀雹”四个字，还有两个字，有可能是读同假摄的江摄入声字。一个是“浞 $tʂ^{h}ua^{55}$”，意为“泥泞”，例如：地上真～呃，即前述《胶州志》所说“路泞曰浞”。另一个是“$tʂua^{44}$”，如“～地”，意为“刨地”，疑为“斫”。这些字都只存在于口语词中，当地人已经不知道是哪个字，所以不容易调查出来。由此可知，其他方言中可能还有一些口语中常用的江摄入声字，只是没有记录下来。

:: 参考文献 ::

北京大学中国语言文学系教研室．汉语方音字汇（第二版）[M]. 北京：文字改革出版社，1989.

曹延杰．德州方言志 [M]. 北京：语文出版社，1991.

曹延杰．德州方言与普通话 [M]. 北京：华艺出版社，2000.

顾　黔．通泰方言音韵研究 [M]. 南京：南京大学出版社，2001.

高慎贵．新泰方言志 [M]. 北京：语文出版社，1996.

高晓虹．方言接触与北京话入声字的历史层次 [D]. 北京大学博士学位论文，2000.

高晓虹．章丘方言志 [M]. 济南：齐鲁书社，2011.

姜英子．费县方言语音研究 [D]. 山东大学中文系硕士学位论文，2000.

李　荣．官话方言的分区 [J]. 方言，1985（1）.

李在镒．东明方言的音韵特点 [D]. 山东大学中文系硕士学位论文，2000.

刘淑学．中古入声字在河北方言中的读音研究 [M]. 保定：河北大学出版社，2000.

罗福腾．牟平方言志 [M]. 北京：语文出版社，1992.

罗福腾．胶辽官话研究 [D]. 山东大学中文系博士学位论文，1998.

宁廷德．宁阳方言志 [M]. 济南：齐鲁书社，2013.

马凤如．金乡方言志 [M]. 济南：齐鲁书社，2000.

孟庆泰、罗福腾．淄川方言志 [M]. 北京：语文出版社，1994.

钱曾怡．博山方言研究 [M]. 北京：社会科学文献出版社，1993.

钱曾怡．山东方言研究 [M]. 济南：齐鲁书社，2001.

钱曾怡等．烟台方言报告 [M]. 济南：齐鲁书社，1982.

钱曾怡、高文达、张志静．山东方言的分区 [J]. 方言，1985（4）.

钱曾怡、朱广祁．济南话音档 [M]. 上海：上海教育出版社，1998.

山东省地方史志编纂委员会．山东省志·方言志 [M]. 山东人民出版社，1995.

石明远．莒县方言志 [M]. 北京：语文出版社，1995.

王淑霞．荣成方言志 [M]. 北京：语文出版社，1995.

于克仁 . 平度方言志 [M]. 北京：语文出版社，1992.
杨秋泽 . 利津方言志 [M]. 北京：语文出版社，1990.
朱宰辰. 蒙阴方言的语音特点与地域差异研究[D]. 山东大学中文系硕士学位论文，2000.
赵日新、沈明、扈长举 . 即墨方言志 [M]. 北京：语文出版社，1991.
张鹤泉 . 聊城方言志 [M]. 北京：语文出版社，1995.
张世方 . 单县方言音系，未刊 .
张树铮 . 寿光方言志 [M]. 北京：语文出版社，1995.
张树铮 . 方言历史探索 [M]. 呼和浩特：内蒙古人民出版社，1999.
张玉来 . 韵略汇通音系研究 [M]. 济南：山东教育出版社，1995.

章丘方言入声调的研究 *

提　要　章丘方言古清入字独立成调，但有新老之别。本文首先以章丘市政府所在地明水为代表考察了古清入字读入声调的情况，以及不同年龄层次中古清入字的归调情况，发现老派归入声，但字数随着年龄变小而减少；新派归上声，但也随着年龄变小而减少；接着考察了各乡镇方言古清入字的归调，发现有的方言清入字归入声，有的归上声，有的归阴平，但归入声和归上声的地点交错分布，结合发音人的年龄来看，归上声的地点实际也是入声分布区。本文还根据词汇扩散理论讨论了章丘方言古清入字由独立成调到归上声的演变过程，尝试对演变原因做出解释，并与同样有入声的利津方言以及前人的调查进行了比较。

关键词　章丘方言　入声调　词汇扩散

引论

1. 调查研究的意义

汉语是有声调的语言，方言声调的研究是汉语方言研究不可或缺的内容。其中，古入声调由于在各方言中发展的不平衡性，一向受到学术界的重视。李荣（1985）先生对官话方言的分区就是以古入声字在各方言中的不同去向作为标准的。山东方言向来被视为无入声方言，根据李荣先生的分区，山东境内的方言分别归属冀鲁官话、中原官话和胶辽官话，就是以山东方言无入声为前提的。对山东大多数方言来说，确实是这样。然而，山东也还有一些地区存在着入声调：20

---

* 本文为山东大学中文系 1997 届硕士学位论文。

世纪50年代的方言普查，已经在邹平、桓台两地方言中发现了入声调。20世纪80年代，杨秋泽、胡延森又分别在利津、章丘方言中发现了入声调。不过，总的说来，存在入声调在山东方言中，仍然是比较特殊的一种现象。从方言研究的角度来看，入声调的存在丰富了山东方言的声调类型，因而具有一定的研究价值。遗憾的是，至今为止，这方面的研究还比较少，只有杨秋泽的《利津方言志》（1990）和胡延森《章丘方言调查报告》（1982）做过比较详细的描写，深入而系统的研究则还没有进行。章丘方言是山东存在入声调的方言之一，对其入声调进行比较深入、细致的研究，应该可以稍稍弥补这一不足。

从目前看来，对章丘方言入声调进行调查研究，还特别具有十分急迫的现实意义。20世纪80年代以来，国民经济的飞速发展，地区之间交流合作的频繁，以及推普工作的广泛展开，大大加快了各地方言的发展速度，使它们在短短十几年的时间里，发生了极大的变化。章丘方言也在所难免。其入声调在被胡延森发现之时，已经呈现出变化的趋势：读入声调的字随年龄的递减而减少。发展至今，这一趋势更为明显。据初步调查，大部分20岁左右的年轻人口中的章丘方言已不存在入声调，年纪较大的章丘人虽还有入声调，但读入声调的字数也比以前有所减少。照此发展下去，过不了多久，章丘方言中的入声调就会完全消失。一旦消失，我们就不可能再对其进行研究，从而也就无法了解其真实面貌。因此，现在去调查了解章丘方言入声调的详细情况，观察正在进行中的语音变化，以追寻入声调在章丘方言中消失的踪迹，是非常有必要的，既可以及时抢救下这一方言材料，又可以为研究中古汉语入声的消失这一重要现象提供一些活的材料。

2. 调查情况说明

（1）调查内容

主要有三个方面：

1）章丘市政府所在地明水的方言音系，包括声母、韵母和声调的情况，以此作为章丘方言的代表音系。

2）不同年龄层次的明水人中古清声母入声字（以下均简称古清入字）读入声调的情况。

3）章丘各乡镇方言中古清入字读入声调的情况。

这三个方面，可以看作是点和面的关系。点即明水方言，面即整个章丘方言，调查了明水这个点的内容，就有了一个用作比较的参照点，可以进行由点及面、点面结合的比较研究。

调查所用的古清入字皆选自《方言调查字表》(中国社会科学院语言研究所)。除此之外，还有古清入字与章丘方言的阴平字、上声字的声调比较。

枯——哭——苦	乌——屋——五	梯——踢——体
书——叔——鼠	期——七——骑	虾——瞎——侠
枝——织——纸	西——吸——喜	鸡——积——几
衣——一——移	锅——郭——果	拖——脱——驮

注：普通话的阳平调和上声调在章丘方言中合为上声调。

(2) 调查程序

本次调查采用传统的口问笔录的方式，即把所要调查的内容事先写在一张纸上，一边请调查对象读，一边记录。除了开始讲明要求，让他们自然地读之外，一般不做任何启发。碰到调查对象不认识的字便略过不计。调查时先通过比字确定古清入字是独立成调还是归入上声调或阴平调，然后调查每一个古清入字的具体声调。一般来说，调查对象均能比较自然准确地将字读出来。当然，也有个别人读音不够稳定，这时只能凭借自己的判断去记音，也许要出现一些失误，但大致还能反映章丘方言入声调当前的一般情况。

(3) 调查对象

由于调查的字数比较多，调查一个人所需的时间比较长，以及其他一些因素的影响，此次调查只详细调查了 38 人，其中 11 人是明水人，27 人分属各乡镇。另外还简单调查了 20 个非明水人的声调情况。调查对象多半是在明水找的，也有一部分是在外乡镇找的。主要调查对象的情况见附录。由于条件限制，此次调查没有照顾到调查对象在年龄、性别等方面的均匀分布，是一大缺憾。

3. 章丘地理、历史简况及方言概说

(1) 地理、历史简况

章丘市位于山东省中部，西邻济南市历城区，东连淄博市，南交泰安、莱芜市，东北与邹平县接壤，西北隔黄河与济阳县相望。辖乡镇 22 个。

章丘市历史悠久，早在5600多年前，就有人群繁衍生息，创造出了灿烂的“龙山文化”。

（2）方言概说

在李荣先生的分区中，章丘方言属于官话方言的冀鲁官话区，在山东方言的分区中，处在西区方言的西齐片内。

章丘方言具有山东方言西齐片的共同语音特点：

1）“袄、安”等字的声母读ŋ。

2）“褥、软”等字的声母读l。

3）“责、策、色”等字的韵母读ei。

4）“街、解、鞋”等字的韵母读iɛ。

5）去声为低降调。

6）次浊入声字归入去声。

此外，章丘方言还有一些语音特点，列举如下：

1）有阴平、上声、去声、入声四个声调。古代的清声母平声字今读阴平，古代的浊声母平声字与古清声母上声字、次浊声母上声字、全浊声母入声字合归上声，古全浊声母上声字与古去声字、次浊声母入声字合归去声；古清声母入声字今自成一调，为入声。

2）不分尖团，都读舌面音 $tɕ\ tɕ^{h}\ ɕ$，如：尖＝肩，青＝轻，箱＝香。

3）古代的知彻澄、庄初崇生、章昌船书禅三类声母字，今章丘方言只读一套声母 $tʂ\ tʂ^{h}\ ʂ$，相对于北京话这条规律更整齐。比如下列字，北京话读成 $ts\ ts^{h}\ s$，而章丘方言无一例外地读成 $tʂ\ tʂ^{h}\ ʂ$：淄邹责泽择测策册森涩色。

4）古日母字，章丘方言读l和ɭ两个声母。止摄开口三等字“儿二尔贰而饵”和臻摄开口三等入声字“日”读ɭ声母，其余的读l声母，与来母字相同，如：热＝乐，肉＝漏。这一点常被当地人看作章丘方言的标志特征。当地有句俗语，叫作“章丘人厚嘴唇，分不清日热肉和人”，说的便是这一点。

5）古蟹止摄的合口来母字，北京话都读lei，章丘方言则统统读为luei。如：雷 $luei^{55}$ 垒 $luei^{55}$ 泪 $luei^{21}$。

6）北京话用儿化的方式表达“小”的概念以及喜爱的感情色彩，而章丘方言则采用变韵的方式，举例如下：

ã → ɛ	伴 pã^{21}	pɛ^{21} 老～儿	弯 ʋã^{213}	ʋɛ^{213} 拐～儿		
iã → iɛ	边 piã^{213}	piɛ^{213} 一～儿	尖 tɕiã^{213}	tɕiɛ^{213} 鼻子～儿	沿 iã^{55}	iɛ^{55} 河～儿
uã → uɛ	官 kuã^{213}	kuɛ^{213} 大～儿				
yã → yɛ	圈 tɕʰyã^{213}	tɕʰyɛ^{213} 圆～儿	院 yã^{21}	yɛ^{21} 小～儿		
ə̃ → ei	门 mə̃^{55}	mei^{55} 出～儿	仁 lə̃^{55}	lei^{55} 长果～儿（花生米）		
iə̃ → iei	劲 tɕiə̃^{21}	tɕiei^{21} 不得～儿				
uə̃ → uei	魂 xuə̃^{55}	xuei^{55} 掉～儿				
ɿ → ei	词 tsʰɿ^{55}	tsʰei^{55} 没有～儿	刺 tsʰɿ^{21}	tsʰei^{21} 挑～儿		
ʅ → ei	侄 tʂʅ^{55}	tʂei^{55} ～儿媳妇	事 ʂʅ^{21}	ʂei^{21} 没有～儿		
i → iei	鸡 tɕi^{213}	tɕiei^{213} 小～儿				

1. 明水方言基本音系

1.1 声母

明水方言有 25 个声母，包括零声母在内，如下：

p	布别	pʰ	怕盘	m	妈门	f	飞奉	ʋ	危晚
t	到夺	tʰ	太同	n	难怒			l	路肉软
ts	糟贼	tsʰ	仓曹			s	伞随		
tɕ	精尽经局	tɕʰ	秋齐丘权	ȵ	年女	ɕ	线旋休匣		
tʂ	猪争主	tʂʰ	抽初昌			ʂ	扇生熟	ʅ	日二
k	高跪	kʰ	考狂	ŋ	袄爱	x	好豪		
ø	硬约屋								

ʋ 在单韵母 u 以外的合口呼韵母前出现。

ts 组声母有比较明显的齿间音色彩，但舌尖一般不伸出。女性有舌尖伸出现象。

ʅ 发音时本音拉长，除阻时带出轻微的 ə。

x 在与 a ã ɔ ou 等韵母相拼时实际音值为 h。

1.2 韵母

明水方言共有 36 个韵母，如下：

ɿ	资词丝	i	比第鸡衣	u	屋如猪祖	y	雨举俗
ʅ	支湿池						
a	爬拿杂挖	ia	牙架俩	ua	刷刮		
ə	波二者哥	iə	爷贴憋歇	uə	多坐捉郭	yə	掠脚约月
ɛ	歪呆台该	iɛ	矮解	uɛ	怪甩		

续表

ɔ	高饱刀枣	iɔ	表挑交舀				
ei	妹白摘墨			uei	对嘴鬼泪		
ou	都走丑狗	iou	刘有厚				
ã	晚兰山案	iã	变甜尖烟	uã	团钻船官	yã	全圆
ə̃	问认深恩	iə̃	拼邻亲阴	uə̃	吞存春浑	yə̃	军云
ɑŋ	王唐长扛	iɑŋ	量箱羊讲	uɑŋ	床狂		
əŋ	翁灯曾更	iŋ	凭听应	uŋ	农冲公	yŋ	熊用从

ə组韵母的ə有点动程，结束点的实际音值比ə低且后，但不到ʌ，与舌根声母相拼时起点较高，近于ɤ，但结束点与其他情况下的ə相同。

ɔ、iɔ韵母在阴平字里有一点动程。

ɑŋ、iɑŋ、uɑŋ三个韵母的鼻音尾比较弱，主要元音ɑ有点鼻化，实际音值可以记为ɑ̃ᵑ、iɑ̃ᵑ、uɑ̃ᵑ。

1.3 声调

明水方言有4个声调，如下：

阴平：213 波飞灰春

上声：55 贫陈银连 展伞五女 夺嚼勺学

去声：21 暗靠旺邵 造是待户 目肉鹿玉

入声：44 叔八北喝塔织 他史

2. 章丘方言的入声调

2.1 入声调的构成

章丘方言的入声调主要由古清入字构成。根据对《方言调查字表》319个古清入字的调查，在明水方言中，发现有212个字读入声调，约占总数的66%左右，它们是：

咸摄：搭拓~本合十~一升喝~酒塔榻溻塌磕劄眨插夹恰掐鸭压押接摺褶跌贴帖法

深摄：缉~鞋口涩执汁湿吸

山摄：獭擦撒萨割葛渴八札紮杀搳用刀刮瞎鳖薛哲蛰折浙揭歇蝎憋撇铁节切

楔结洁噎拨泼脱撮刮刷雪说发厥蹷哕决诀缺血

臻摄：笔毕七漆悉膝瑟虱质失室吉乙一不猝骨窟黢恤出戌佛仿~屈

宕摄：博託托作搁胳恶雀鹊削绰皲焯脚却郭霍藿约

江摄：剥驳桌卓戳捉觉角确搉壳

曾摄：北得德则塞刻克黑鲫息熄媳稙色啬织职识

梗摄：百柏伯迫拍拆窄格掰摘责策册革隔积迹脊惜斥尺滴踢剔锡析击激吃

通摄：扑仆倒秃速谷哭屋沃福蝠幅複腹覆宿竹粥叔菊掬麹畜~牧蓄足促粟烛嘱触锔曲

古清入字不读入声调的有103个，分别读阴平调、上声调和去声调。列举如下：

阴平：踏摄挟级揖屑钵挖匹忽泊梁山~劐饺饬昔只一~戟炙赤劈绩戚笃督酷束

上声：答鸽祆甲胛劫胁给察别区~掇括阔豁拙必讫乞卒索各搁爵着酌廓扩~充朴啄琢涿朔忒逼抑国扼僻适释的目~嫡卜醭畜~牲缩

去声：妾餍怯泣喝~采轧~棉花泄彻撤设率~领蟀错握即测式饰忆亿魄吓恐~栅碧壁益壁肃筑郁祝

另外，还有4个两读字：

急：tɕi⁴⁴/tɕi⁵⁵ 郝：xuə⁴⁴单念/xuə²¹姓

客：kʰei⁴⁴白/kʰə²¹文 侧：tʂei⁴⁴白/tsʰə²¹文

章丘方言读入声调的字除了来自古清声母入声的以外，还有一小部分来自中古非入声字和中古浊声母入声字。列举如下：

古非入声字今读入声调：

果摄：他阿~胶颇坡玻

假摄：雅鸦桠且蔗剐

遇摄：堵肚猪~储~蓄褚渠肤腑甫付赴趋需区驱瞿

蟹摄：抵济婿稽滑~髻溪奚兮胚

止摄：玺徙牺丕脂冀置史驶始自己矣已以捽

流摄：戊浮负阜复宿星~

古浊声母入声字今读入声调：

捷集辑掘橛疾术白~镬植殖籍掷亦液腋寂復~原逐鹤袭

2.2 明水方言中的入声调

2.2.1 明水方言中入声调的新老对比

明水方言中的入声调在新派和老派语音中并不相同。就单字调系统来说，老派语音有四个单字调：阴平 213，上声 55，去声 21，入声 44；新派语音则只有三个单字调：阴平 213，上声 55，去声 21，没有独立的入声调，古清入字大多归上声调。举例如下：

老派	**新派**
白 pei^{55} ≠百 pei^{44}	白 pei^{55}= 百 pei^{55}
煮 tʂu^{55} ≠竹 tʂu^{44}	煮 tʂu^{55}= 竹 tʂu^{55}
鼓 ku^{55} ≠骨 ku^{44}	鼓 ku^{55}= 骨 ku^{55}
移 i^{55} ≠一 i^{44}	移 i^{55}= 一 i^{55}
骑 tɕ^{h}i^{55} ≠七 tɕ^{h}i^{44}	骑 tɕ^{h}i^{55}= 七 tɕ^{h}i^{55}

在连读变调中，老派的入声调在入声字作前字时与上声调合并，但在入声字作后字时以及入声字在轻声前时还保持自己的独立性；新派的入声调，无论入声字作前字还是后字，都合并于上声调，只在轻声前还能够与上声调区别开来。举例如下：

入声字做前字：

老派：

白	pei^{55}	≠	百	pei^{44}	白花	pei^{55}xua^{213}	=	百花	pei^{55}xua^{213}
池	tʂ^{h}ʅ^{55}	≠	吃	tʂ^{h}ʅ^{44}	池塘	tʂ^{h}ʅ^{55}t^{h}ɑŋ^{55}	=	吃糖	tʂ^{h}ʅ^{55}t^{h}ɑŋ^{55}
起	tɕ^{h}i^{55}	≠	七	tɕ^{h}i^{44}	起夜	tɕ^{h}i^{55}iə^{21}	=	七夜	tɕ^{h}i^{55}iə^{21}
驼	t^{h}uə^{55}	≠	脱	t^{h}uə^{44}	驼色	t^{h}uə^{55}ʂei^{44}	=	脱色	t^{h}uə^{55}ʂei^{44}

新派：

白	pei^{55}	=	百	pei^{55}	白花	pei^{55}xua^{213}	=	百花	pei^{55}xua^{213}
池	tʂ^{h}ʅ^{55}	=	吃	tʂ^{h}ʅ^{55}	池塘	tʂ^{h}ʅ^{55}t^{h}ɑŋ^{55}	=	吃糖	tʂ^{h}ʅ^{55}t^{h}ɑŋ^{55}
起	tɕ^{h}i^{55}	=	七	tɕ^{h}i^{55}	起夜	tɕ^{h}i^{55}iə^{21}	=	七夜	tɕ^{h}i^{55}iə^{21}
驼	t^{h}uə^{55}	=	脱	t^{h}uə^{55}	驼色	t^{h}uə^{55}ʂei^{44}	=	脱色	t^{h}uə^{55}ʂei^{44}

入声字做后字：

老派

苦	k^{h}u^{55}	≠	哭	k^{h}u^{44}	甘苦	kã$^{213-23}$k^{h}u^{55}	≠	干哭	kã$^{213-23}$k^{h}u^{44}
股	ku^{55}	≠	谷	ku^{44}	五股	u^{55}ku^{55}	≠	五谷	u^{55}ku^{44}
学	ɕyə^{55}	≠	雪	ɕyə^{44}	大学	ta^{21}ɕyə^{55}	≠	大雪	ta^{21}ɕyə^{44}
棋	tɕ^{h}i^{55}	≠	漆	tɕ^{h}i^{44}	黑棋	xei$^{44-55}$tɕ^{h}i^{55}	≠	黑漆	xei$^{44-55}$tɕ^{h}i^{44}

新派

苦	k^{h}u^{55}	=	哭	k^{h}u^{55}	甘苦	kã$^{213-23}$k^{h}u^{55}	=	干哭	kã$^{213-23}$k^{h}u^{55}
股	ku^{55}	=	谷	ku^{55}	五股	u^{55}ku^{55}	=	五谷	u^{55}ku^{55}
学	ɕyə^{55}	=	雪	ɕyə^{55}	大学	ta^{21}ɕyə^{55}	=	大雪	ta^{21}ɕyə^{55}
棋	tɕ^{h}i^{55}	=	漆	tɕ^{h}i^{55}	黑棋	xei$^{44-55}$tɕ^{h}i^{55}	=	黑漆	xei$^{44-55}$tɕ^{h}i^{55}

入声字在轻声前：

老派：长虫 tʂ^{h}ɑŋ$^{55-24}$tʂ^{h}uŋ^{0} 起来 tɕ^{h}i$^{55-21}$lɛ^{0} 骨头 ku$^{44-23}$t^{h}ou^{0}

新派：长虫 tʂ^{h}ɑŋ$^{55-24}$tʂ^{h}uŋ^{0} 起来 tɕ^{h}i$^{55-21}$lɛ^{0} 骨头 ku$^{44-23}$t^{h}ou^{0}

通过对比，可以发现，虽然老派和新派语音一个有入声调，一个没有入声调，但二者在连读变调中的差别却很小，只是在入声字做后字时新老语音不同，而这种差别又因为老派语音中上声调值和入声调值的相似而不明显。因此，在日常交际中，老派和新派语音基本一致。

2.2.2 明水方言入声调在不同年龄层次上的分布

前面介绍的明水方言入声调的新老对比情况，实际上就是入声调在不同年龄层次上的表现。这种划分对我们了解语音变化过程两头的情况有很大帮助，但它只分为新老两个层次，比较笼统。而语音变化在年龄层次上的分布是逐渐过渡的，在新老语音之间，还存在着一些过渡语音。了解明水方言入声调在不同年龄层次上的分布，就是为了全面地掌握由老派语音到新派语音之间的过渡情况。

由于条件所限，调查时找了 11 个明水人，这 11 个人的年龄基本包括了各个年龄段，因而他们口中的入声调情况大致可以反映明水方言入声调在不同年龄层次上的分布。

考虑到调查对象的文化程度均不是很高，一般是初中毕业，这里所用的古清入字，去除了那些比较生僻的字，只选了 272 个。调查表明，这些字没有一个调查对象只读一个声调，基本上老派分读阴平、上声、去声、入声四调，新派分读阴平、上声、去声三调。表 1 是各调查对象读各调的字数占调查字数的百分比。

表 1　古清声母入声字在明水方言中的年龄层次比例表

年龄	姓名	阴平	上声	去声	入声
		声调比例			
18	康　静	14%	57%	29%	
23	石绍杰	7%	68%	25%	
29	于仁霞	12%	63%	25%	
33	杜继玲	8%	72%	20%	
40	孙爱红	4%	76%	20%	
40	蒋钦刚	11%	22%	16%	51%
41	王绍厚	10%	24%	18%	48%
44	康诵敏	7%	16%	19%	58%
50	李爱云	6%	7%	10%	77%
58	康在惠	7%	5%	11%	77%
67	康诵奎	8%	14%	10%	68%

从表 1 中，我们可以很清楚地看出新老派语音之间声调上的不同：新派没有入声调，老派有入声调。二者有着质的差别。并且在新派、老派的内部，其古清入字的读调情况也不完全一致。就新派来说，没有入声调，古清入字大部分归入上声调，但随着年龄的减小，读上声调的比例呈现下降的趋势，而读阴平调和去声调的比例则呈现增长趋势。就老派来说，古清入字大多归入声调，同新派的上声调情况一样，也是读入声调的古清入字比例随年龄减小而递减，读阴平调和上声调、去声调的比例递增。

在这里，我们可以看出新老派语音内部的层次性。这一层次性说明，语音变化在年龄层次上的分布是连续的，逐渐过渡的，完全符合质变量变规律。根据社会语言学的研究成果，处于同一时间段的不同年龄层次的人口中的言语，往往可以反映这一语言中某一变化的历时发展过程。由此，根据明水方言新老派语音内部的层次性，我们可以推知，明水方言的入声调正处于消失的过程之中，古清入字逐渐合并于上声调。然而，古清入字读上声调这一情况并不很稳定，字数有减少的趋势，估计是受普通话影响的缘故。这说明，明水方言中古清入字的读调处于比较大的变动之中，老派还没有完成从入声调到上声调的转变，新派则不仅完成了这一转变，而且又开始了新的变化过程。

2.2.3　小结

以上讨论了明水方言入声调的情况。最后再说明一点。明水是章丘市的政治、经济、文化中心，交通便利，相对来说，对外交流要比章丘其他乡镇频繁。这就使得明水方言的发展速度也要比其他乡镇方言快一些。因此，明水方言入声调的情况，实际上代表了其他乡镇方言入声调的发展趋向。

2.3　章丘其他各乡镇方言入声调的存在情况

2.3.1　章丘各乡镇方言古清入字的归调情况

章丘各乡镇方言古清入字的归调并不一致。我们先来看一下各乡镇方言古清入字归调的比例统计，见表 2。

表 2　章丘各乡镇方言古清声母入声字的归调比例表

地区＼声调	阴平	上声	去声	入声	地区＼声调	阴平	上声	去声	入声
黄河	66%	13%	21%		北毕	5%	15%	15%	65%
新传辛	73%	14%	13%		下河	6%	67%	27%	
辛庄	6%	13%	11%	70%	龙华	2%	69%	29%	
干刘	5%	26%	23%	46%	祖营坞	7%	11%	9%	73%
西范	4%	19%	24%	53%	小冶	5%	71%	24%	
旧军	7%	66%	27%		李家埠	6%	69%	25%	
苏家码头	8%	70%	22%		郑家	5%	24%	24%	47%
绣惠	8%	16%	9%	67%	孟张	6%	15%	16%	63%
孙家庄	7%	15%	9%	69%	文祖	6%	16%	18%	60%
韦陀	72%	16%	12%		阎家峪	4%	20%	27%	49%
小董家	47%	26%	27%		西车厢	6%	16%	13%	65%
大城后	63%	17%	20%		东圣水泉	5%	71%	24%	
四盘	3%	73%	24%		石匣	67%	13%	20%	
凤林	8%	65%	27%						

由表 2 可以看出，就大多数古清入字而言，章丘各乡镇方言有三种归调方向：1. 归阴平调，如黄河、韦陀、石匣等地。2. 归上声调，如旧军、凤林、东圣水泉等地。3. 归入声调，如辛庄、绣惠、西车厢等地。这三种类型的地理分布情况见图 1，大致是：归阴平调的乡镇分布在章丘的西北部，东南角也有一地，与其他两种类型的分布界限分明；归上声调和归入声调的乡镇交错分布在章丘大部分地区，二者之间无界限可言。

2.3.2 章丘方言的入声分布区

从图 1 可以看出，章丘方言的入声分布并没有一个独立的区域，而是与古清入字归上声调的地区混杂在一起。这一点让人十分费解。

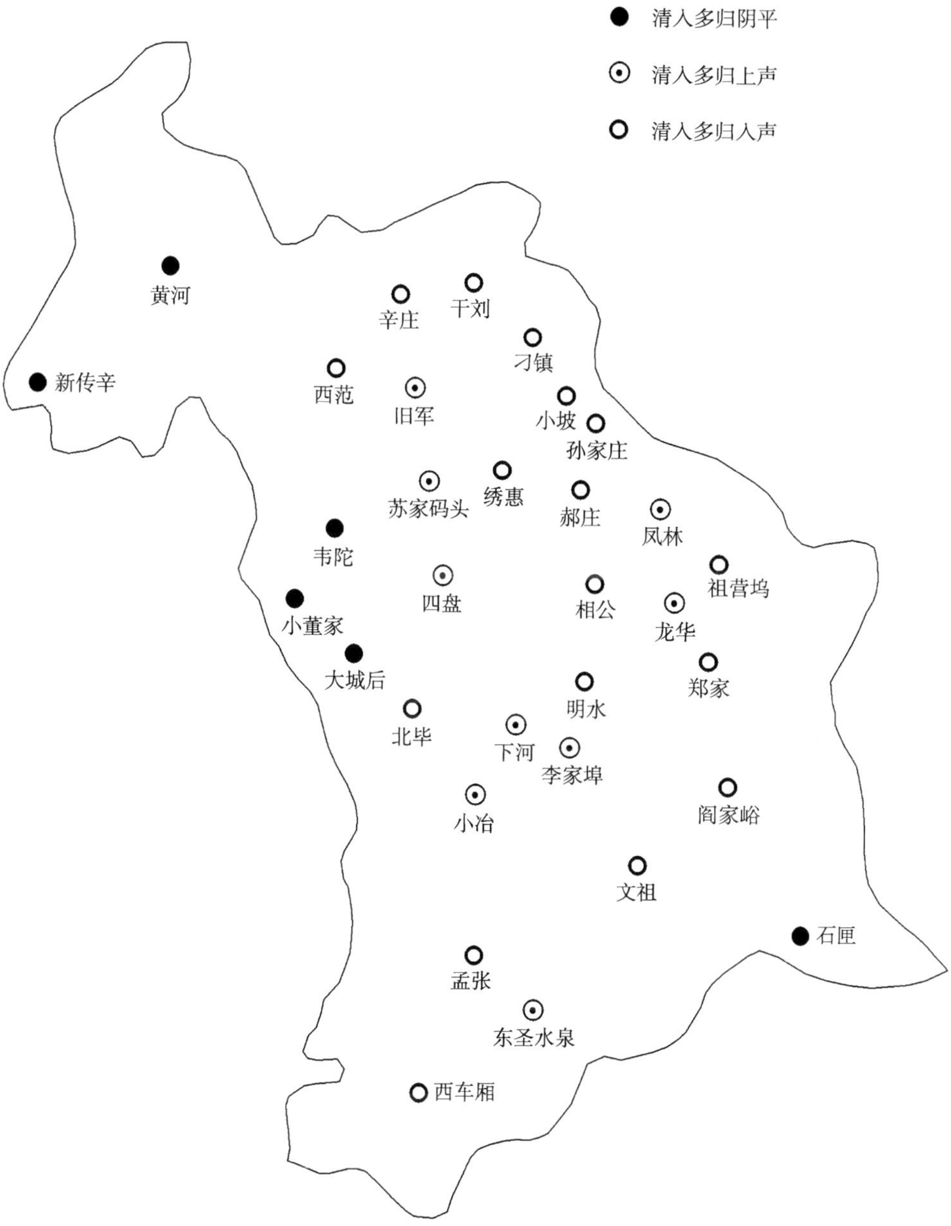

图 1　章丘方言古清入字归调分布图

然而如果我们联系前面明水方言中入声调的情况来看，就可找到一些线索来说明这一问题。明水方言的入声调正处于消失的过程之中，古清入字转归上声调。这使我们想到，章丘方言入声调的分布区之所以和古清入字读上声调的地区混杂在一起，可能正是因为二者之间存在着密切的联系。在明水方言中，古清入字读上声调只是新派语音中的情况。如果古清入字读上声调的乡镇方言中也存在入声调，那么它应该同明水方言中的情况一致，即古清入字多读上声调必然也只存在于新派语音中。下面就来看一下古清入字归上声调的地区调查对象的年龄情况。

表 3　古清入字归上声调的地区调查对象年龄表

地区	旧军	苏家码头	四盘	凤林	龙华	下河	小冶	李家埠	东圣水泉
年龄	19	25	20	23	18	18	23	21	22

表 3 中，九个地区的调查对象的年龄均在 25 岁以下，无疑他们的口音均代表了所在乡镇方言的新派语音。由此，我们基本可以推测到古清入字归上声调的乡镇方言中也有入声调，只是同明水方言一样，存在于老派语音中。

为了证明这一推测，笔者又调查了这些地区的老派语音的声调情况。调查结果不出所料，在老派语音中存在入声调。因此，古清入字归上声调的地区也是入声调的分布区。

古清入字归阴平调的地区有没有入声调？是不是也和古清入字归上声调的乡镇方言的情况一样，只是由于调查对象都是年轻人才没能发现入声调的存在呢？要回答这两个问题，我们也先看一下这些地区调查对象的年龄情况。

表 4　古清入字归阴平调的地区调查对象年龄表

地区	黄河	新传辛	韦陀	小董家	大城后	石匣
年龄	33	28	49	19	26	28

表 4 中六个地区的调查对象的年龄并不属于同一年龄层次，严格说来，应该是属于三个层次：25 岁以下，25—35 之间，35 岁以上。因此，可以排除由于调查对象的年龄集中于青年段而没能发现入声调的可能。那么，到底有没有入声调呢？由于这些地区的声调情况在章丘方言中属于同一类型，如果我们将这些地区的调查对象按年龄顺序排列在一起，其声调情况应该可以表现这些地区方言声调的纵向发展过程，这样就可以断定这些地区的方言中古清入字大多数归阴平调，

不存在入声调。为了证实这一推断，笔者后来又对大城后的调查对象的父亲作了一次简单调查，他的口中确实是大多数古清入字归阴平，没有入声调。

由上所述，章丘方言入声调的分布区实际上包括图 1 中古清入字归上声调的地区和古清入字归入声调的地区。详见图 2。

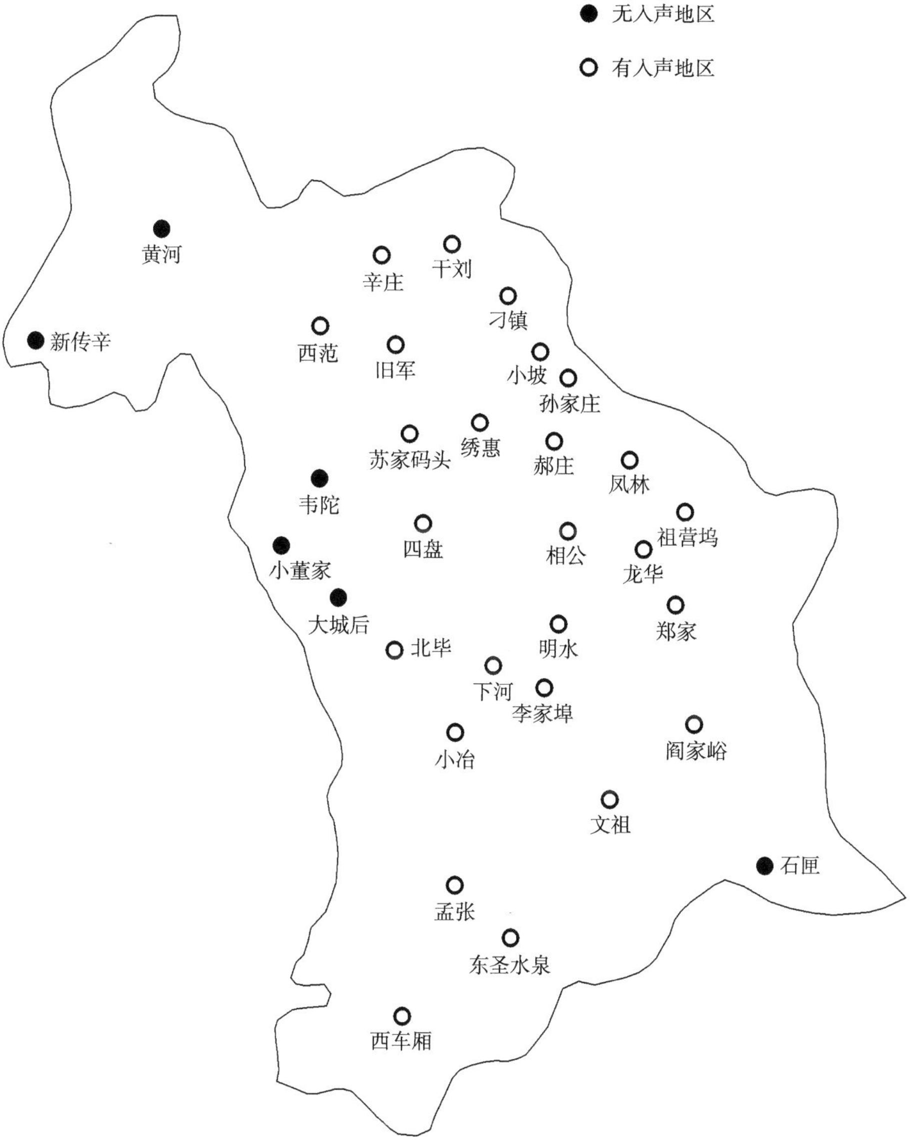

图 2　章丘方言入声分布图

3. 关于章丘方言入声调的分析

3.1 从章丘方言入声调合并于上声调这一语音变化过程看词汇扩散理论

3.1.1 词汇扩散理论简介

词汇扩散理论是美籍华裔学者王士元 1969 年在《相互竞争的变化产生剩余》一文中提出来的。这一理论认为，“语音的变化是突然的，离散的，而这种变化在词汇中的扩散却是渐变的、连续的”。（转引自徐通锵，1991：251）在《语言变化的词汇透视》（1982）一文中，王士元又用表格的形式说明语音变化在词汇中的共时扩散过程。见表 5，符号与王文原表略有不同。

表 5 中，wi 表示这个词的已变体，u、v、c 分别代表变化的三个阶段：未变、共时变异、已变。

表 5　通过共时变异的词扩散

阶段 / 词	u	v	c
w1			w1
w2		w2 ～ w2	
w3		w3 ～ w3	
w4	w4		
w5	w5		

这个表让人很容易就能理解语音变化的词汇扩散过程，但它实质上是对客观的语音变化的词汇扩散过程的一种概括和抽象，因此，尽管它是一个很好的概括和抽象，也必然要忽略一些实际情况而不能够完全地表现语音变化实际的扩散过程。在第二部分，我们想以章丘方言入声调合并于上声调为例考察语音变化的实际过程，以对表 5 加以改进，力图使它更全面、真实地表现语音变化的实际扩散过程。

还需要说明的一点是，就汉语而言，“词汇扩散”这一名称并不十分确切，因为汉语中的语音变化不光是在词汇中扩散，而更普遍的是在音系中单个字音间的扩散。不过，为求行文的方便，下文仍然采用“词汇扩散”的说法。

3.1.2 章丘方言入声调变化的扩散过程

通过调查，我们可以断定，章丘方言入声调消失及其合并于上声调这一语音变化是通过词汇扩散的方式进行的。单就调值来说，章丘方言入声调到上声调的转变这一语音变化是突然发生的，二者之间没有过渡语音；而就古清入字来说，并不是所有的字都同时由入声调变为上声调，而是有的变得早些，有的变得晚些。不过，这种说明是抽象的，排除了人的因素。而语言是社会的，离开了说它的人就不再是活的，也就不可能发生变化，所以，人对语言来说，是至关重要的，要想说明语音变化的真实情况，必须考虑人的因素。由此，上面的说明可以改为：单就调值来说，章丘方言入声调到上声调的转变是突变；而就一个章丘人口中的古清入字来说，这一转变不是同时发生的，有的字变得早，有的字变得晚；又就章丘人来说，也不是所有的人都保持同一步调，大家都同时改变某一字的声调，而是有的人快一些，有的人慢一些。也就是说，章丘方言入声调合并于上声调这一语音变化既在一个章丘人口中的古清入字中扩散，也在不同的章丘人之间扩散。现将这两种扩散过程分别图示如下。

表 6 中的 w 代表仍读入声调的古清入字，w 表示已经不读入声调的古清入字。声调的变化是突然的，一个古清入字在某一时刻或读入声调，或不读入声调，没有中间状态；但在不同时刻可能这次读入声调，下一次又不读入声调；在作为语素与其他语素组成的不同的词中，可能这一词中读入声调，那一词中已不读入声调，这里都忽略不计。所以，“变化中”这一栏里没有字。

表 6　变化在一个章丘人口中的古清入字中的扩散

	未变	变化中	已变
w1			w1
w2			w2
w3	w3		
w4	w4		

表 7 中的 H 表示不同的章丘人口中的入声调。H1 在已变栏中表示此人已经完成入声调到上声调的转变；H2、H3 在变化栏中表示二人正在进行这一转变；未变栏中 H4 左上角的“*”表示没有一个章丘人口中的古清入字全部读入声调。

表 7　变化在不同的章丘人之间的扩散

	未变	变化中	已变
H1			H1
H2		H2	
H3		H3	
H4	*H4		

上面我们将两种扩散过程分开来描写，而在实际的语音变化中，这两种扩散情况是难以分解的。所以我们必须将表 6、表 7 中的内容综合起来，这样就得到了表 8。

表 8　章丘方言入声调转变的扩散

<table>
<tr><th></th><th colspan="2">未变</th><th>变化中</th><th colspan="2">已变</th></tr>
<tr><td>*H4</td><td colspan="2">w3　w2　w1</td><td></td><td colspan="2"></td></tr>
<tr><td>H1</td><td colspan="2"></td><td></td><td><u>w3</u>　<u>w2</u></td><td><u>w1</u></td></tr>
<tr><td>H2</td><td>w3</td><td>w2</td><td></td><td></td><td><u>w1</u></td></tr>
<tr><td>H3</td><td>w3</td><td></td><td></td><td><u>w2</u></td><td><u>w1</u></td></tr>
<tr><td></td><td>最稳固层</td><td colspan="3">变化层</td><td>最不稳固层</td></tr>
</table>

表 8 所表现的是章丘方言入声调转变为上声调的共时扩散的完整状态。它既表现了章丘方言入声调转变在一个人口中的古清入字中的扩散，又表现了这一转变在不同的章丘人之间的扩散。表 8 中，H4 的情况在章丘方言中实际上已不存在，没有一个章丘人把所有古清入字都读成入声调，用“*”表示。H1 同表 7 的 H1 一样，代表已经完成入声调到上声调的转变的那一部分章丘人。H2、H3 的内容同表 6 是一致的。综合来看，<u>w1</u> 是现在所有章丘人都已不读入声调的字，是最不稳定、变化最早完成的部分；w3 则代表现在仍有入声调的章丘人都读入声调的字，是最稳固、变化最晚完成的部分；w2、<u>w2</u> 代表那些部分章丘人读入声调、部分章丘人不读入声调的字。

将表 8 和表 5 比较一下，显然，表 8 的基本内容和表 5 是相同的，但它更明确、更真实地表现出了这一内容。表 5 中的“词汇扩散”是语音变化在抽象的词汇中的扩散，而表 8 则表现出了语音变化在说话人口中的具体词汇中的扩散。

3.1.3　章丘方言古清入字的最稳固层和最不稳固层

前面已经提到，表 8 中，<u>w1</u> 代表章丘方言古清入字中的最不稳固层，w3 代表最稳固层。下面我们就来看一下章丘方言古清入字的最不稳固层和最稳固层的具体情况。表 9 和表 10 分别列出了现有调查对象口中都读入声调的古清入字和都不读入声调的古清入字。

表 9　各点均读入声的字

	辛庄	干刘	西范	绣惠	孙家庄	祖营坞	北毕	郑家	闫家峪	文祖	孟张	西车厢	康在惠	王绍厚	康诵敏	李爱云	蒋钦刚	康诵奎
喝	xə꜆	xə꜆	xə꜆	xə꜆	xə꜆	xə꜆	xə꜆	xə꜆	xə꜆	xə꜆	xə꜆	xə꜆	xə꜆	xə꜆	xə꜆	xə꜆	xə꜆	xə꜆
塌	tʰa꜆	tʰa꜆	tʰa꜆	tʰa꜆	tʰa꜆	tʰa꜆	tʰa꜆	tʰa꜆	tʰa꜆	tʰa꜆	tʰa꜆	tʰa꜆	tʰa꜆	tʰa꜆	tʰa꜆	tʰa꜆	tʰa꜆	tʰa꜆
溻	tʰa꜆	tʰa꜆	tʰa꜆	tʰa꜆	tʰa꜆	tʰa꜆	tʰa꜆	tʰa꜆	tʰa꜆	tʰa꜆	tʰa꜆	tʰa꜆	tʰa꜆	tʰa꜆	tʰa꜆	tʰa꜆	tʰa꜆	tʰa꜆
磕	kʰə꜆	kʰə꜆	kʰə꜆	kʰuə꜆	kʰuə꜆	kʰuə꜆	kʰə꜆	–	kʰə꜆	kʰuə꜆	kʰə꜆	kʰə꜆	kʰə꜆	kʰə꜆	kʰə꜆	kʰə꜆	kʰə꜆	kʰə꜆
插	tʂʰa꜆	tʂʰa꜆	tʂʰa꜆	tʂʰa꜆	tʂʰa꜆	tʂʰa꜆	tʂʰa꜆	tʂʰa꜆	tʂʰa꜆	tʂʰa꜆	tʂʰa꜆	tʂʰa꜆	tʂʰa꜆	tʂʰa꜆	tʂʰa꜆	tʂʰa꜆	tʂʰa꜆	tʂʰa꜆
夹	tɕia꜆	tɕia꜆	tɕia꜆	tɕia꜆	tɕia꜆	tɕia꜆	tɕia꜆	tɕia꜆	tɕia꜆	tɕia꜆	tɕia꜆	tɕia꜆	tɕia꜆	tɕia꜆	tɕia꜆	tɕia꜆	tɕia꜆	tɕia꜆
鸭	ia꜆	ia꜆	ia꜆	ia꜆	ia꜆	ia꜆	ia꜆	ia꜆	ia꜆	ia꜆	ia꜆	ia꜆	ia꜆	ia꜆	ia꜆	ia꜆	ia꜆	ia꜆
押	ia꜆	ia꜆	ia꜆	ia꜆	ia꜆	ia꜆	ia꜆	ia꜆	ia꜆	ia꜆	ia꜆	ia꜆	ia꜆	ia꜆	ia꜆	ia꜆	ia꜆	ia꜆
接	tɕiə꜆	tɕiə꜆	tɕiə꜆	tɕiə꜆	tɕiə꜆	tɕiə꜆	tɕiə꜆	tɕiə꜆	tɕiə꜆	tɕiə꜆	tɕiə꜆	tɕiə꜆	tɕiə꜆	tɕiə꜆	tɕiə꜆	tɕiə꜆	tɕiə꜆	tɕiə꜆
跌	tiə꜆	tiə꜆	tiə꜆	tiə꜆	tiə꜆	tiə꜆	tiə꜆	tiə꜆	tiə꜆	tiə꜆	tiə꜆	tiə꜆	tiə꜆	tiə꜆	tiə꜆	tiə꜆	tiə꜆	tiə꜆
帖	tʰiə꜆	tʰiə꜆	tʰiə꜆	tʰiə꜆	tʰiə꜆	tʰiə꜆	tʰiə꜆	tʰiə꜆	tʰiə꜆	tʰiə꜆	tʰiə꜆	tʰiə꜆	tʰiə꜆	tʰiə꜆	tʰiə꜆	tʰiə꜆	tʰiə꜆	tʰiə꜆
帖	tʰiə꜆	tʰiə꜆	tʰiə꜆	tʰiə꜆	tʰiə꜆	tʰiə꜆	tʰiə꜆	tʰiə꜆	tʰiə꜆	tʰiə꜆	tʰiə꜆	tʰiə꜆	tʰiə꜆	tʰiə꜆	tʰiə꜆	tʰiə꜆	tʰiə꜆	tʰiə꜆
湿	ʂʅ꜆	ʂʅ꜆	ʂʅ꜆	ʂʅ꜆	ʂʅ꜆	ʂʅ꜆	ʂʅ꜆	ʂʅ꜆	ʂʅ꜆	ʂʅ꜆	ʂʅ꜆	ʂʅ꜆	ʂʅ꜆	ʂʅ꜆	ʂʅ꜆	ʂʅ꜆	ʂʅ꜆	ʂʅ꜆
擦	tsʰa꜆	tsʰa꜆	tsʰa꜆	tsʰa꜆	tsʰa꜆	tsʰa꜆	tsʰa꜆	tsʰa꜆	tsʰa꜆	tsʰa꜆	tsʰa꜆	tsʰa꜆	tsʰa꜆	tsʰa꜆	tsʰa꜆	tsʰa꜆	tsʰa꜆	tsʰa꜆
割	kə꜆	kuə꜆	kə꜆	kuə꜆	kuə꜆	kuə꜆	kə꜆	kə꜆	kə꜆	kuə꜆	kuə꜆	kuə꜆	kuə꜆	kə꜆	kə꜆	kə꜆	kə꜆	kə꜆
八	pa꜆	pa꜆	pa꜆	pa꜆	pa꜆	pa꜆	pa꜆	pa꜆	pa꜆	pa꜆	pa꜆	pa꜆	pa꜆	pa꜆	pa꜆	pa꜆	pa꜆	pa꜆
杀	ʂa꜆	ʂa꜆	ʂa꜆	ʂa꜆	ʂa꜆	ʂa꜆	ʂa꜆	ʂa꜆	ʂa꜆	ʂa꜆	ʂa꜆	ʂa꜆	ʂa꜆	ʂa꜆	ʂa꜆	ʂa꜆	ʂa꜆	ʂa꜆
撮	kʰua꜆	kʰua꜆	kʰua꜆	kʰua꜆	kʰua꜆	kʰua꜆	kʰua꜆	kʰua꜆	kʰua꜆	kʰua꜆	kʰua꜆	kʰua꜆	kʰua꜆	kʰua꜆	kʰua꜆	kʰua꜆	kʰua꜆	kʰua꜆
瞎	ɕia꜆	ɕia꜆	ɕia꜆	ɕia꜆	ɕia꜆	ɕia꜆	ɕia꜆	ɕia꜆	ɕia꜆	ɕia꜆	ɕia꜆	ɕia꜆	ɕia꜆	ɕia꜆	ɕia꜆	ɕia꜆	ɕia꜆	ɕia꜆
鳖	piə꜆	piə꜆	piə꜆	piə꜆	piə꜆	piə꜆	piə꜆	piə꜆	piə꜆	piə꜆	piə꜆	piə꜆	piə꜆	piə꜆	piə꜆	piə꜆	piə꜆	piə꜆
蝎	ɕiə꜆	ɕiə꜆	ɕiə꜆	ɕiə꜆	ɕiə꜆	ɕiə꜆	ɕiə꜆	ɕiə꜆	ɕiə꜆	ɕiə꜆	ɕiə꜆	ɕiə꜆	ɕiə꜆	ɕiə꜆	ɕiə꜆	ɕiə꜆	ɕiə꜆	ɕiə꜆
歇	ɕiə꜆	ɕiə꜆	ɕiə꜆	ɕiə꜆	ɕiə꜆	ɕiə꜆	ɕiə꜆	ɕiə꜆	ɕiə꜆	ɕiə꜆	ɕiə꜆	ɕiə꜆	ɕiə꜆	ɕiə꜆	ɕiə꜆	ɕiə꜆	ɕiə꜆	ɕiə꜆
憋	piə꜆	piə꜆	piə꜆	piə꜆	piə꜆	piə꜆	piə꜆	piə꜆	piə꜆	piə꜆	piə꜆	piə꜆	piə꜆	piə꜆	piə꜆	piə꜆	piə꜆	piə꜆
切	tɕʰiə꜆	tɕʰiə꜆	tɕʰiə꜆	tɕʰiə꜆	tɕʰiə꜆	tɕʰiə꜆	tɕʰiə꜆	tɕʰiə꜆	tɕʰiə꜆	tɕʰiə꜆	tɕʰiə꜆	tɕʰiə꜆	tɕʰiə꜆	tɕʰiə꜆	tɕʰiə꜆	tɕʰiə꜆	tɕʰiə꜆	tɕʰiə꜆
噎	iə꜆	iə꜆	iə꜆	iə꜆	iə꜆	iə꜆	iə꜆	iə꜆	iə꜆	iə꜆	iə꜆	iə꜆	iə꜆	iə꜆	iə꜆	iə꜆	iə꜆	iə꜆
拨	pə꜆	pə꜆	pə꜆	pə꜆	pə꜆	pə꜆	pə꜆	pə꜆	pə꜆	pə꜆	pə꜆	pə꜆	pə꜆	pə꜆	pə꜆	pə꜆	pə꜆	pə꜆
泼	pʰə꜆	pʰə꜆	pʰə꜆	pʰə꜆	pʰə꜆	pʰə꜆	pʰə꜆	pʰə꜆	pʰə꜆	pʰə꜆	pʰə꜆	pʰə꜆	pʰə꜆	pʰə꜆	pʰə꜆	pʰə꜆	pʰə꜆	pʰə꜆
脱	tʰuə꜆	tʰuə꜆	tʰuə꜆	tʰuə꜆	tʰuə꜆	tʰuə꜆	tʰuə꜆	tʰuə꜆	tʰuə꜆	tʰuə꜆	tʰuə꜆	tʰuə꜆	tʰuə꜆	tʰuə꜆	tʰuə꜆	tʰuə꜆	tʰuə꜆	tʰuə꜆

续表

	辛庄	干刘	西范	绣惠	孙家庄	祖营坞	北毕	郑家	闫家峪	文祖	孟张	西车厢	康在惠	王绍厚	康诵敏	李爱云	蒋钦刚	康诵奎
刷	ʂua꜂	ʂua꜂	ʂua꜂	ʂua꜂	ʂua꜂	ʂua꜂	ʂua꜂	ʂua꜂	ʂua꜂	ʂua꜂	ʂua꜂	ʂua꜂	ʂua꜂	ʂua꜂	ʂua꜂	ʂua꜂	ʂua꜂	ʂua꜂
刮	kua꜂	kua꜂	kua꜂	kua꜂	kua꜂	kua꜂	kua꜂	kua꜂	kua꜂	kua꜂	kua꜂	kua꜂	kua꜂	kua꜂	kua꜂	kua꜂	kua꜂	kua꜂
雪	ɕyə꜂	ɕyə꜂	ɕyə꜂	ɕyə꜂	ɕyə꜂	ɕyə꜂	ɕyə꜂	ɕyə꜂	ɕyə꜂	ɕyə꜂	ɕyə꜂	ɕyə꜂	ɕyə꜂	ɕyə꜂	ɕyə꜂	ɕyə꜂	ɕyə꜂	ɕyə꜂
发	fa꜂	fa꜂	fa꜂	fa꜂	fa꜂	fa꜂	fa꜂	fa꜂	fa꜂	fa꜂	fa꜂	fa꜂	fa꜂	fa꜂	fa꜂	fa꜂	fa꜂	fa꜂
缺	tɕʰyə꜂	tɕʰyə꜂	tɕʰyə꜂	tɕʰyə꜂	tɕʰyə꜂	tɕʰyə꜂	tɕʰyə꜂	tɕʰyə꜂	tɕʰyə꜂	tɕʰyə꜂	tɕʰyə꜂	tɕʰyə꜂	tɕʰyə꜂	tɕʰyə꜂	tɕʰyə꜂	tɕʰyə꜂	tɕʰyə꜂	tɕʰyə꜂
血	ɕiə꜂	ɕiə꜂	ɕiə꜂	ɕiə꜂	ɕiə꜂	ɕiə꜂	ɕiə꜂	ɕiə꜂	ɕiə꜂	ɕiə꜂	ɕiə꜂	ɕiə꜂	ɕiə꜂	ɕiə꜂	ɕiə꜂	ɕiə꜂	ɕiə꜂	ɕiə꜂
七	tɕʰi꜂	tɕʰi꜂	tɕʰi꜂	tɕʰi꜂	tɕʰi꜂	tɕʰi꜂	tɕʰi꜂	tɕʰi꜂	tɕʰi꜂	tɕʰi꜂	tɕʰi꜂	tɕʰi꜂	tɕʰi꜂	tɕʰi꜂	tɕʰi꜂	tɕʰi꜂	tɕʰi꜂	tɕʰi꜂
一	i꜂	i꜂	i꜂	i꜂	i꜂	i꜂	i꜂	i꜂	i꜂	i꜂	i꜂	i꜂	i꜂	i꜂	i꜂	i꜂	i꜂	i꜂
不	pu꜂	pu꜂	pu꜂	pu꜂	pu꜂	pu꜂	pu꜂	pu꜂	pu꜂	pu꜂	pu꜂	pu꜂	pu꜂	pu꜂	pu꜂	pu꜂	pu꜂	pu꜂
窟	kʰu꜂	kʰu꜂	kʰu꜂	kʰu꜂	kʰu꜂	kʰu꜂	kʰu꜂	kʰu꜂	kʰu꜂	kʰu꜂	kʰu꜂	kʰu꜂	kʰu꜂	kʰu꜂	kʰu꜂	kʰu꜂	kʰu꜂	kʰu꜂
出	tʂʰu꜂	tʂʰu꜂	tʂʰu꜂	tʂʰu꜂	tʂʰu꜂	tʂʰu꜂	tʂʰu꜂	tʂʰu꜂	tʂʰu꜂	tʂʰu꜂	tʂʰu꜂	tʂʰu꜂	tʂʰu꜂	tʂʰu꜂	tʂʰu꜂	tʂʰu꜂	tʂʰu꜂	tʂʰu꜂
橘	tɕy꜂	tɕy꜂	tɕy꜂	tɕy꜂	tɕy꜂	tɕy꜂	tɕy꜂	tɕy꜂	tɕy꜂	tɕy꜂	tɕy꜂	tɕy꜂	tɕy꜂	tɕy꜂	tɕy꜂	tɕy꜂	tɕy꜂	tɕy꜂
屈	tɕʰy꜂	tɕʰy꜂	tɕʰy꜂	tɕʰy꜂	tɕʰy꜂	tɕʰy꜂	tɕʰy꜂	tɕʰy꜂	tɕʰy꜂	tɕʰy꜂	tɕʰy꜂	tɕʰy꜂	tɕʰy꜂	tɕʰy꜂	tɕʰy꜂	tɕʰy꜂	tɕʰy꜂	tɕʰy꜂
桌	tʂuə꜂	tʂuə꜂	tʂuə꜂	tʂuə꜂	tʂuə꜂	tʂuə꜂	tʂuə꜂	tʂuə꜂	tʂuə꜂	tʂuə꜂	tʂuə꜂	tʂuə꜂	tʂuə꜂	tʂuə꜂	tʂuə꜂	tʂuə꜂	tʂuə꜂	tʂuə꜂
北	pei꜂	pei꜂	pei꜂	pei꜂	pei꜂	pei꜂	pei꜂	pei꜂	pei꜂	pei꜂	pei꜂	pei꜂	pei꜂	pei꜂	pei꜂	pei꜂	pei꜂	pei꜂
塞	sei꜂	sei꜂	sei꜂	sei꜂	sei꜂	sei꜂	sei꜂	sei꜂	sei꜂	sei꜂	sei꜂	sei꜂	sei꜂	sei꜂	sei꜂	sei꜂	sei꜂	sei꜂
黑	xei꜂	xei꜂	xei꜂	xei꜂	xei꜂	xei꜂	xei꜂	xei꜂	xei꜂	xei꜂	xei꜂	xei꜂	xei꜂	xei꜂	xei꜂	xei꜂	xei꜂	xei꜂
织	tʂʅ꜂	tʂʅ꜂	tʂʅ꜂	tʂʅ꜂	tʂʅ꜂	tʂʅ꜂	tʂʅ꜂	tʂʅ꜂	tʂʅ꜂	tʂʅ꜂	tʂʅ꜂	tʂʅ꜂	tʂʅ꜂	tʂʅ꜂	tʂʅ꜂	tʂʅ꜂	tʂʅ꜂	tʂʅ꜂
拍	pʰei꜂	pʰei꜂	pʰei꜂	pʰei꜂	pʰei꜂	pʰei꜂	pʰei꜂	pʰei꜂	pʰei꜂	pʰei꜂	pʰei꜂	pʰei꜂	pʰei꜂	pʰei꜂	pʰei꜂	pʰei꜂	pʰei꜂	pʰei꜂
拆	tʂʰei꜂	tʂʰei꜂	tʂʰei꜂	tʂʰei꜂	tʂʰei꜂	tʂʰei꜂	tʂʰei꜂	tʂʰei꜂	tʂʰei꜂	tʂʰei꜂	tʂʰei꜂	tʂʰei꜂	tʂʰei꜂	tʂʰei꜂	tʂʰei꜂	tʂʰei꜂	tʂʰei꜂	tʂʰei꜂
掰	pei꜂	pei꜂	pei꜂	pei꜂	pei꜂	pei꜂	pei꜂	pei꜂	pei꜂	pei꜂	pei꜂	pei꜂	pei꜂	pei꜂	pei꜂	pei꜂	pei꜂	pei꜂
滴	ti꜂	ti꜂	ti꜂	ti꜂	ti꜂	ti꜂	ti꜂	ti꜂	ti꜂	ti꜂	ti꜂	ti꜂	ti꜂	ti꜂	ti꜂	ti꜂	ti꜂	ti꜂
踢	tʰi꜂	tʰi꜂	tʰi꜂	tʰi꜂	tʰi꜂	tʰi꜂	tʰi꜂	tʰi꜂	tʰi꜂	tʰi꜂	tʰi꜂	tʰi꜂	tʰi꜂	tʰi꜂	tʰi꜂	tʰi꜂	tʰi꜂	tʰi꜂
吃	tʂʰʅ꜂	tʂʰʅ꜂	tʂʰʅ꜂	tʂʰʅ꜂	tʂʰʅ꜂	tʂʰʅ꜂	tʂʰʅ꜂	tʂʰʅ꜂	tʂʰʅ꜂	tʂʰʅ꜂	tʂʰʅ꜂	tʂʰʅ꜂	tʂʰʅ꜂	tʂʰʅ꜂	tʂʰʅ꜂	tʂʰʅ꜂	tʂʰʅ꜂	tʂʰʅ꜂
秃	tʰu꜂	tʰu꜂	tʰu꜂	tʰu꜂	tʰu꜂	tʰu꜂	tʰu꜂	tʰu꜂	tʰu꜂	tʰu꜂	tʰu꜂	tʰu꜂	tʰu꜂	tʰu꜂	tʰu꜂	tʰu꜂	tʰu꜂	tʰu꜂
哭	kʰu꜂	kʰu꜂	kʰu꜂	kʰu꜂	kʰu꜂	kʰu꜂	kʰu꜂	kʰu꜂	kʰu꜂	kʰu꜂	kʰu꜂	kʰu꜂	kʰu꜂	kʰu꜂	kʰu꜂	kʰu꜂	kʰu꜂	kʰu꜂
叔	ʂu꜂	ʂu꜂	ʂu꜂	ʂu꜂	ʂu꜂	ʂu꜂	ʂu꜂	ʂu꜂	ʂu꜂	ʂu꜂	ʂu꜂	ʂu꜂	ʂu꜂	ʂu꜂	ʂu꜂	ʂu꜂	ʂu꜂	ʂu꜂
菊	tɕy꜂	tɕy꜂	tɕy꜂	tɕy꜂	tɕy꜂	tɕy꜂	tɕy꜂	tɕy꜂	tɕy꜂	tɕy꜂	tɕy꜂	tɕy꜂	tɕy꜂	tɕy꜂	tɕy꜂	tɕy꜂	tɕy꜂	tɕy꜂

表 10 各点均不读入声的字

	辛庄	干刘	西范	绣惠	孙家庄	祖营坞	北毕	郑家	闫家峪	文祖	孟张	西车厢	康在惠	王绍厚	康诵敏	李爱云	蒋钦刚	康诵奎
答	ᶜta	ᶜta	ᶜta	ᶜta	ᶜta	ᶜta	ᶜta	ᶜta	ᶜta	ᶜta	ᶜta	ᶜta	ᶜta	ᶜta	ᶜta	ᶜta	ᶜta	ᶜta
摄	꜀ȵiə	꜀ȵiə	ʂəᵓ	꜀ȵiə	꜀ȵiə	꜀ȵiə	ʂəᵓ	꜀ȵiə	ʂəᵓ	꜀ȵiə	꜀ȵiə	ʂəᵓ	꜀ȵiə	꜀ȵiə	ʂəᵓ	꜀ȵiə	꜀ȵiə	꜀ȵiə
胁	ᶜɕiə	ᶜɕiə	ᶜɕiə	ᶜɕiə	ᶜɕiə	ᶜɕiə	ᶜɕiə	ᶜɕiə	ᶜɕiə	ᶜɕiə	ᶜɕiə	ᶜɕiə	ᶜɕiə	ᶜɕiə	ᶜɕiə	ᶜɕiə	ᶜɕiə	ᶜɕiə
级	꜀tɕi	꜀tɕi	꜀tɕi	꜀tɕi	꜀tɕi	꜀tɕi	꜀tɕi	꜀tɕi	꜀tɕi	꜀tɕi	꜀tɕi	꜀tɕi	–	꜀tɕi	꜀tɕi	꜀tɕi	꜀tɕi	꜀tɕi
泄	ɕiəᵓ	ɕiəᵓ	ɕiəᵓ	ɕiəᵓ	ɕiəᵓ	ɕiəᵓ	ɕiəᵓ	ɕiəᵓ	ɕiəᵓ	ɕiəᵓ	ɕiəᵓ	ɕiəᵓ	ɕiəᵓ	ɕiəᵓ	ɕiəᵓ	ɕiəᵓ	ɕiəᵓ	ɕiəᵓ
彻	tʂʰəᵓ	tʂʰəᵓ	tʂʰəᵓ	tʂʰəᵓ	tʂʰəᵓ	tʂʰəᵓ	tʂʰəᵓ	tʂʰəᵓ	tʂʰəᵓ	tʂʰəᵓ	tʂʰəᵓ	tʂʰəᵓ	tʂʰəᵓ	tʂʰəᵓ	tʂʰəᵓ	tʂʰəᵓ	tʂʰəᵓ	tʂʰəᵓ
撤	tʂʰəᵓ	tʂʰəᵓ	tʂʰəᵓ	tʂʰəᵓ	tʂʰəᵓ	tʂʰəᵓ	tʂʰəᵓ	tʂʰəᵓ	tʂʰəᵓ	tʂʰəᵓ	tʂʰəᵓ	tʂʰəᵓ	tʂʰəᵓ	tʂʰəᵓ	tʂʰəᵓ	tʂʰəᵓ	tʂʰəᵓ	tʂʰəᵓ
设	ʂəᵓ	ʂəᵓ	ʂəᵓ	ᶜʂə	ʂəᵓ	ʂəᵓ	ʂəᵓ	ʂəᵓ	ʂəᵓ	ʂəᵓ	ʂəᵓ	ʂəᵓ	ʂəᵓ	ʂəᵓ	ʂəᵓ	ʂəᵓ	ʂəᵓ	ʂəᵓ
挖	꜀ʋa	꜀ʋa	꜀ʋa	꜀ʋa	꜀ʋa	꜀ʋa	꜀ʋa	꜀ʋa	꜀ʋa	꜀ʋa	꜀ʋa	꜀ʋa	꜀ʋa	꜀ʋa	꜀ʋa	꜀ʋa	꜀ʋa	꜀ʋa
匹	ᶜpʰi	꜀pʰi	ᶜpʰi	ᶜpʰi	ᶜpʰi	ᶜpʰi	ᶜpʰi	꜀pʰi	꜀pʰi	꜀pʰi	꜀pʰi	꜀pʰi	꜀pʰi	ᶜpʰi	ᶜpʰi	ᶜpʰi	꜀pʰi	꜀pʰi
率	ʂuɛᵓ	ʂuɛᵓ	ʂuɛᵓ	ʂuɛᵓ	ʂuɛᵓ	ʂuɛᵓ	ʂuɛᵓ	–	ʂuɛᵓ	ʂuɛᵓ	ʂuɛᵓ	ʂuɛᵓ	ʂuɛᵓ	ʂuɛᵓ	ʂuɛᵓ	ʂuɛᵓ	ʂuɛᵓ	ʂuɛᵓ
蟀	ʂuɛᵓ	ʂuɛᵓ	ʂuɛᵓ	ʂuɛᵓ	ʂuɛᵓ	ʂuɛᵓ	ʂuɛᵓ	ʂuɛᵓ	ʂuɛᵓ	ʂuɛᵓ	ʂuɛᵓ	ʂuɛᵓ	ʂuɛᵓ	ʂuɛᵓ	ʂuɛᵓ	ʂuɛᵓ	ʂuɛᵓ	ʂuɛᵓ
错	tsʰuəᵓ	tsʰuəᵓ	tsʰuəᵓ	tsʰuəᵓ	tsʰuəᵓ	tsʰuəᵓ	tsʰuəᵓ	tsʰuəᵓ	tsʰuəᵓ	tsʰuəᵓ	tsʰuəᵓ	tsʰuəᵓ	tsʰuəᵓ	tsʰuəᵓ	tsʰuəᵓ	tsʰuəᵓ	tsʰuəᵓ	tsʰuəᵓ
爵	–	ᶜtɕyə	ᶜtɕyə	ᶜtɕyə	ᶜtɕyə	ᶜtɕyə	ᶜtɕyə	ᶜtɕyə	ᶜtɕyə	ᶜtɕyə	ᶜtɕyə	ᶜtɕyə	–	ᶜtɕyə	ᶜtɕyə	ᶜtɕyə	ᶜtɕyə	ᶜtɕyə
劐	꜀xuə	꜀xuə	꜀xuə	꜀xuə	꜀xuə	꜀xuə	꜀xuə	꜀xuə	꜀xuə	꜀xuə	꜀xuə	꜀xuə	꜀xuə	꜀xuə	꜀xuə	꜀xuə	꜀xuə	꜀xuə
式	ʂʅᵓ	ʂʅᵓ	ʂʅᵓ	ʂʅᵓ	ʂʅᵓ	ʂʅᵓ	ʂʅᵓ	ʂʅᵓ	ʂʅᵓ	ʂʅᵓ	ʂʅᵓ	ʂʅᵓ	ʂʅᵓ	ʂʅᵓ	ʂʅᵓ	ʂʅᵓ	ʂʅᵓ	ʂʅᵓ
忆	iᵓ	iᵓ	iᵓ	iᵓ	iᵓ	iᵓ	iᵓ	iᵓ	iᵓ	iᵓ	iᵓ	iᵓ	iᵓ	iᵓ	iᵓ	iᵓ	iᵓ	iᵓ
亿	iᵓ	iᵓ	iᵓ	iᵓ	iᵓ	iᵓ	iᵓ	iᵓ	iᵓ	iᵓ	iᵓ	iᵓ	iᵓ	iᵓ	iᵓ	iᵓ	iᵓ	iᵓ
吓	ɕiaᵓ	ɕiaᵓ	ɕiaᵓ	ɕiaᵓ	ɕiaᵓ	ɕiaᵓ	ɕiaᵓ	ɕiaᵓ	ɕiaᵓ	ɕiaᵓ	ɕiaᵓ	ɕiaᵓ	ɕiaᵓ	ɕiaᵓ	ɕiaᵓ	ɕiaᵓ	ɕiaᵓ	ɕiaᵓ
碧	piᵓ	piᵓ	piᵓ	piᵓ	piᵓ	piᵓ	piᵓ	piᵓ	piᵓ	piᵓ	piᵓ	piᵓ	piᵓ	piᵓ	piᵓ	piᵓ	piᵓ	piᵓ
璧	piᵓ	piᵓ	piᵓ	piᵓ	piᵓ	piᵓ	piᵓ	piᵓ	piᵓ	piᵓ	piᵓ	piᵓ	piᵓ	piᵓ	piᵓ	piᵓ	piᵓ	piᵓ
益	iᵓ	iᵓ	iᵓ	iᵓ	iᵓ	iᵓ	iᵓ	iᵓ	iᵓ	iᵓ	iᵓ	iᵓ	iᵓ	iᵓ	iᵓ	iᵓ	iᵓ	iᵓ
壁	piᵓ	piᵓ	piᵓ	piᵓ	piᵓ	piᵓ	piᵓ	piᵓ	piᵓ	piᵓ	piᵓ	piᵓ	piᵓ	piᵓ	piᵓ	piᵓ	piᵓ	piᵓ
筑	tʂuᵓ	tʂuᵓ	tʂuᵓ	tʂuᵓ	tʂuᵓ	tʂuᵓ	tʂuᵓ	tʂuᵓ	tʂuᵓ	tʂuᵓ	tʂuᵓ	tʂuᵓ	tʂuᵓ	tʂuᵓ	tʂuᵓ	tʂuᵓ	tʂuᵓ	tʂuᵓ
祝	tʂuᵓ	tʂuᵓ	tʂuᵓ	tʂuᵓ	tʂuᵓ	tʂuᵓ	tʂuᵓ	tʂuᵓ	tʂuᵓ	tʂuᵓ	tʂuᵓ	tʂuᵓ	tʂuᵓ	tʂuᵓ	tʂuᵓ	tʂuᵓ	tʂuᵓ	tʂuᵓ
郁	yᵓ	yᵓ	yᵓ	yᵓ	yᵓ	yᵓ	yᵓ	yᵓ	yᵓ	yᵓ	yᵓ	yᵓ	yᵓ	yᵓ	yᵓ	yᵓ	yᵓ	yᵓ
束	꜀ʂu	꜀ʂu	ʂuᵓ	꜀ʂu	꜀ʂu	꜀ʂu	꜀ʂu	ʂuᵓ	꜀ʂu	꜀ʂu	꜀ʂu	꜀ʂu	꜀ʂu	꜀ʂu	ʂuᵓ	꜀ʂu	suᵓ	꜀ʂu

表 9 的字有两个特点：1. 基本都是日常用字；2. 基本都是普通话的阴平字，读入声调时其调值与普通话的阴平调值比较接近，而且声母、韵母也基本一致。表 10 的字少一些，它们表现出三个特点：1. 基本都是书面用字；2. 大部分是普通话的去声字，如果读入声调，则其调值与普通话的调值有明显区别；3. 现在的读调与普通话的基本一致，即读去声调，有个别字，如“匹、束”两字，有的人读调与普通话一致，有的人读阴平调。

由上可以看出：(1) 日常用字的语音比较稳固，而书面用字的语音比较容易发生变化；(2) 与普通话比较接近的语音比较稳固，与普通话的差别比较明显的语音容易变化；(3) 章丘方言古清入字的读调受普通话的影响比较大，而受周围方言的影响比较小。

不过，值得注意的是，前面说的是章丘方言的入声调与上声调合并，而这里章丘方言古清入字的最不稳固层却是读去声调，而不是上声调。显然这是矛盾的。该如何解释呢？从 3.2 可了解到，入声调消失是山东方言乃至汉语的发展趋势，在这一趋势的影响下，章丘方言入声调必然也要趋于消失。其中最早变化的是古清入字中的最不稳固层。由上所述，最不稳固层多由不常用的书面用字组成，易于发生变化。这样，在普通话的影响下，这些字在章丘方言入声调合并于上声调这一变化开始之前，就已经同普通话的读调一致，所以它们没有变成上声调。

3.2 章丘方言入声调消失及其合并于上声调的原因

3.2.1 章丘方言入声调消失的原因

据已有材料，古清入字独立成调的情况，在山东方言中，除了章丘之外，只有邹平、利津、桓台是这种情况。我们可以把山东方言看作一个包含众多地方方言系统的大系统。在这个大系统中，大多数方言的古清入字或归阴平，或归上声，像章丘方言这样独立成调的只是极个别的例外情况，应该说是系统内部结构不平衡的表现。而“结构的不平衡性是变异之源”（徐通锵，1993），所以势必要引起变化，使结构趋于平衡。在这种情况下，一般只会有两种可能的变化。一种是古清入字独立成调这一现象有足够的力量，逐渐从章丘等少数方言向其他方言扩展，使其他方言的古清入字也独立成调；另一种则正好相反，章丘等少数方言接受其他方言的影响，在古清入字的归调上与它们保持一致，从而放弃自己的特殊性。

从汉语发展的历史来看，入派三声是一个很重要的演变规律。今天的汉语方言中，南方方言（非官话区）保留入声调的还比较多，而在官话区，除了西南官话、江淮官话以及以山西为中心的地区方言之外，基本是无入声地区。因此，章丘方言古清入字独立成调是入派三声这一汉语发展规律的一个例外，是中古入声变化消失过程中的一种残余现象。也就是说，章丘方言入声调的存在违背了中古汉语入声发展的总趋势，它不可能有足够的力量去吸引其他方言向它靠拢，而它的消失则符合这一发展趋势。

由上所述，章丘方言入声调的消失既可以使山东方言内部系统趋于平衡，又符合汉语入声发展的趋势，因而是必然的。但这一必然性的具体实现则需要等到条件成熟之后。很显然，这一必然性已存在了很长时间，章丘方言在其影响下不断地调整着自己的声调系统，发展至今，已经表现出入声调消失的趋势。20 世纪 80 年代以来社会经济的迅速发展，推普工作的广泛展开又加快了各方言的发展速度。这样，在内部条件成熟的情况下再加上外部力量的推动，章丘方言的入声调终于走上了消失的旅程。

3.2.2 章丘方言合并于上声调的原因

为了满足山东方言这一大系统的内部结构平衡的需要，章丘方言的入声调消失了，但这样一来，原读入声调的古清入字归向何处呢？

从其外部环境来看，章丘处于淄博（博山）、莱芜、历城、济阳和邹平的包围之中。根据以前的调查材料，淄博（博山）、莱芜方言都是平、上、去三个声调，历城、济阳方言都是阴平、阳平、上声、去声四个声调，邹平方言是阴平、阳平、上声、去声、入声五个声调（1990 年《邹平县志》中阳平与上声同调，只有四个声调）。这些地区的方言声调情况虽然不尽相同，但除了邹平方言古清入字独立成调以外，其他方言的古清入字均归阴平调。邹平方言中虽然有入声调，但可能同章丘方言一样，正处于消失的过程中，笔者曾对一邹平同学做过调查，其口中已没有入声调，古清入字归阴平调。由此看来，章丘方言完全处于古清入字归阴平调这一势力的包围之中，其入声调消失后合并于阴平调是极有可能的。

从其内部的声调系统来看，章丘方言有阴平 213、上声 55、去声 21、入声 44 四个单字调类，可以组成 16 种两字组连调类，但入声字做前字的连调类与上声字做前字的连调类合并，实际只有 12 种。参看表 11。

表 11　章丘方言两字组连读变调表

前＼后	阴平 213	上声 55	去声 21	入声 44
阴平 213	(1) 23+213	(4) 213+55	(7) 23+21	(10) 23+44
上声 55	(2) 55+213	(5) 55+55	(8) 55+21	(11) 55+44
去声 21	(3) 21+213	(6) 21+55	(9) 21+21	(12) 21+44
入声 44	(2) 55+213	(5) 55+55	(8) 55+21	(11) 55+44

上声字做前字与入声字做前字的连读调比较如下：

1.“上声＋阴平”和“入声＋阴平”

时 ʂʅ^{55} ≠失 ʂʅ^{44}　　时针 ʂʅ^{55}tʂə̃^{213}= 失真 ʂʅ$^{44\text{-}55}$tʂə̃^{213}

喜 ɕi^{55} ≠吸 ɕi^{44}　　喜烟 ɕi^{55}iã^{213}= 吸烟 ɕi$^{44\text{-}55}$iã^{213}

2.“上声＋上声”和“入声＋上声”

除 tʂ^{h}u^{55} ≠出 tʂ^{h}u^{44}　　除名 tʂ^{h}u^{55}miŋ^{55}= 出名 tʂ^{h}u$^{44\text{-}55}$miŋ^{55}

河 xə^{55} ≠喝 xə^{44}　　河水 xə^{55}ʂuei^{55}= 喝水 xə$^{44\text{-}55}$ʂuei^{55}

罚 fa^{55} ≠发 fa^{44}　　罚球 fa^{55}tɕ^{h}iou^{55}= 发球 fa$^{44\text{-}55}$tɕ^{h}iou^{55}

3.“上声＋去声”和“入声＋去声”

止 tʂʅ^{55} ≠织 tʂʅ^{44}　　止步 tʂʅ^{55}pu^{21}= 织布 tʂʅ$^{44\text{-}55}$pu^{21}

十 ʂʅ^{55} ≠湿 ʂʅ^{44}　　十度 ʂʅ^{55}tu^{21}= 湿度 ʂʅ$^{44\text{-}55}$tu^{21}

浮 fu^{55} ≠福 fu^{44}　　浮力 fu^{55}li^{21}= 福利 fu$^{44\text{-}55}$li^{21}

4.“上声＋入声”和“入声＋入声”

起 tɕ^{h}i^{55} ≠七 tɕ^{h}i^{44}　　起笔 tɕ^{h}i^{55}pei^{44}= 七笔 tɕ^{h}i$^{44\text{-}55}$pei^{44}

十 ʂʅ^{55} ≠失 ʂʅ^{44}　　十足 ʂʅ^{55}tɕy^{44}= 失足 ʂʅ$^{44\text{-}55}$tɕy^{44}

通过比较，可以确定，在连读调中，入声调基本上已经与入声调合并了。而且，入声调和上声调的单字调值也十分接近，二者都是高平调，上声略高于入声，这种近似性使上声调和入声调在语流中更加模糊难辨。由此，章丘方言入声调合并于上声调可以说是水到渠成。

这样看来，章丘方言入声调消失后古清入字有两种归调的可能，或同周围方言一样归阴平调，或顺应方言内部的趋势，归上声调。两种可能竞争的结果是古清入字归上声调。这一结果可以说是必然的。因为，第一，周围方言的影响是外因，而方言内部的趋势是内因。当外因与内因同时存在时，内因起决定作用。第二，入声调合并于上声调符合语言变化的经济性原则。语言最重要的功能就是交际，作为人类最重要的交际工具，它总是要求尽可能用最简明、最经济的办法去满足交际的需要，在语言变化的过程中，就表现为尽量利用系统本身的便利条件，以最小程度的变化去满足语言变化的要求。章丘方言入声调的消失打乱了其声调系统的内部平衡，引起了变化的发生，而在系统内部，恰恰又存在着入声调与上声调合并的结构基础，所以古清入字转读上声调，而不是阴平调。这充分体现了语言变化的经济性特点。最后，章丘方言在山东正处于东区和西区的过渡地带，东区方言古清入字归上声，因此，东区方言的影响也是一个可考虑的因素。

3.2.3 小结

通过以上分析，我们可以看出，章丘方言入声调的消失和古清入字的重新归调，实际上是两个不同层次的系统内部分别进行自我调整的结果。章丘方言入声调存在的特殊性促使山东方言这一大系统进行自我调整，调整的结果则导致了章丘方言入声调的消失；入声调的消失又打乱了章丘方言内部声调系统的平衡状态，从而使其进行自我调整。徐通锵先生认为："语言的结构是分层次的，通过变异而改进结构的不平衡性是在各个层次的范围内分头进行的，每一个层次的变异只求自己的结构平衡和对称，而不管由此而可能给其他层次带来的影响。因此，某一层次的结构平衡性运动就可能在另一层次上留下了不平衡的结果。"（徐通锵，1993）他所讲的是语言系统内部不同结构层次的变化可能引起的相互影响。在这里，我们则看到，在同一语言的不同结构层次的方言之间，也存在这种相互影响。而且可以说，方言间的相互影响和语言系统内部层次间的相互影响是密切相关、难以分割的，正是它们的存在驱动着语言系统处于不断的运动、变化之中。

3.3 章丘方言入声调和利津方言阴入调比较

3.3.1 利津方言声调简介

利津方言属于官话区的冀鲁官话。冀鲁官话的主要特点是古清入字归阴平调，但利津的古清入字是独立成调的。除此之外，利津方言的声调同冀鲁官话乃至普通话的情况一致。这样，利津方言便有阴平、阳平、上声、去声、阴入五个声调。

3.3.2 舒声促化现象

利津方言的阴入调同章丘方言的入声调一样，都基本由古清入字构成，同时还有一小部分来自古非入声字和浊声母入声字。章丘方言的情况见 2.1。利津方言的这部分字有（杨秋泽，1990：13）：

古非入声字今读阴入调的：

果摄：他可~以苛阿波播坡玻妥

假摄：且剐鸦

遇摄：捕初赴须必~需区驱瞿

蟹摄：际滞抵~角济~南，救~

止摄：牺示史已以希摔

效摄：巢搞抄一把~过来超马~，人名

流摄：搂~在怀里抠~馊否

古浊声母入声字今读阴入调的：

突鹤植~树籍书~瀑域腋

通过比较，可以知道，章丘方言中的这部分字比利津方言的多，共 76 字，利津方言中只有 45 个字，二者相同的字有 22 个，没有明显的规律可寻。

与此类似，贺巍在晋语中发现了舒声促化的现象，并写了《晋语舒声促化的类别》（1996）一文来探讨这一问题。他在文中写道："语言是相互影响的，在有入声的方言中除了入声向舒声转化之外，也有一些舒声字促化读成了入声。"而且他也认为，舒声促化字的字音演变"没有一定的规律"。

如果晋语中的舒声字促化，是受晋语入声影响的结果，那么章丘、利津方言中今读入声调的古非入声字和古浊声母入声字也有可能在入声尾丢掉之前就已经同古清入字合流了，所以在入声尾丢掉之后仍然保持同调。

由此，我们认为，舒声促化现象实际上是语言内部各层次之间相互影响、渗透而造成的一种语言变异现象。这种变异现象没有规律可寻，但它在语言中大量存在，比如在今天的北京话中，有一些古清平字读阳平调，而有的古浊平字读阴平调，它向我们说明，语言系统不仅包括有规律的结构，而且包括大量的不规律的现象。

3.3.3 利津方言阴入调合并于阴平调的原因

利津方言的阴入调和章丘方言的入声调一样，在山东方言中处于比较特殊的地位。这使它的消失也具有和章丘方言入声调的消失同等的必然性。然而在这一必然性实现之后，在古清入字的重新归调上，它却走了与章丘方言截然不同的道路。杨秋泽（1990：5）指出：“利津方言有新老两派单字调系统。老派语音，有五个单字调类：阴平 213、阳平 53、上声 55、去声 21、阴入 44。阴入调基本由古清声母入声字构成。新派语音，有四个单字调类：阴平 213、阳平 53、上声 55、去声 21，无独立的阴入调，即古清声母入声字大多归阴平。”

显然，利津方言中，古清入字在阴入调消失后归了阴平调，与章丘方言的归上声调完全不同。同属于冀鲁官话区，同样是老派有入声，而新派入声消失的归向竟然是两个不同的调类，为什么利津的阴入（44）不归入同样也是与之调值相近的上声（55）？这个问题可以通过两处方言连读调系统的比较得到合理的解释。

利津方言的 5 个单字调，可以组成 25 种连调类。其中有一对合并，实际有 24 种。参看表 12。在连调中，阴入调保持着自己的独立性，没有同其他调类合并的情况。这是老派语音的连读调情况。在新派语音中，虽然单字调少了阴入调，但连读调却与老派语音基本相同。

表 12　利津方言双音节连读变调表

前＼后	阴平 213	阳平 53	上声 55	去声 21	阴入 44
阴平 213	23+213	212+53	212+55	23+21	212+44
阳平 53	53+213	53+53	53+55	53+21	53+44
上声 55	55+213	55+53	55+55	55+21	55+44
去声 21	21+213	21+53	21+55	23+21	21+44
阴入 44	44+213	44+53	44+55	44+21	44+44

根据利津方言的连读调系统，并参考章丘方言的连读调系统（见 3.2），可以做出如下判断：利津方言中的阴入调之所以和章丘方言的入声调走了不同的道路，关键在于利津方言阴入调在连读调中表现出来的独立性。章丘方言入声调在连读中做前字时，调值变得与上声字作前字时相同，这就为入声调同上声调合并

打下了良好的基础，从而抗拒了周围方言古清入字归阴平调的影响。而利津方言的阴入调在连读中完全独立，对它来说，无论与哪一调合并都要花费大致相同的力气。这样，当它为满足山东方言这一大系统内部平衡的要求而不得不放弃其独立性的时候，由于利津方言内部没有能够与周围方言的影响相对抗的趋势，它就接受了周围方言的影响，与它们保持一致，即古清入字归阴平调。这一变化应该是刚刚发生不久，因为老派语音中还存在独立的阴入调，而且新派语音的连读调中，原来的阴入字仍与阴平字区分开来，说明阴入调和阴平调在单字调中的合并还没来得及影响到二者在连读调中也发生合并。

顺便说一下，杨秋泽（1990：5）认为：利津方言“老派的阴入调很稳固，在语流音变中，它同阴平字的变调规律有明显区别；新派单字调中无阴入调，但在变调中，凡属古清声母入声字读阴平的却又像老派一样，同古清声母平声字读阴平的区别开来，这说明新派把古清声母入声字归阴平是不稳固的”。这种说法很容易让人产生误解，以为新派把古清入字归阴平只是暂时现象，而这与事实不符。说老派的阴入调比较稳固是可以的，但不能同时说新派的古清入字归阴平不稳固。从发展的、动态的观点出发，新派的古清入字归阴平虽然是一种新的现象，但只要没有其他使古清入字归入阳平、上声、去声等调的作用与它竞争，它就会继续稳固地向前发展，直到利津方言中的阴入调完全消失；而老派语音中古清入字读阴入调的将会越来越少，最终阴入调随着老年人的去世而消失。

4. 章丘方言入声调的历史比较

1982 年，胡延森做了《章丘方言调查报告》，报告中专门讨论了章丘方言的入声调问题。他从《方言调查字表》中选了 300 个常用古清入字，发现其中 255 个读入声调，占总数的 85%，其余 45 个字分别读阴平、上声、去声。并且他还指出，章丘方言的入声调存在两种变化的趋势：一是读入声调的字在数量上呈现出逐渐减少的趋势。表现在，在不同年龄段的发音人口中，入声字数量不同，其中六七十岁的老年人口语中入声字占总数的 85%，30 至 50 岁的人，入声字的比例下降至 75%—80%，而青少年，尤其是在校学生，读入声调的古清入字比例更小，仅有 65% 左右。相应地，古清入字读平、上、去三调的日趋增多。胡延森认为这是普通话影响的结果。二是入声调向上声调合并的趋势。在连读调中，入声字做前字与上声字做前字的变调相同，这使得二者十分模糊难辨。

从这次调查的结果来看，胡延森关于入声调的讨论是正确的。今天，章丘方言入声调在新派语音中已经同上声调合并；老派语音中虽还有入声调，但读入声调的古清入字的比例已大大下降，详见表 1。

关于章丘方言入声调的分布情况，胡延森（1982）指出："章丘方言的入声调，主要存在于章丘中部语音中，分布在明水、普集、相公、绣惠、刁镇、辛寨、水寨、宁埠、枣园、埠村十个公社以及平陵公社东部的广大地区。南部的胡山（阎家峪）、文祖、垛庄（包括埠村公社的西南部）三个公社，全是山区，声调与章丘中部明显不同。基本是以山脉为界的。西北部的高官寨、黄河二公社，又是另一种情况，大致以小清河为界，河西北基本无入声调值的字，河东南便存在入声。"详见图 3。

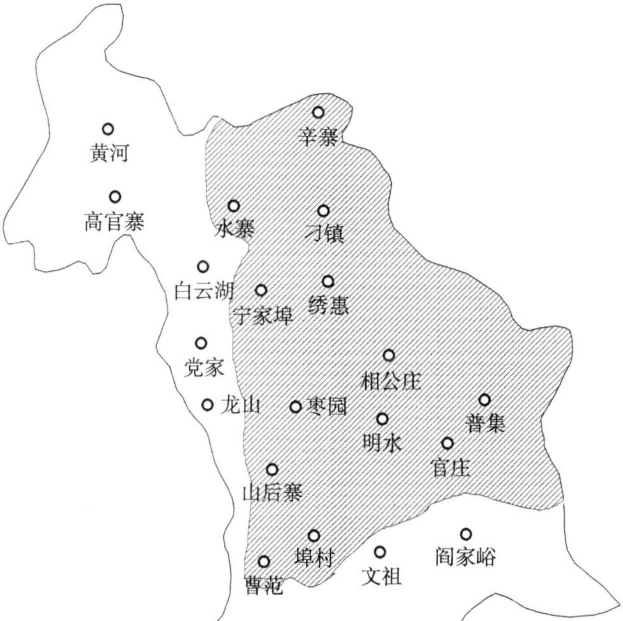

图 3　胡延森（1982）入声分布图

他所说的中部、西北部的情况与这次的调查基本一致，但南部的情况不同。胡延森认为南部语音没有入声调，不过没有说古清入字归哪一调；但这次调查却发现，南部大部分地区的方言是有入声调的，只在一些交界地区的方言中没有发现入声调，古清入字归入了阴平调。

从今天的调查来看，胡延森当时的调查有所疏忽。如果南部方言当时没有入声，那么现在的入声调只能是这十几年中新产生的，这显然是不太可能的。一来，入声调的消失是山东方言乃至汉语的发展趋势，没有入声调是合乎这一趋势的；二来，中部地区方言的入声调合并于上声调，十几年的时间尚只完成一半，从其他声调中分离出入声调来势必要用更长的时间；三来，从调查中得知，南部地区方言中的入声调也正处于消失、同上声调合并的过程之中，如东圣水泉的调查对象口中已无入声调，大部分古清入字读上声调。因此说，20 世纪 80 年代初章丘南部地区的方言中也是有入声调的。

5. 余论

在文章最后，再谈几点想法。

第一，在对一种方言中存在的一些语音变化进行分析时不妨将这一方言放在更高一级的系统中，这样就可以比较准确全面地把握这一语音变化发生的原因，了解其变化的过程。比如利津方言的阴入调，在老派语音的单字调系统中和连读调系统中都保持着自己的独立性，按理说它的地位十分稳固，但在新派语音中却突然与阴平调合并。单从利津方言本身来看，很难找到阴入调消失、合并于阴平调的原因，而如果从山东方言这一大系统来看，问题就豁然而解。阴入调的消失是山东方言系统内部自我调整的结果；阴入调合并于阴平调则是周围方言的影响起了决定作用。

第二，同一语言的各种方言是有层次的。高一级方言系统内部的自我调整常常打乱低一级方言系统的内部平衡，从而使其进行重新调整。但调整的方式和途径主要是由低一级方言系统内部和外部的具体情况来决定的。如果方言内部已经为这一调整做好了充分的准备，像章丘方言古清入字归上声的情况，那么调整只能按已经铺好的路走，即使这样可能使它与周围方言不尽一致。如果方言内部没有为调整做好准备，那么周围方言的影响就有可能起决定作用，如利津方言阴入调与阴平调的合并。

第三，语言的演变总是遵循一定的规律，但几乎每条规律都存在着许多例外。这些例外的形成可能有其具体的原因，尽管这一原因我们现在未必能够找出；也有可能仅仅是因为语言之间或语言内部各层次之间的相互影响、渗透而造成的，或者是由于语言发展的不平衡性造成。例外现象是客观存在的，我们承认它并不等于否定规律。就语言来说，规律和例外都是不可缺少的，规律性是语言存在、实现其交际功能的必要条件，而例外则是语言充满活力、不断向前发展的潜在动力。

第四，从章丘方言和利津方言声调的变化情况看，单字调和连读调的变化是密切相关的。在方言中，有时是由于连读调的合并而引起单字调的合并，有时是单字调先发生变化，进而影响连读调发生变化。但二者也各有自己的特点。单字调的变化比较明显，因为它只是在念单字时才存在，即使变化明显也不会对交际产生太大的影响，而连读调是语流中的声调，如果变化太明显，就会影响交际的顺利进行，因此只能不为人所察觉地进行变化。钱乃荣在《吴语声调系统的类型及其变迁》（1988）一文中认为，连读调是后于单字调而产生的，而“连读调一旦形成，即与单字调并行，独立地发展。它们有相互影响和作用的一面，更有它们自身的发展归并”。这比较恰当地说明了单字调和连读调之间的关系。

第五，章丘方言入声调和上声调的合并是通过词汇扩散的方式进行的。在扩散的过程中，由于受到普通话的冲击，使一部分古清入字没有归入上声调，而是与普通话的归调一致。从调查的情况看，普通话的影响并不均衡，其中对学生的影响最为明显。这样看来，随着教育的普及，加上大众传播媒介的影响和时间的作用，很难说古清入字的归调不会与普通话一致。所以说章丘方言古清入字读上声调并不十分稳固。

第六，语言是由于人的使用才存在、发展的。因此，研究语言也需要考虑到人的因素，即语言学应以交际中的语言作为研究对象。只有这样，才能了解语言的真实面貌。戴浩一（1994）曾指出：“交流思想既然是语言的根本的（如果不是唯一的）功能，语言学的研究就应以语言、思想、现实间的关系这个总题目作为核心。可是从索绪尔到布龙菲尔德到乔姆斯基的现代结构语言学的主流，实际上忽视了语言在人类交际中的根本功能。”很显然，他也认为语言学研究的对象应是人在交际中使用的语言，而不应只是抽象的语言。

:: 参考文献 ::

戴浩一 . 以认知为基础的汉语功能语法刍议 [A]. 载戴浩一、薛凤生主编《功能主义与汉语语法》，北京：北京语言学院出版社，1994.

贺　巍 . 晋语舒声促化的类别 [J]. 方言，1996（1）.

胡延森 . 章丘方言调查报告 [D]. 山东大学中文系学士学位论文，1982.

李　荣 . 官话方言的分区 [J]. 方言，1985（1）.

钱乃荣 . 吴语声调系统的类别及其变迁 [J]. 语言研究，1988（2）.

钱曾怡 . 博山方言研究 [M]. 北京：社会科学文献出版社，1993.

钱曾怡、高文达、张志静 . 山东方言的分区 [J]. 方言，1985（4）.

钱曾怡 . 山东人学习普通话指南 [M]. 济南：山东大学出版社，1988.

王士元 . 语言变化的词汇透视 [J]. 语言研究，1982（2）.

徐通锵 . 历史语言学 [M]. 北京：商务印书馆，1991.

徐通锵 . 结构的不平衡性和语言演变的原因 [A]. 载《徐通锵自选集》，郑州：河南教育出版社，1993.

杨秋泽 . 利津方言志 [M]. 北京：语文出版社，1990.

邹平县史志办公室 . 邹平县志 [M].《邹平县志》总编辑部，1990.

附录 主要调查对象情况简介

1. 钱胜云，男，33 岁，中专，黄河人。
2. 孙宗仁，男，28 岁，中专，高官寨新传辛人。
3. 晋广印，男，40 岁，初中，辛寨辛庄人。
4. 刘玉梅，女，25 岁，初中，辛寨干刘村人。
5. 范玉冬，女，25 岁，初中，水寨西范村人。
6. 李庆霞，女，19 岁，初中，刁镇旧军人。
7. 袁红梅，女，25 岁，初中，白云湖苏家码头人。
8. 赵厚德，男，54 岁，大专，绣惠人。
9. 孙德荣，男，70 岁，相公庄孙家庄人。
10. 刘香莲，女，23 岁，初中，相公庄凤林人。
11. 韩登才，男，49 岁，大专，党家韦陀人。
12. 董传凤，女，19 岁，初中，党家小董家人。
13. 路广军，男，26 岁，本科，龙山大城后人。
14. 袁延丽，女，20 岁，初中，明水四盘人。
15. 田克湘，男，49 岁，大专，枣园北毕人。
16. 仇延玲，女，18 岁，初中，枣园下河人。
17. 张烨，女，18 岁，初中，普集龙华人。
18. 张继清，男，56 岁，中专，普集祖营坞人。
19. 蔡远海，男，23 岁，初中，山后寨小冶人。
20. 刘叶春，女，21 岁，明水李家埠人。
21. 郑丽，女，23 岁，官庄郑家人。
22. 孟祥立，男，30 岁，中专，曹范孟张人。
23. 苗广征，男，28 岁，大专，文祖人。
24. 李鹏飞，男，22 岁，中专，阎家峪人。
25. 吕有会，男，30 岁，大专，垛庄西车厢人。
26. 邢月花，女，22 岁，初中，垛庄东圣水泉人。
27. 于梅，女，22 岁，初中，阎家峪石匣人。

28. 康静，女，18 岁，高中，明水人。

29. 石绍杰，男，23 岁，中专，明水人。

30. 于仁霞，女，29 岁，中专，明水人。

31. 杜爱玲，女，33 岁，明水人。

32. 孙爱红，女，40 岁，明水人。

33. 蒋钦刚，男，40 岁，明水人。

34. 王绍厚，男，41 岁，明水人。

35. 康诵敏，男，44 岁，明水人。

36. 李爱云，女，58 岁，明水人。

37. 康在惠，男，58 岁，明水人。

38. 康诵奎，男，67 岁，明水人。明水音系的发音人。

《语言自迩集》中的入声字读音 *

提　要　本文根据《语言自迩集》附录二《北京话字音表》讨论其中入声字的读音情况，主要包括：入声字的韵母，入声字的声调，入声字的异读。通过考察，可知《语言自迩集》所反映的北京音并不是纯粹的口语音，而是口语与书面语并用的语音系统。

关键词　《语言自迩集》　北京话　入声字

威妥玛是 19 世纪的汉学家。他 1841 年来到中国，1882 年回国。他的《语言自迩集》是用威妥玛式拼音记录北京话的资料集，是以 19 世纪的北京话口语为对象的描写语言学巨著，既提供了丰富的语料，也具有相当高的学术价值。具体可参见张卫东《语言自迩集・译序》的介绍。除了正文之外，该书还有两个附录：北京话音节表和北京话字音表。《语言自迩集》用以下字母来标示声母（括号内用国际音标注出对应的今北京话声母，相同则不标，送气符号改用 ^{h}）：p p^{h} m f t t^{h} n l ts ts^{h} s tz(ts) tz^{h}(ts^{h}) ss(s) ch(tʂ/tɕ) ch^{h}(tʂ^{h}/tɕ^{h}) sh(ʂ) j(ʐ) hs(ɕ) k k^{h} ng(∅) h(x) y(∅) w(∅)。其中舌面前塞擦音与舌尖后塞擦音用相同的符号。tz(ts) tzh(tsh) ss(s) 只与舌尖元音相拼，自成一组。另有舌根鼻音ng及y、w两个符号，分别用于开、齐撮、合口呼零声母字，相当于今北京话的零声母。韵母比今天多出 io、üo、iai 三个。声调 4 个。总体上音系与今北京话一致。

由于《语言自迩集》2002 年才在国内出版，所以在此之前有关北京话的一些

* 本文写作过程中曾得到北京语言大学语言研究所赵日新、刘晓海两位老师的诸多帮助，中国社会科学院语言研究所刘祥柏博士则为我们提供了《异读字表》，在此深表谢意。

研究，都不曾用到其中的材料，如高晓虹（2000、2001）、黄晓东（2001），而之后人们对其中材料的利用也还不够充分。鉴于此，本文将根据其附录《北京话音节表》讨论《语言自迩集》的入声字问题。此表列出了当时“说北京话的人说的同音字”，因此相当于19世纪中期北京话的一个同音字表。本文主要讨论入声字的韵母，入声字的声调和入声字的异读三个问题。

1. 入声字的韵母

《语言自迩集》中，入声字的韵母都是非鼻尾韵。在25个非鼻尾韵中，除iɑi外，24个有入声字来源。这24个韵母是（括号里为相应的国际音标，若与国际音标一致则不标）：ǔ(ɿ) ih(ʅ)i u ü(y) a ia ua e ieh(ie) üeh(ye) o io uo üo(yo) ai uai ei ui(uei) ao(au) iao(iau) ou iu(iou) erh(ər)。ǔ(ɿ) erh(ər) 这两个韵母，今北京话并没有入声字来源。《语言自迩集》中这两个韵母的入声字也非常少：ǔ(ɿ) 则食 erh(ər) 入驲，这几个字都有异读。其他韵母的中古入声字来源列举如下。

ih(ʅ) 深臻曾梗开三知章日组；梗开四溪母字“吃”|i 深臻曾梗开三（知系外）；梗开四；山开三的“曳泄篾拮切”；梗合三的“疫役”˥u 臻通合一；臻合三知系、非组；通合三（见系除外）；宕江山摄少数字 |ü（y）臻合三来母、见系；通合三来母、精组（部分字）、见系

a 咸山开一（见系除外）；咸山开二知庄组；咸山合三非组；山合一帮组；咸开三影母字“腌”；宕开一得“摸落怍”；梗开二的“栅”|ia 咸山开二见系字；咸开四见系字“荚挟铗箧筴”|ua 山合二庄组、见系；山合三微母“袜”；山合一见母“括聒”；咸开二生母“霎”；曾开三庄母“仄”

o 宕开一；宕开三知章组；宕合一见晓组；江开二帮组、知庄组、溪母“壳”；梗开二帮组、见系；山合三知章组；山合一；山咸开一见系；通合三少数字；曾合一匣母字；曾开一；臻合一帮组、来母字“讷”；臻合三奉母字“佛”、生母字“率蟀”；|io 宕开三精组、见系、日母字“若”；江开二见系 |uo 宕合一见晓组；宕开三知章组；宕合三见母字；梗合二见晓组；江开二知庄组、影母；山合一见晓组；山合三章组；曾合一见晓组；通合三昌母、影母 |üo(yo) 宕开三来母字、精组见系少数字；江开二匣母字“学”

e 宕开三章、日母字；宕开一少数字；梗开二知庄组；山合三知章组；咸山开三知章日组；深开三知庄组；曾开三庄组；曾开一（帮组除外）；臻开三庄日组 |ieh(ie) 咸山开三（知系除外）；咸山开四；梗开二见母字“隔”、梗开三以母字“掖腋”|üeh(ye) 宕开三来母、精组、见系；江开二见系；山合三四见系；山开三心母字“薛”、臻合三群母字“倔”

ai 梗开二帮知庄组；曾开三庄组；山开三的“别”|uai 臻合三生母“率”；梗合二匣母字“獲”

ei 曾开一；深开三见母字“给”；臻合一明母字“没”；梗开三滂母字“僻”、梗开四“镝”|ui(uei) 曾开一透母“忒”

ao(au) 宕开一部分字；宕开三知系；江开二帮组 |iao(iau) 宕开三精组、来母日母、见系；江开二见系

ou 通合一“族簇”；通合三少数字；臻合一“卒”；臻合三“不”|iu(iou) 通合一来母“碌”；通合三来母“六陆”，心母“宿”

稍加注意，就会发现，有几个不同的韵母有相同的入声字来源，如：宕开三精组、见系和江开二见系入声字，在 io、üo(yo)、üeh(ye) 中重出；曾开一大部分入声字在 o、e、ei 中重出，等等。这说明，其中许多字有韵母异读。下文将专门讨论入声字的异读。

2. 入声字的声调

《语言自迩集》第一章发音部分讲到声调时曾指出：“入声，或称为 entering，是一种急促的声调（an abrupt tone），在研究书面语时尚被承认，就是说，只用于背书——现在练习说北京话已不必管它了。这种入声字大部分都列在词汇表里，被分派到第二声。但入声在其他一些方言里并未消失。”（威妥玛，2002：29）在第二版序言里，威妥玛（2002：10）在谈到第五调（入声）的失踪时说：“在北京话的口语中，这个声调（指第五声）已不复存在，而第一次唤起我注意的是应龙田，一位受过良好教育的北京人，一位令人钦佩的发音人，他已为我自行重新整理了一份词汇表，其中的调类是实际使用的。他的表中，所有第五声都并入第二声，而一年之后我住进北京的时候，我发现应龙田是对的。”由此可知，

威妥玛主观上认为当时北京话入声字归第二声，即阳平。

但他是否在他编写的书中贯彻了这一看法呢？张卫东在《语言自迩集》第一章后加了条译注 1（威妥玛，2002：30），指出："这一说法（古入声字全归第二声）与当时北京音的实际不符。《语言自迩集》中，标明今声调的古入声字约 225 个，分派四声的统计如下：阴平，59，26.2%；阳平 60，26.7%；上声 35，15.5%；去声 71，31.6%，小计 225，100%。"实际上，张卫东（1998）就已经谈到《语言自迩集》的入声问题，并统计了胡裕树《现代汉语》附录二《古入声字普通话读音表》中的 804 个入声字的声调，其中阴平 20.4%（164）、阳平 29.4%（236）、上声 6.7%（54）、去声 43.5%（350），指出，从《语言自迩集》至今，入声字归阴平、上声的比例呈下降趋势，而归阳平、去声的比例呈上升趋势。

单就张卫东的统计来说，有些简单。首先，他没有考虑声调异读的问题。今北京话中，古入声字，尤其是古清入字，一字多调现象十分普遍。《语言自迩集》也一样，它专门有一个《异读字表》，把有异读的字音罗列在一起，包括入声字。不考虑声调异读就无法说明北京话入声字声调的真实情况。其次，他统计时仅根据今声调的不同，没有按照古声母的清浊来分类统计。而汉语方言中，入声字常常根据古声母的清浊而归不同的声调。不考虑古声母的清浊，就很难发现北京话入声字声调的演变规律，也难以跟其他方言进行比较。最后，统计的入声字数太少，一共只有 225 个。在附录《北京话字音表》中标明声调的入声字远远超过这个数字，即使把异读重出的字撇开，也有八九百个左右。鉴于以上问题，本文重新对《北京话字音表》中的入声字声调进行了统计。

《北京话字音表》中的古入声字近千个，但有些字并不常用。为了尽可能全面，本文基本以《古今字音对照手册》（丁声树，1981）的入声字为准进行统计。先根据声母的清浊分为三类：清、全浊、次浊，然后每类分别统计有异读和没有异读两种情况。这里异读仅指声调异读，如果一字有声母、韵母异读，但声调相同，就不计在内。比如："略"有六种读音：lio3，lüo3/4，lüe3/4，liao4，但声调只有两种，所以作为有两个声调异读来统计。如果一字有不同的来源，则算不同的字，如"喝"有两个声调：1/4，分别来源于咸开一和山开一，就作为两个字，而不作为异读字。如果一个字声母有清浊两种来源，而根据声韵母难以判别是哪个来源，则不统计在内，如"辟、别"。还有异体字、繁简字的问题，如"脚与脚”“迹与蹟、跡”等，今天一般看作是相同的字，但《北京话字音表》中都收录，声调也不一定相同，统计时均算作不同的字来处理。如果一个字有异读，其中某个读音明显跟字形相关，并且找不到相关的来源，那么这一读音的声调也忽略不计。

《语言自迩集》入声字分类列举如下：

A．古全浊声母入声字

阳平：鍘渤薄鐸縛勺芍鑿狄迪荻笛核瘠石席擇宅翟學濁擢鐲拔迭垤絰耋奪筏罰閥曷褐磆活杰桀傑竭頡掘絕橛舌轄絜砸折及集十什拾襲蛰伏服茯斛局淑熟贖逐舳屬族牒諜疊叠匣狎俠狹協杂閘合盍盒闔劾蝕直核疾蒺倔术（91）

上声：擗瀆牘蜀

去声：箔酢踱涸貉鑊怍柞舶屐寂碩檄濯跋輯鵬馥瀑曝續躅合郃愎或特殖弼述術（31）

阴平 / 阳平：敵夕達伐習俗挾極佛（9）

阴平 / 阳平 / 去声：白惑值

阴平 / 去声：穫闢擲蟄踢涉餑勃秩（9）

阳平 / 上声：覿犢蝶

阳平 / 上声 / 去声：嚼碟滑

阳平 / 去声：食泊鶴昨帛褻劃獲籍藉劇澤翟雹魃鈸截碣黠挈穴轍毒獨讀袱復妯軸乏捷峽賊植侄度（36）

上声 / 去声：辟洽袷

以上共 192 个全浊入声字，其中 126 个只有一个声调，分别归阳平（91）、上声（4）、去声（31）；66 个有至少两个声调，归阳平 / 去声多达 36 个，占一半以上。显然，全浊入多归阳平，其次为去声，并有相当数量的异读字。

B．古次浊声母入声字

阴平：摸捏拉蠟

阳平：鬲叶宓

上声：捋

去声：鄂愕萼鶚鱷烙酪樂洛絡駱膜莫寞漠幕虐瘧弱箬藥鑰淪躍籥貉曆歷櫟礫

脈汨覓陌貊逆溺液腋役易疫埸艗譯鷊樂岳嶽剌辣列劣烈裂滅末捺涅臬孽蘖熱襪曳月悅越粵鉞閱立笠粒熠六鹿祿碌漉戮錄簏麓綠木目沐牧苜睦穆肉蓐褥玉育峪浴欲煜毓獄慾鵒鬻獵躐鬣纳衲聶躡鑷頁葉業沕肋力墨默匿弋翊翌翼域栗慄律宓密蜜訥暱日馹兀勿杌物佚佾逸軼溢鎰聿遹拽（156）

阴平 / 上声 / 去声：抹

阴平 / 去声：落麥掖篾沫曰勒（7）

阳平 / 上声 / 去声：亦

阳平 / 去声：額瀝奕辱沒歿

上声 / 去声：掠略諾若入陸臘（7）

以上次浊入声字共 186 个，只有一个声调的占绝大多数，有 164 个，而其中 156 个读去声；有至少两个声调的字仅 22 个，且均有去声一读。次浊入多归去声，有异读的字比全浊入少。

C. 古清声母入声字

阴平：劐的滴跡螫惜隻剝捉桌涿鼈钵撥發割刮揭癖刷說挖瞎楔歇蠍噎紮汲濕吸汁屋粥褡鴿夾接鴨腌咂逼織忽失虱戌蹋喝綽托吃喫壳倜齪擦潑缺哭酷嚳插磕掐塌出矻窟七屈剔（72）

阳平：搏胳閣灼斫着嫡革格膈虢馘責駁卓琢妲拮訐潔抉決訣厥譎蹶札折哲伋急执福蝠掬鞠濮竺燭筑築足蛤劫帀摺國即職弗吉橘悉膝浹柵仆麯詰（59）

上声：腳脊戟怛卜篤菽眨筆紱迄訖率 尺癖渴塔（17）

去声：惡郝霍矍攫钁爍鑠謔碧壁厄赫鶺蹟腊迫奭裼析淅嚇舴嘖幘跖傕確朔槊幄齷輟合裰遏靨括設泄屑媟揠謁軋浙澀邑悒挹浥躄複輻謖沃蓄蓿彧鏃莢頰睫攝燮靨輒褶塞嗇濇穡式拭軾抑億憶薏臆昃畢蟀尉蔚蟋桎室櫛喝數綽錯廓擴鞹粕魄卻橐拓柝籜策客魄逖惕璞慤碏掣徹撤啜闊契竊闃闋刹闐饕泣觸矗促蔟簇蹴畜恰慊妾怯愜搨榻踏廁惻測克慝怵猝拂（147）

阴平 / 阳平：擱酌幗積昔錫八幭結菊叔答劄息熄則察麴（18）

阴平 / 阳平 / 上声：角撒扎骨只匹

阴平 / 阳平 / 上声 / 去声：宿法

阴平 / 阳平 / 去声：作鏑激粟鋏不瑟一撮（9）

阴平 / 上声：索皙髮薛轂谷穀甲押騭劈戳撇脫曲（15）

阴平 / 上声 / 去声：雀削侧黑鵲樸撻撲帖刻（10）

阴平 / 去声：焯郭藿約擘迹擊績摘謫炙渥憋鴰聒豁薩殺煞咽拙揖督夙縮畜鋏靸颯歃霎趿壓惚笏恤乙　殼却拆斥赤拍霹僻珀戚瞥切緝葺貼剋忑忒黜漆（57）

阳平 / 上声：脚爵葛節囑矚媳瞌（8）

阳平 / 上声 / 去声：各百伯覺腹得質乞（8）

阳平 / 去声：博閣隔適釋益責啄掇羯級幅束速肅祝搭脅德亟殛稷識必室卒篋彿覆（29）

上声 / 去声：柏壁晰窄握雪血給旭北鯽色仄冊獭鐵（16）

以上共清入字 473 个，其中 295 个只有一个声调，分别归阴平（72）、阳平（59）、上声（17）、去声（147）；有声调异读的字 178 个，占总数的三分之一还多，其中阴平 / 去声一类最多，其次阳平 / 去声。高晓虹（2003）曾以《方言调查字表》为准，对《语言自迩集》中的清入字进行简单统计，结果是：306 个清入字中，60 个只归阴平，40 个只归阳平，9 个只归上声，66 个只归去声，其他的字均有 2—4 个声调，以阴平 / 去声最多，33 个，其次为阳平 / 去声，20 个。两次统计结果基本一致，区别仅在于清入字归去声的比例有所不同，本文归去声的字数占绝对多数。这主要是因为高晓虹（2003）主要统计常用字，而本文则把大量的非常用清入字包括在内，而非常用清入字多归去声，从而导致归去声的比例更高。

若不论清浊，本文共统计了 851 个入声字，其中 585 字只有一个声调，归阴平的 76，阳平 153，上声 22，去声 334。所以威妥玛虽然主观认为当时北京话入声字归第二声（阳平），但其书中反映的情况并非如此。根据高晓虹（2000）对北京话入声字的研究，北京话入声字自明末就已经分归四声了。所以，威妥玛对入声字声调的认识是有偏差的，而书中反映的才是真实情况。

3. 入声字的异读

威妥玛专门做了一个《异读字表》以方便学生查阅，可以想见，19 世纪北京话一字多音现象肯定十分突出。张卫东（2002）曾讨论这个《异读字表》，其中相当一部分内容都涉及入声字。由于中文版《语言自迩集》没有收这个表，本文的异读字都是从《北京话字音表》找出来的。而从《北京话字音表》的说明来看，《异读字表》的内容《北京话字音表》都有：“一个字不止一个音或调的话，其右肩上就标有一个小圈儿（译按：现改为小星号）；而第三表（《异读字表》）重复了全部带有这种标志的字。”（威妥玛，2002：438）因此，根据《北京话字音表》讨论入声字的异读，与根据《异读字表》应该是一样的（文章写成之后，有幸得到《异读字表》，加以核对，发现本文所列有异读的入声字中，有近四分之一与《异读字表》不完全一致。也就是说，《北京话字音表》中有异读的入声字与《异读字表》不完全一致。这主要是因为有些字在《北京话字音表》中有异读，但没标星号，《异读字表》中就没有列出。）从《北京话字音表》来看，入声字的异读，有的是声母、韵母、声调中的一个方面不同，有些则涉及声、韵、调中的两个甚至三个方面。

这里只讨论有声母、韵母异读的入声字，分为三类：声母不同，韵母相同；声母相同，韵母不同；声母、韵母都不同。若确定是因来源不同而导致一字有不同读音，一般不计。有些字音难以确定其来源，就暂且列出来，以示其异读音的复杂。

3.1 声母不同，韵母相同

这类异读字比较少，没有明显的规律，声母的不同主要表现如下（每字后面列出古声母，然后注音。凡《语言自迩集》中的字音，皆采用书中的标音，声调则用数字 1、2、3、4 表示）：

送气与不送气：搭（端）ta2/4/t^{h}a2 夹（见）chia1/ch^{h}ia1 挞（透）ta1/3/t^{h}a4 辙（澄）che2/ch^{h}e4 撮（清）tso1/ts^{h}o1/2/4 傕（见）chio4/ch^{h}io4 愎（並）pi4/p^{h}i4 蹴（清）tsu4/ts^{h}u4

卷舌与平舌：擦（清）ts^{h}a1/ch^{h}a1 紮（庄）tsa1/cha1 啜（昌）tso4/cho4 涩（生）se4/she4 述（船）su4/shu4 術（船）su4/shu4 食（船）ssŭ(4/shih2 瑟（生）se2/4/she1 濇（生）se4/she4 束（书）su2/4/shu2/4

塞擦音与擦音：祫（匣）chia3/hsia4 洽（匣）ch^{h}ia4/hsia3 辄（知）che4/she4

术（澄）chu2/shu2 植（禅）chih2/4/shih2

其他：瞌（溪）ko2/3/ho2 逆（疑）ni4/yi4

3.2 声母相同，韵母不同

与前一类相比，这一类字数较多。由于不同在于韵母，故按摄来列举。一般同摄内有同一类异读的字排在一起。异读零散无规律的字排在一起。

咸摄：霎 sha4/shua1

深摄：蛰 chi2/che1/4

山摄：i/ieh 篾 mi1/mieh4 切 ch^{h}i4/ch^{h}ieh1/4 拮 chi2/chieh2

a/o 拨 pa1/pu1/po1 魃 pa2/po4 沫 ma1/mo4 抹 ma1/mo3/4

o/e 热 jo4/je4 折 cho2/che2

o/uo 阔 k^{h}o4/k^{h}uo 活 ho2/huo2 豁 ho4/huo1

其他：揠 ya4/yeh4 杀 sha1/shai4 掣 ch^{h}ih4/ch^{h}e4 别 pieh2/pai4 薛 hsieh1/hsüeh3 脱 t^{h}u1/t^{h}o1/3 聒 kua1/4/kuo1/4 捋 lo3/lieh3 血 hsieh3hsüeh3/4

臻摄：漆 ch^{h}i1/ch^{h}ü4 馹 yi4/erh4 没 mu2/4/mo4/mei2 佛 fu2/fo1/2 黜 ch^{h}u1/4/chHo4

宕江摄：o/e 洛 lo4/le4 乐 lo4/le4 索 so1/3/se3 鹗 o4/e4 鳄 o4/e4 恶 o4/e4

o/ao 薄 po2/pao2 摸 mo1/mao1/ma1/mou2 落 lo4/lao4/la4/lu1 烙 lo4/lao4 酪 lo4/lao4 凿 tso2/tsao2 鹤 ho4/hao2 涸 ho4/hao4 鄂 o4/ao4 剥 po1/pao1 雹 po4/pao2

o/e/ao 著 cho2/che1/chao2

o/uo 廓 k^{h}o4/k^{h}uo4 扩 k^{h}o4/k^{h}uo4 劐 ho1/huo1 艧 ho4/huo1 戳 ch^{h}o3/ch^{h}uo1

o/uo/ao 绰 ch^{h}o4/ch^{h}uo4/ch^{h}ao1

uo/ao 焯 ch^{h}uo4/ch^{h}ao1 勺 shuo2/shao2 芍 shuo2/shao2 灼 shuo2/shao2

io/iao 脚 chio2/3/chiao3 腳 chio3/chiao3

io/üeh/iao 雀 ch^{h}io3/4/ch^{h}üeh4/ch^{h}iao1/3 鹊 ch^{h}io3/4/ch^{h}üeh4/ch^{h}iao1/3 削 hsio4/hsüeh1/3/hsiao1 约 yo1/yüe4/yao1/4 药 yo4/yüeh4/yao4 岳 yo4/yüeh4/yao4 钥 yo4/yüeh4/yao4 觉 chio2/3/chüeh2/chiao2 角 chio2/3/chüeh2/chiao1/3 乐 yo4/yüeh4/yao4

io/üo/üeh 畧 lio3/lüo3/4/lüeh3/4 却 ch^{h}io1/4/ch^{h}üo4/ch^{h}üeh4 io/üeh 瀹 yo4/yüeh4 籥 yo4/yüeh4 跃 yo4/yüeh4 确 ch^{h}io4/ch^{h}üeh4 嶽 yo4/yüeh4/yü4

io/üo/üeh/iao 学 hsio2/hsüo2/hsüeh2/hsiao2

u/o 昨 tsu4/tso2 莫 mu4/mo4 幕 mu4/mo4 藿 hu1/ho4 樸 p^{h}u3/p^{h}o4 渥 wu1/yo4 握 wu3/yo4/wo4

其他：郤 ch^{h}i4/ch^{h}io4/ch^{h}üeh4 掠 lü3/lüo4

曾摄：o/ei 北 pu3/po4/pei3 墨 mo4/mei4 刻 k^{h}o1/3/4/k^{h}ei1

o/uo 或 ho4/huo4 惑 hu1/ho4/huo2/4

e/ei 得 te2/4/tei3 忒 t^{h}e4/t^{h}ai4/t^{h}ui1 肋 le4/lei4 贼 tse2/4/tsei2

e/o/ei 黑 he1/3/ho3/4/hei1/3 勒 lo4/le4/lei1/lieh4

其他：则 tzŭ1/tse2 忑 t^{h}u1/t^{h}e4

梗摄：o/ai 擘 po4/pai1 白 po1/2/4/pai2 帛 po4/pai2/4 伯 po2/4/pai3 百 po2/4/pai3 柏 po4/pai3 拍 pHo4/pHai1 陌 mo4/mai4 脈 mo4/mai4 麦 mo4/mai1/4

o/e 额 o2/4/e2/4

o/uo/uai 獲 ho4/huo4/huai2

其他：掖 yi4/yeh1 腋 yi4/yeh4 镝 ti2/4/tei1 劃 hua2/ho4 疫 yi4/yü4

通摄：u/ou 族 tsu2/tsou2 轴 chu4/chou2 妯 chu4/chou2 粥 chu1/chou1 熟 shu2/shou2u/iu 六 lu4/liu4 碌 lu4/liu4 陆 lu4/liu4/lü3

其他：扑 p^{h}u1/3/p^{h}o1/4 沃 wu4/wo4 绿 lu4/lü4 触 ch^{h}u4/ch^{h}o4/ch^{h}uo4

咸深臻三摄只有韵母异读的入声字很少。山宕江曾梗通摄只有韵母异读的入声字比较多。除通摄外，各摄既有自己的特点，又表现出一些共同之处。共同之处在于都有 o/e、o/uo 这两种，除此之外，山摄还有 i/ieh、a/o 两种；宕江摄组合多样，但基本分为两类：或者是 o 组（o io üo）与 e 组（e ieh üeh）之间的异读，或者是o组、e组与ao组（ao iao）韵母的异读；曾摄则是o、e与ei的异读；梗摄是 o、uo 与 ai、uai 的异读。通摄入声字的异读与 o、e 组韵母无关，而是 u 与 ou、iu 的异读。各摄都有少数字无法纳入以上情况之中，列入“其他”。

3.3 声母、韵母都不同

这一类是前两类的混合，反映的情况与前两类基本一致。仍然按摄来列举：

咸摄：菜 she4/yeh4 胁 chieh2/hsieh2/lei4 挟 chia1/2/chieh2/hsieh2 铗 chia1/4/chieh1/4/hsieh2 箧 hsia2/ch^{h}ieh4

山摄：扎 cha1/2/3/ya1 泄 yi4/hsieh4/yeh4 拽 hsieh2/4/yeh4 裰 to4/ch^{h}o/4chui4 滑 hua2/ku3/4 拙 cho1/tse4 辍 cho4/tse4 说 shuo1/se1 哕 yüeh1/2/hui4

深摄：给 chi3/4/kei3

臻摄：宓 mi4/fu2 虱 shih1/se1 日 shih4/jih4/je4 勃 pu1/p^{h}o4 渤 pu1/p^{h}o1 不 pu1/2/4/po1/pou1/fou1 卒 tsu2/su4/tsou2 出 chHu1/pieh1

宕江摄：络 lo4/ch^{h}üeh4/lao4 怍 cha4/tso4 爵 chio2/3/ch^{h}iao2/chüo2/chüeh2/chiao2 嚼 chio3/ch^{h}io2/chiao2/4 着 cho1/2/chao2/che1/shuo2 酌 cho2/shuo2/che1/chao1 若 jo4/yo4/je3/4/yao4 弱 ni4/niao4/jo4/jao4 虐 nio4/nüo4/nüeh4/niao4/yo4 疟 nio4/nüo4/nüeh4/niao4/yo4/yao4 谑 hsio4/nio4/nüo4/nüeh4/niao4 啄 tu4/cho2 朔 so4/shuo4 槊 so4/shuo4 殼 k^{h}o1/ch^{h}io4

曾梗摄：仄 chua3/tse4/chai3 侧 tse4/ts^{h}e4/chai1/3 色 se4/she4/shai3 泽 to4/tse2/chai2 责 tse2/4/chai2 择 tse2/chai2 宅 tse2/chai2 摘 tse4/chai1 谪 tse4/chai1 窄 tse4/chai3 拆 ts^{h}e4/ch^{h}ai1 册 ts^{h}e4/ch^{h}ai3 翟 tse4/chai2ti2 隔 ko2/chieh2/4 覈 ho2/4/chiao4 僻 p^{h}i1/4/pei4 斥 ch^{h}ih4/t^{h}o1 曆 li4/nieh4 溺 ni4/niao4/yao4 吃 ch^{h}ih1/chi1/ch^{h}i1 喫 ch^{h}ih1/ch^{h}i1

通摄：沐 mu4/shu4 读 tu2/t^{h}ou4 簇 tsu4/ts^{h}ou4 仆 pu2/pHo4 苜 mu4/tieh4 足 tsu2/chü2/tsou2 俗 su1/2/hsü2 宿 su2/4/hsü1/hsiu3 粟 su2/4/hsü1 夙 su4/hsü1 缩 shu4/so1

有一点值得注意，曾开三、梗开二的知系入声字声母和韵母异读呈现出关联，声母为平舌，则韵母为 e，声母为卷舌，韵母为 ai。

3.4 小结

以上列出了《语言自迩集》中有声母、韵母异读的大部分入声字。有些异读是零散的，看不出什么规律。有些异读则有一定的系统性，主要是以下两种情况。

（1）语言接触造成的文白异读。根据高晓虹（2000），北京话入声字的声母和韵母均有文白差异，声母方面主要是深臻曾开三庄组及梗开二知庄组字卷舌与平舌的不同，卷舌为白读，平舌为文读；声母有文白差异的字，韵母也存在文白的不同，此外，曾开一、梗开二（知系外）、宕江通部分入声字韵母也有文白差异。显然，《语言自迩集》中的异读有相当一部分是文白的差异，如宕江摄 o 组、e 组与 ao 组（ao iao）韵母的异读，曾摄的 o、e 与 ei，梗摄的 o 与 ai，通摄的 u 与 ou，曾梗摄知系字平舌与卷舌的异读，等等，与今天及历史上的北京话入声字文白异读是一致的。高晓虹（2000、2001）已就北京话入声字的文白异读有详细的论述，此处不赘。

（2）语音演变造成的新旧音的共存。山宕江曾梗摄入声字共有的 o/e o/uo 两类异读就属于这一类型。高晓虹、刘淑学（2006）探讨北京话 o/e uo ie üe 的源流时，指出《中原音韵》歌戈韵、车遮韵有 o io uo ie üe 五个韵母，在明代时曾梗摄入声字文读韵母形成并入其中，清代又重新整合变化，io 变为 üo 再并入 üe，o 部分变为 uo，e 并入 o 再依声母分化，最后变为今北京话的 o/e uo ie üe。而《语言自迩集》中 o/e、o/uo 等韵母的异读，正是清代北京话这些韵母正在变化的反映。

4. 余论

通过考察《语言自迩集》的入声字读音，我们对其所反映的语言性质有了更进一步的认识。根据第一版序言，威妥玛的书包括“口语系列”和“文件系列”两部分，一部分收的词汇和短语，都是口语的，而另一部分收的是“文件”，是书面语、公文课程。《语言自迩集》正是“口语系列”。所以，人们一般都认为它反映了 19 世纪中期北京话的口语。但从其入声字的读音来看，从《北京话字音表》来看，其语音系统并不是纯粹的口语音，而是夹杂了大量书面语音的成分，比如，其所收入声字有很大一部分都是口语中极少用到的。这从其编写目的也可以看出。他是为了“帮助领事馆的学员打好基础，用最少的时间学会这个国家的官话口语，并且还要学会这种官话的书面语，不论它是书本上的、公文信件上的，抑或具有公众性质的文献资料中的官话”（威妥玛，2002：12）。很明显，他并不只是为了口语教学，而是口语、书面语并重。而口语和书面语的语音系统无法像词汇、语法那样有较为清楚的界限，因此，虽然《语言自迩集》的词汇和短语都是口语的，但其语音却是口语、书面语共用的。大量异读字音的记录，也说明这一点。而异读字音的大量存在，还有可能表明，《语言自迩集》也吸收了当时北京存在的其他方言的成分。

:: 参考文献 ::

丁声树．古今字音对照手册 [M]. 北京：中华书局，1981.

高晓虹. 方言接触与北京话入声字的历史层次[D]. 北京大学中文系博士学位论文，2000.

高晓虹．北京话入声字文白异读的历史层次 [J]. 语文研究，2001（2）.

高晓虹．北京话清入字归调历史及成因考察 [J]. 语言教学与研究，2003（4）.

高晓虹、刘淑学．北京话韵母 o uo e ie ye 溯源 [C]. 首届汉语音韵学青年学者国际学术研讨会，北京，2006.

黄晓东．中古清入字在今北京话中的异读现象考察 [D]. 北京语言文化大学硕士学位论文，2001.

黄晓东．二百年来北京话清入字归调的变化 [J]. 语言教学与研究，2006（3）.

威妥玛．语言自迩集——19 世纪中期的北京话 [M]. 张卫东译，北京：北京大学出版社，2002.

张卫东．威妥玛氏语言自迩集所记的北京音系 [J]. 北京大学学报，1998（4）.

张卫东．从《语言自迩集·异读字音表》看百年来北京音的演变 [J]. 广东外语外贸大学学报，2002（4）.

（第二作者为刘淑学，原载《语言教学与研究》2006 年第 6 期）

知系字的读音及演变

北京话庄组字分化现象试析

提　要　北京话中古庄组字多读 [tʂ] 组声母，但有少数字读 [ts] 组。本文考察发现，读 [ts] 组的庄组字中，入声字多是明末清初南京话影响北京话造成的，而非入声字有些早在元代就已经读 [ts] 组。

关键词　北京话　庄组字

今北京话中，中古的庄组字大多数读 [tʂ] 组声母，与来源于中古知章两组的字合流。但还有一小部分字读 [ts] 组声母，与源于中古精组的字合流。但是，对于这种分化现象的具体研究和解释都不多见。王力先生的《汉语史稿》(1980)说得略微详细一点："在上古语音系统中，照系二等（庄初崇山）和精系相近，三等（章昌船书禅）和知系（即端系）相近。有了这个历史渊源，庄初崇山到后来虽然有一部分并到章昌船书去了，还剩下一部分字并到精清从心里来。分化的条件不很清楚，但是有一种现象是非常明显的，就是只有庄初崇山变的 [ts tsʰ s]，没有章昌船书禅变的 [ts tsʰ s]。"他暗示庄组字的分化可能与其上古音来源有某种关系。但是不是这样呢？

1. 我们首先来看一下有哪些庄组字读 [ts] 组。所列字根据《古今字音对照手册》。

紮：山开二入黠庄	剚：止开三去志庄
洒：假开二上马生	厕 2：止开三去志初
舴：梗开二入陌庄	俟：止开三上止崇
啧窄 1 笮：梗开二入陌庄	阻俎：遇合三上语庄
责帻箦：梗开二入麦庄	诅：遇合三上语庄
仄昃侧 1：曾开三入职庄	缩谡：通合三入屋生

侧 2：曾开三入职庄　　　　邹诹驺：流开三平尤庄

恻测：曾开三入职初　　　　诌：流开三平尤庄

厕：曾开三入职初　　　　骤 2：流开三去宥崇

策册：梗开二入麦初　　　　搜馊溲飕：流开三平尤生

涩：深开三入缉生　　　　篡：山合二去谏初

瑟：臻开三入栉生　　　　谮：深开三去沁庄

啬穑色：曾开三入职生　　　　参：深开三平侵初

所：遇合三上语生　　　　差：止开三平支初

龇：止开三平支庄　　　　岑涔：深开三平侵崇

淄缁辎锱：止开三平之庄　　　　森 1：深开三平侵生

滓笫：止开三上止庄

可以看出，读 [ts] 组的庄组字范围十分广泛，既有二等字，也有三等字；既有阴声韵字，也有阳声韵和入声韵字。共涉及中古十六摄中的十摄：假遇止流深山臻曾梗通。无论从中古的条件来看，还是从现在的条件来看，都没有明显的规律。这就难怪很少有人对它做出解释了。下面将结合历史上的韵书和现在的方言来分析庄组字的分化。

2. 历史上与北京话相关的韵书，最早是元代的《中原音韵》，其次是明代的《重订司马温公等韵图经》及《合并字学集韵》，清代有《李氏音鉴》和《音韵逢源》，民国有《京音字汇》。

（1）关于《中原音韵》的基础方言有多种意见，其中之一是反映了元代的大都话。即使不是以大都话，也是以与大都话相近的方言为语音基础。理由参看刘淑学（1997）。在《中原音韵》中，庄组与精组并没有明显的交叉情况。根据《中原音韵音系》（杨耐思，1981）中的同音字表可以看出，现在读同精组的庄组字当时几乎不与精组相混。如：厕阻组所责侧册策测色穑洒篡邹诹驺骤森参岑涔等字。但也有个别字当时已读同精组，如：淄俟缩谡搜溲锼馊。杨耐思也注意到这种情况，并认为："这是 tʃ——ts 的演变。这种现象在现代北方话里也是常见的。"显然他认为这是音变的结果。

（2）《重订司马温公等韵图经》（下文简称《图经》），1606 年，作者徐孝，顺天人，一般认为反映了明末北京话的情况。《合并字学集韵》（下文简称《合韵》）是与之相辅相成的韵书，二者音系一致。郭力（1987）曾提到："在北方话里，中古庄组字在演变过程中，除与知、照组合流外，还有与精组混并的现象，在《中原音韵》中就有反映，……。到《图经》时代，这种音变现象仍然存在，在《便览引证》中，徐孝就曾指出这种音变'亦有之矣'。但在徐孝看来，当时庄组声母与知照组合流乃是正确的演变规律，而庄组与精组混并则是不正规的读音，所以他又说：'以淄为资，以邹为奏之类，岂不谬乎！'然而值得注意的是，徐孝在《图经》，及《合韵》中并没有完全排斥这种'谬音'，他虽然没有收'淄邹'等字的精母音，但却在《图经》中收了'溲'字的心母音。另外在《合韵》中还有一些庄组字也有精组声母一音。"如：辎龇滓岑删搜锼骤等字。这些字在《合韵》中都还有照组声母一读，因此郭力认为它们在当时的口语中可能是有两读的。郭力（1987）指出："《图经》时代庄组读入精组的字虽然比《中原音韵》时代有所增加，但仍然不多。《图经》中的'阻所邹'等今读同精组的庄组字仍读照组声母，它们在《合韵》中也没有精组声母异读。另外，一些庄组入声字如：测恻昃仄策啬穑涩瑟等在《合韵》中亦读照组声母。我们不能完全排除有些字在当时已产生了精组声母音而徐孝囿于成见，未作记载的可能性，但也有可能这些字在当时都还没有精组读音。到清代《李氏音鉴》中，情况有了变化,《图经》及《合韵》中仍读照组声母的庄组字大都产生了精组读音……"

总之，明代末年庄组字的分化和现在还不完全一样，主要是非入声字与精组混，入声字则很少读同精组。郭力（1997）所列的清入字中，只有"谡絷"两字读 [ts] 组，其他今读 [ts] 组的庄组入声字都读 [tʂ] 组，如：册侧色缩责帻箦仄昃策恻测啬穑涩瑟。

（3）《李氏音鉴》，作者李汝珍，清大兴人。一般认为，此书反映了 18 世纪末 19 世纪初的北京话。《李氏音鉴》收字较少,《中原音韵》《合韵》中有的一些字都没有收。其中庄组字读同精组的有：骓邹搜缩测仄昃恻策册穑啬涩色瑟。

（4）《音韵逢源》，清满洲人裕恩作于 1840，反映当时的北京话，其中庄组读同精组的有：篡邹骤搜馊溲飕锼阻诅俎龇滓笫刺淄缁辎锱俟洒责帻箦昃仄册策侧测恻厕色缩谡。

（5）《京音字汇》，作者王璞，1913 年出版，反映了 20 世纪初北京话的语音情况。其中庄组字读同精组的有：所篡森搜溲艘馊飕锼洒诹陬邹诌驺骤岑涔蔬疏阻俎俟淄缁辎锱滓笫剚仄侧啬色册策责窄涩瑟虱穑测恻昃帻箦筞厕缩谡絷，与《古今字音对照手册》中的字大多相同。

从以上文献材料来看，庄组读同精组的现象在《中原音韵》时期就已经存在，但较少，而且大多是非入声字，入声字只有“缩谡”两字。《合韵》读同精组的庄组字与《中原音韵》并不完全相同，但数量也不多，而且也是以非入声字为主。清代《李氏音鉴》收字较少，但读同精组的庄组字多为入声字，非入声字反而只有少数。《音韵逢源》《京音字汇》中读同精组的庄组字数量都比前面的韵书要多,《京音字汇》尤其多，二者入声字与非入声字的数量相差不多。

由于各种韵书产生的时代不同，作者不同，所收字有所参差理所当然。排除这一因素后，庄组字在几种韵书中读同精组的情况大致可以分为两类:《中原音韵》《合韵》为一类，读同精组的庄组字多为非入声字;《李氏音鉴》《音韵逢源》《京音字汇》为一类，读同精组的庄组字除了非入声字，还有一部分入声字。这两类在时间上恰好一前一后，前为元明时期，后为清、民国。其明显区别就是前类几乎没有入声字读同精组，后类则有较多的入声字。显然，多数庄组入声字读同精组出现的时间比非入声字要晚一些。

就非入声字来看,《中原音韵》中读同精组的庄组字数量还比较少，而且大多可以用汉字的影响来解释。比如“搜溲锼馊”读同精组应与“叟”的读音有关。《合韵》中，字数比《中原音韵》略多，但也无规律，不过徐孝认为庄组字读同精组不是正常的读音，这可能会影响到他收录此类字。《李氏音鉴》所收读同精组的庄组非入声字很少，只有三个。《音韵逢源》及《京音字汇》字数较多，其中有些是前面的韵书中已有的。总的来说，读同精组的庄组非入声字看不出什么规律。就入声字来看,《中原音韵》只有“缩谡”两个庄组字读同精组,《合韵》也只有“谡絷”两字。《李氏音鉴》开始，读同精组的庄组入声字才比较多。而且，虽然《李氏音鉴》《音韵逢源》《京音字汇》所收字也不完全相同，但除了《中原音韵》《合韵》中已有的三字外，其他读同精组的庄组入声字都是深臻曾开三、梗开二入声字。在北京话中，这类字的声母、韵母均有文白异读，其中声母文读为 ts 组，白读为 tʂ 组。如：策 ts^{h}ɤ$_{文，政策}$ | 窄 tʂai$_{白}$ | 涩 sɤ$_{文，苦涩}$ | 虱 ʂʅ$_{白，虱子}$ | 侧 ts^{h}ɤ$_{文，一侧}$ tʂai$_{白，侧歪着身子}$ | 色 sɤ$_{文，颜色}$ ʂai$_{白，掉色}$。显然，庄组入声字读同精组是文读音。因此，庄组入声字读同精组应是外方言影响的结果。

北京话深臻曾梗摄入声字的文白异读，最早可追溯到明代的《合韵》。不过，《合韵》中的文白读只是韵母不同，而声母仍然相同，如：涩 ʂɛ$_{文}$/ʂʅ$_{白}$虱 ʂɛ$_{文}$/ʂʅ$_{白}$ | 侧 tʂɛ$_{文}$/tʂai$_{白}$ | 色 ʂɛ$_{文}$/ʂai$_{白}$ | 窄 tʂɛ$_{文}$/tʂai$_{白}$ | 册 tʂʰɛ$_{文}$/tʂʰai$_{白}$。到《李氏音鉴》中这类字的文白读声母也开始有所不同，如：涩 sə$_{文}$ | 瑟 sə$_{文}$ | 虱 ʂʅ$_{白}$ | 仄 tso$_{文}$ | 恻 tsʰo$_{文}$ | 测 tsʰo$_{文}$ | 策 tsʰo$_{文}$ | 册 tsʰo$_{文}$ | 色 sə$_{文}$ | 啬 sə$_{文}$ | 窄 tʂai$_{白}$。《音韵逢源》《京音字汇》这类字的文白读声母也不相同，与《李氏音鉴》一样，但少数字有与《合韵》相同的文读音。为便于讨论，本文把与《合韵》一致的文读称为文读 1，把与《李氏音鉴》一致的文读称为文读 2，那么《音韵逢源》的例字有：色 ʂai$_{白}$/ʂo$_{文1}$/so$_{文2}$| 窄 tʂai$_{白}$/tʂo$_{文1}$| 虱 ʂʅ$_{白}$ | 涩 ʂo$_{文1}$| 瑟 ʂo$_{文1}$| 侧 tsʰo$_{文2}$| 测 tsʰo$_{文2}$| 策 tsʰo$_{文2}$| 册 tsʰo$_{文2}$;《京音字汇》的例字有：仄 tʂai$_{白}$/tʂe$_{文1}$/tse$_{文2}$| 侧 tʂai$_{白}$/tsʰe$_{文2}$| 色 ʂai$_{白}$/ʂe$_{文1}$/se$_{文2}$| 册 tʂʰai$_{白}$/tsʰe$_{文2}$| 窄 tʂai$_{白}$/tse$_{文2}$| 虱 ʂʅ$_{白}$/se$_{文2}$| 涩 ʂe$_{文1}$/se$_{文2}$| 瑟 ʂe$_{文1}$/se$_{文2}$。比较来看，文读 1 是较早的文读形式，而文读 2 较晚。《合韵》只有文读 1，《李氏音鉴》基本没有文读 1，多是文读 2;《音韵逢源》和《京音字汇》既有文读 1，也有文读 2，但文读 1 的数量少于文读 2。这说明 18 世纪末北京话中文读 1 就已经不占优势，开始被文读 2 取代。

实际上，不只历史上的文献材料中有文读 1，现在方言中也有文读 1。如北京话中虽然主要是文读 2，但也有个别字有文读 1，如"色"有两种读音，只是保留文读 1 的字很少，用的机会也很少，没有引起人们的注意而已。另外，北京附近的平谷、定兴方言，文白异读情况与北京话基本一致，其中也有文读 1 的残余形式，这可以帮助说明早期北京话中确实有过文读 1 的阶段。定兴方言如：侧 tʂai$_{白}$/tsʰɤ$_{文2}$| 测 tʂʰɤ$_{文1}$/tsʰɤ$_{文2}$| 册 tʂʰai$_{白}$/tsʰɤ$_{文2}$| 责 tʂai$_{白}$/tsɤ$_{文2}$| 色 ʂai$_{白}$/sɤ$_{文2}$| 涩 ʂʅ$_{白}$ | 虱 ʂʅ$_{白}$；平谷方言如：侧 tʂai$_{白}$/tsʰɤ$_{文2}$| 责 tʂai$_{白}$/tʂɤ$_{文1}$/tsɤ$_{文2}$| 仄 tʂɤ$_{文1}$/tsɤ$_{文2}$| 涩 ʂɤ$_{文1}$/sɤ$_{文2}$| 色 ʂai$_{白}$/sɤ$_{文2}$| 册 tʂʰai$_{白}$/tsʰɤ$_{文2}$。定兴方言中只有一个字有文读 1，平谷方言有三个字，虽然很少，但却是不可忽略的线索。

总之，与读同精组的庄组非入声字不同，庄组入声字读同精组是有规律的，实际就是文读 2，是受外方言的影响形成的。

3. 北京话中古知庄章三组中并不只是庄组与精组相混，知组也有个别字读同精组，如"择泽"。这两个梗开二等字同梗开二等庄组字一样也有文白异读。如：择 tsɤ$_{文，选\sim}$/tʂai$_{白，\sim菜}$。文献材料与方言材料也能说明"择泽"两字读同精组与庄组入声字是一致的。

《中原音韵》中，“择泽”二字与精组字声母不同，《合韵》中这二字与庄组字声母相同，为文读 1。《李氏音鉴》中，二字读为 tso，与精组字声母相同，为文读 2。《音韵逢源》中，择 tʂai$_{白}$/tso$_{文2}$，此外，梗开二知组字“宅摘”都有 tʂai$_{白}$/tʂo$_{文1}$ 两读。《京音字汇》中，择 tʂai$_{白}$/tse$_{文2}$| 泽 tʂai$_{白}$/tse$_{文2}$| 摘 tʂai$_{白}$/tse$_{文2}$| 宅 tʂai$_{白}$/tʂe$_{文1}$/tse$_{文2}$| 拆 tʂ^{h}ai$_{白}$/ts^{h}e$_{文2}$。定兴方言中，择 tʂai$_{白}$/tsɤ$_{文2}$| 泽 tʂai$_{白}$/tʂɤ$_{文1}$| 宅 tʂai$_{白}$| 摘 tʂai$_{白}$。平谷方言中，择 tʂai$_{白}$/tʂɤ$_{文1}$/tsɤ$_{文2}$| 泽 tʂai$_{白}$/tʂɤ$_{文1}$/tsɤ$_{文2}$| 宅 tʂai$_{白}$。今北京话中，梗开二知组字“择泽”以文读 2 为标准读音，白读已很少听到。其他梗开二知组字“摘窄”则只有白读。但从文献及方言材料看，可以看到“择泽”的文读 1，“摘窄”的文读 1、文读 2 形式，有的字在一种材料中同时有三种读音。这充分说明，今北京话中“择泽”读同精组与庄组入声字的原因是一致的。

4. 综合以上情况，北京话读同精组的庄组字应该分入声与非入声来分析，其中大部分入声字读同精组是文读音，可以断定是外方言影响的结果，而且，外方言的影响并不限于庄组入声字，也影响到知组梗开二等入声字；非入声字读同精组的原因则不是很明确，不过，《中原音韵》《合韵》庄组非入声字读同精组的也较少，《音韵逢源》《京音字汇》则较多，后出现的字与入声字读同精组出现的时间大致相同，可能是外方言影响所致。

从文献材料来看，《合韵》作于 1606 年，只有文读 1，《李氏音鉴》中才出现文读 2，因此明末知庄组入声字还没有读同精组，清代，确切说是 18 世纪末才读同精组。山东青州北城满族保留的北京官话方言岛则说明，北京话知庄组读同精组的时间还要早些。据史记载，青州北城满族的先民是清朝驻青州的旗兵及其眷属。据新编《青州市志》：“清雍正八年（1730），统治者出于政治和军事的需要，调北京满族旗兵驻防青州，即今青州市满族先源。《清史稿》载，雍正八年（1730）设青州驻防旗兵二千人。此后，其眷属相继随入，共 4700 余户，10000 余人。”北城的满族其先民居住在北京通州一带，至今有些人家还保留着家谱。虽然经过了 260 年，但北城话受当地方言的影响却不大，语音系统非常接近于现在的北京话，应该是反映了雍正时期北京话的情况。它“区分 [ts ts^{h} s] 和 [tʂ tʂ^{h} ʂ]，各母所辖字亦与北京话相同，如‘泽择淄责’均音 [ts] 不音 [tʂ]，‘测册策篡’均音 [tsʰ] 不音 [tʂʰ]，‘森所搜色’均音 [s] 不音 [ʂ]”，而与当地方言不同：青州话“泽测色”等字声母为 [tʂ tʂʰ ʂ]。（引自张树铮，1995）由此可证，18 世纪初北京话知庄组入声字应该已经读同精组。

在 18 世纪初，可能会是哪种汉语方言影响北京话使知庄组入声字读同精组呢？就目前所知情况看，明朝南京话有此可能。根据鲁国尧（1985）、曾晓渝（1991）、杨福绵（1995）等人的研究，明代官话以南京方言为基础。北京话长期受到这种官话的影响，曾梗摄入声字韵母的文读（即文读 1）就是其影响形成的，在明末《合韵》中文读已经占了优势（高晓虹，2000）。山东青州北城话、《李氏音鉴》中都是文读 2 占优势，几乎没有文读 1，说明 18 世纪初文读 2 已经基本取代文读 1，文读 2 的产生必然还要更早。因此，虽然《合韵》中并没有记录知庄组入声字读同精组的情况，但明末文读 2 已经形成并非没有可能。

熊正辉（1990）曾将官话区方言 [ts、tʂ] 的分合情况归纳为三类，第一种以济南话为代表，第二种以昌黎、徐州话为代表，第三种以南京话为代表，而北京话介于济南话与南京话之间，因为北京话曾梗摄入声字文白读声母不同，文读为 [ts] 组，白读为 [tʂ] 组，就文读来说，北京话像南京型，就白读来说，像济南型。作者指出，“说北京话像南京型，更主要的还在于北京话知庄章组今读 [ts] 组的字，可以说都是三等韵庄组的字和梗摄开口二等知庄组字”，这一点与南京话一致，只是北京话读 [ts] 组的知庄章组字数量比南京话少很多。也就是说，北京话知庄组入声字的文读 2 声母与南京话一致。因此，本文认为文读 2 的声母可能来自南京话。

明末金尼阁的《西儒耳目资》，曾晓渝（1991）、杨福绵（1995）等认为反映了明代官话音系，即明代的南京话。张卫东（1992）曾比较今南京话与《西儒耳目资》的 [ts、tʂ] 组声母，发现二者基本一致，尤其是深臻曾梗四摄知系入声字声母，可以说完全相同。下面列表比较《西儒耳目资》、今南京话这几组字的声母与《李氏音鉴》《京音字汇》、今北京话的文读 2 声母。

	深臻开三庄组入	曾开三庄组入	梗开二知庄组入
《西儒耳目资》	涩瑟虱 sɛ	仄侧 tsɛ 测 tsʰɛ 色 sɛ	择摘责窄 tsɛ 册策 tsʰɛ
今南京话	涩瑟虱 səʔ	仄 tsəʔ 侧测 tsʰəʔ 色 səʔ	择摘责窄 tsəʔ 册策 tsʰəʔ
《李氏音鉴》	涩瑟 sə	仄 tso 测 tsʰo 色 so	择 tso 册策 tsʰo
《京音字汇》	涩瑟虱 sə	仄 tsə 侧测 tsʰə 色 sə	择摘责窄 tsə 册策拆 tsʰə
今北京话	涩瑟 sɤ	仄 tsɤ 测侧 tsʰɤ 色 sɤ	择责 tsɤ 册策 tsʰɤ

可见《李氏音鉴》《京音字汇》及今北京话的文读2声母与《西儒耳目资》、今南京话相同。

根据以上材料，北京话知庄组入声字读同精组很有可能是受明代官话影响产生的。如果这样，也可以说明一部分庄组非入声字读同精组的原因。由前所述，虽然《中原音韵》《合韵》中已经有一些庄组非入声字读同精组，但数量很少，到《音韵逢源》《京音字汇》才与今北京话基本一致。后来出现的读同精组的庄组非入声字，多是口语中不常用的，也说明可能是明代官话影响，因为作为一种标准语，比口语要保守一些，《西儒耳目资》中有入声就是证明。

∷ 参考文献 ∷

北京大学中国语言文学系教研室 . 汉语方音字汇（第二版）[M]. 北京：文字改革出版社，1989.

陈淑静、许建中 . 定兴方言志 [M]. 北京：方志出版社，1997.

陈淑静 . 平谷方言研究 [M]. 保定：河北大学出版社，1998.

丁声树等 . 古今字音对照手册 [M]. 北京：中华书局，1981.

高本汉 . 中国音韵学研究 [M]. 北京：商务印书馆，1995.

高晓虹 . 方言接触与北京话入声字的历史层次 [D]. 北京大学中文系博士学位论文，2000.

耿振生 . 明清等韵学通论 [M]. 北京：语文出版社，1992.

郭　力 .《重订司马温公等韵图经》研究 [D]. 北京大学中文系硕士毕业论文，1987.

郭　力 . 古清入字在《合并字学集韵》中的归调 [A]. 载《语言学论丛》第19辑，北京：商务印书馆，1997.

贺　巍 . 东北官话的分区 [J]. 方言，1986（3）.

李　荣 . 汉语方言的分区 [J]. 方言，1989（4）.

林　焘 . 北京官话溯源 [A]. 载《语音探索集稿》，北京：北京语言学院出版社，1990.

刘淑学．中古入声字在河北方言中的读音研究 [D]. 山东大学中文系博士学位论文，1990.

鲁国尧．明代官话及其基础方言问题——读《利玛窦中国札记》[A]. 载《鲁国尧自选集》，河南教育出版社，1985.

王　力．汉语史稿 [M]. 北京：中华书局，1980.

王　璞．京音字汇 [M]. 北京大学图书馆藏书，1913.

熊正辉．官话区分言 ts tʂ 的类型 [J]. 方言，1990（1）.

徐通锵．历史语言学（第二版）[M]. 北京：商务印书馆，1996.

杨福绵．罗明坚、利玛窦《葡汉辞典》所记录的明代官话 [J]. 中国语言学报，北京：商务印书馆，1995（5）.

杨耐思．中原音韵音系 [M]. 北京：中国社会科学出版社，1981.

尹世超．哈尔滨话音档 [M]. 上海：上海教育出版社，1998.

裕　恩．音韵逢源 [M]. 北京大学图书馆藏书，1840.

曾晓渝．试论《西儒耳目资》的语音基础及明代官话的标准音 [J]. 西南师范大学学报，1991（1）.

照那斯图、杨耐思．蒙古字韵校本 [M]. 北京：民族出版社，1987.

张树铮．山东青州北城满族所保留的北京官话方言岛记略 [J]. 中国语文，1995（1）.

张卫东．论《西儒耳目资》的记音性质 [A]. 载《纪念王力先生九十诞辰文集》，济南：山东教育出版社，1992.

（原载《中国语文》2002 年第 3 期）

官话方言宕江摄阳声韵知系字读音分合类型及其演变关系*

提　要　本文首先以“张、装、章、撞、双”为代表字考察了官话方言里宕江摄阳声韵知系字的读音分合类型，其中二组型“张章≠装撞双”是官话方言中最普遍的，又以“开口：合口”这一小类最多。然后具体分析了各种类型的情况，最后结合音韵材料讨论《切韵》以来官话方言宕江摄阳声韵知系字的演变。

关键词　官话方言　宕江摄阳声韵　知系字　分合类型

在中古十六摄中，知系字由古开口变为今合口呼的仅宕开三庄组与江开二知庄组，是汉语韵母演变中的一个很有意思的现象。但至今为止，未见有人对此现象进行深入研究。本文拟对官话方言中宕江摄阳声韵知系字的读音分合类型进行考察，并结合音韵材料讨论官话方言中宕江摄知系字不同分合类型之间的演变关系。

本文所用材料主要来自北京语言大学语言研究所《汉语方言地图集》项目。该项目调查了930点汉语方言，其中官话方言有347点[①]。所调查的宕江摄阳声韵知系[②]字有：张$_{宕知}$长$_{宕澄}$装$_{宕庄}$床$_{宕崇}$章$_{宕章}$唱$_{宕昌}$撞$_{江澄}$双$_{江书}$。另外，词汇中有“窗户”

---

* 山东大学钱曾怡教授、北京语言大学赵日新教授以及中国社科院刘祥柏博士都曾为本文的写作提供良好的建议，北京语言大学刘晓海老师及山东大学张燕芬师妹也帮助甚多，谨致谢意。另外，非常感谢审稿专家提出的详细而中肯的修改意见。

① 本文的“官话方言”包括晋语在内，有些点的归属与《中国语言地图集》也不尽一致，以调查材料为准。

② 下文知系只包括知庄章三组，不包括日母。

一词，有的方言记出了“窗$_{江初}$”的字音。下文所用材料，若不说明，均来自该项目的调查材料。为便于比较，本文选择“张、装、章、撞、双”五字来考察，“张、装、章”代表宕摄，“撞、双”代表江摄。

1. 官话方言宕江摄阳声韵知系字的读音分合类型

据地图集调查材料来看，官话方言中，“张、装、章、撞、双”代表的五类字音的分合类型有一组型、二组型、三组型、四组型四大类。分述如下。

1.1 一组型

五字声母合并为一组，宕江摄韵母合并。这种类型的官话方言不多，大多在晋语区，韵母都是开口呼，声母为 ts 或 tʂ，列举如下：黄梅、武穴 tsaŋ（湖北）；宝鸡 tʂɑỹ（陕西）；包头、集宁 tsɒ̃，临河 tʂɒ̃（内蒙古）；同仁 tʂɔ̃（青海）；岢岚 tʂaỹ，偏关 tʂɒ，中阳 tsɒ（山西）；阳原 tsɔ（河北）。

1.2 二组型

分为两类：1. 张章≠装撞双；2. 张章撞≠装双。

1. 张章≠装撞双

五字并为两组，宕开三知章组为一组，宕开三庄组、江开二知庄组并为一组。两组字音不同，但韵基（韵腹 + 韵尾）（林焘、耿振生，2004：54）大多相同，主要为 ɑŋ aŋ ã ɑ̃ 等，只有少数方言韵基不同。

（1）韵基相同

这一类宕江摄字完全合并。两组字韵基相同，或介音不同，或声母不同，或介音、声母均不同。下面根据两组字介音、声母的情况进行归类。

I 开口：合口[①]

A. 声母相同

这一小类的两组字仅韵母介音不同，宕摄开口三等知章组读开口呼，而宕

---

① 除 u 外，ts、tʂ、tʃ 后的舌尖圆唇元音也处理为合口介音；但 tɕ 后的舌尖圆唇元音处理为撮口介音。

摄开口三等庄组与江摄开口二等知庄组今读合口呼。知庄章三组声母合并，或读 tʂ，或读 ts，或读 tʃ，其中以 tʂ ts 为主，tʃ 仅限于少数方言。

a. 声母读 tʂ。共 114 点，如北京、淄博、南京、巢湖等，详见附录。

b. 声母读 ts。共 106 点，如太原、昌黎、昆明、呼和浩特等，详见附录。

c. 声母为 tʃ。仅 5 点，包括获嘉、鹤壁、沁阳（河南）；安庆、桐城（安徽）。

B. 声母不同，宕江摄知系声母分为两组，有以下六种情况。

a. tʂ ≠ ts，有 12 点，包括故城、黄骅、南皮、宣化（河北）；北宁、大连、瓦房店、彰武（辽宁）；平定、平遥（山西）；富县（陕西）；丰县（江苏）。

b. tʂ ≠ tʃ，共 10 点，户县、商洛、耀县、永寿、城固（陕西）；西峰、定西、秦安、西和（甘肃）；隆德（宁夏）。

c. ts ≠ tʂ，仅 3 点，沂南（山东）；黄石（湖北）；丹徒（江苏）。

d. ts ≠ tʃ，仅 1 点，靖江官话①（江苏）。

e. tʃ ≠ tʂ，共 8 点，均在山东省：平度、青岛、临朐、日照、荣成、乳山、潍坊、诸城。

f. tʃ ≠ ts，仅 2 点，莱阳、蓬莱（山东）。

II 开口：撮口，声母不同

这一类方言前组声母为 ts，后组为 tɕ。有以下方言：扬中、东台、南通市（江苏）；枞阳（安徽）；鄂州、武汉、（湖北）；安乡、汉寿（湖南）；建水、华宁（云南）。

III 齐齿：合口，声母不同

仅有 2 点：东明（山东）；赣榆（江苏）。

IV 齐齿：撮口，声母相同

仅 1 点：靖州（湖南）。

V 开口：开口，声母不同

与前五类不同，这一类两组字的韵母介音相同，不同仅在于声母。可分为四个小类，其中前三小类宕开三庄组与江开二知庄组声母均为 pf 组，宕开三知章

---

① 实际记音为 tʃɰaŋ，据调查人史皓元的意见地图集处理为 tʃɯaŋ。但据调查说明，ɰ 摩擦较重，做介音时有圆唇色彩，接近于舌尖前圆唇音 ɥ。根据汉语的情况，本文处理为 ɥ。

组声母分别为 tʂ ts tʃ。

a. tʂ ≠ pf，包括苍山、新泰（山东）；平陆（山西）；大荔、西安、略阳（陕西）；永登、兰州（甘肃）。

b. ts ≠ pf，仅滕州（山东）。

c. tʃ ≠ pf，仅平邑（山东）。

d. tʂ ≠ ts，仅 3 点：广德（安徽）；赤壁（湖北）；左权（山西）。

（2）韵基不同

两组字韵基不同，说明宕江摄只是部分合并。这类官话方言比较少。根据韵母介音和声母，分为以下情况。

I 开口：合口

仅句容、溧水（江苏）2 点，声母相同。

II 开口：开口

a. 声母相同：大方（贵州）；文山（云南）。

b. 声母不同：宝应（江苏）；娄烦（山西）。

2. 张章撞≠装双

仅湖北红安 1 点。

1.3 三组型

这一类型官话方言有四种情况。

1. 张章≠装撞≠双

宕开三知章组合并为一组，宕开三庄组、江开二知组一组，江开二庄组自成一组。

（1）韵基相同

I 开口：合口：开口

根据声母的差异，可分为三小类。

a. tʂ：tʂ：f，这类方言较多，如：郓城、成武（山东）；柘城、夏邑、清丰（河南）；亳州、利辛（安徽）；湟源、门源、西宁、乐都（青海）。

b. ts：ts：f，仅山东单县 1 点。

c. tʂ：k：f，有 2 点，均在甘肃：高台、张掖。

Ⅱ开口：合口：撮口，仅湖南桃源（官话）1点。

Ⅲ开口：合口：合口，仅江苏泰兴1点。

（2）韵基不同，仅黄龙（陕西）1点。

2. 张章≠装≠撞双

宕开三知章组字合并为一组，宕开三庄组字自成一组，江开二知庄组字一组。共3点：霍州、襄汾（山西）；鄂尔多斯（内蒙古）。

3. 张章≠装双≠撞

有4点：合肥（安徽）；常德（湖南）；临县、大宁（山西）。

4. 张≠章≠装撞双

宕开三知、章两组不同音，而宕开三庄组与江开二知庄组合并。这类只有山西临猗。

1.4 四组型

五个字分为四组音，有两类。

1. 张≠章≠装双≠撞：2点，山西万荣和忻州。

2. 张≠章≠装≠撞双：1点，陕西清涧。

1.5 其他

347点中，有14点没有记出“撞”字音。从“张章装双”四字来看，也可以分为两类：二组型和三组型。

1. 二组型

（1）张章装≠双

宕摄开口三等知庄章三组字合并，但与江开二庄组字不同音。仅湖南凤凰。

（2）张章≠装双

两组字的介音多为“开口：合口”的对立，声母为tʂ或ts，包括：社旗、嵩县、禹州、镇平（河南）；富顺、旺苍、青川（四川）；鹿寨（广西）；正安（贵州）；如皋（江苏）；通道（湖南）。仅湖北应城两组字介音为“开口：撮口”的不同。

2. 三组型

仅湖北英山1点，张章≠装≠双。

1.6 小结

综上所述，官话方言宕江摄阳声韵知系字的读音类型可列表如下。表中数字为每一类型的方言点数。其中二组型“张章≠装撞双”的点数最多，本文所考察的大部分官话方言属于此种类型，情况较为复杂。一组型和三组型、四组型的方言点都比较少。

一组型	张章装撞双	韵基相同	开口	声母相同	11 包头
二组型	张章≠装撞双	韵基相同	开口：合口	声母相同	225 北京
				声母不同	36 青岛
			开口：撮口	声母不同	10 东台
			齐齿：合口	声母不同	2 东明、赣榆
			齐齿：撮口	声母相同	1 靖州
			开口：开口	声母不同	13 西安
		韵基不同	开口：合口	声母相同	2 句容、溧水
			开口：开口	声母相同	2 大方、文山
				声母不同	2 宝应、娄烦
	张章撞≠装双	韵基相同	开口：合口	声母相同	1 红安
三组型	张章≠装撞≠双	韵基相同	开口：合口：开口	声母不同	14 乐都、单县
			开口：合口：撮口	声母不同	1 桃源官
			开口：合口：合口	声母不同	1 泰兴
		韵基不同			1 黄龙
	张章≠装≠撞双	韵基不同			3 霍州、襄汾、鄂尔多斯
	张章≠装双≠撞				4 合肥、常德、临县、大宁
	张≠章≠装撞双	韵基不同			1 临猗
四组型	张≠章≠装双≠撞	韵基不同			2 万荣、忻州
	张≠章≠装≠撞双	韵基不同			1 清涧
其他（缺“撞”）	张章装≠双	韵基相同	开口：合口		1 凤凰
	张章≠装双	韵基相同	开口：合口		11 禹州
		韵基相同	开口：撮口		1 应城
	张章≠装≠双	韵基相同	开口：开口：合口		1 英山

大部分方言五字的韵基都相同，而在少数韵基不同的方言中，除了大方、文山、宝应、句容、溧水五点之外，其他都是山西、陕西方言，这些方言里往往有文白异读；“张章≠装双≠撞”这一类方言的韵基情况不一致。详见下文第二部分。

2. 不同类型之间的演变关系

在《切韵》音系里，宕江摄阳声韵知系字分为五组读音：宕摄知庄章三组，江摄知庄两组。由前可知，现代官话方言中有四组型、三组型、二组型和一组型。官话方言的几种类型是否反映了由《切韵》的五组型合并为四组、三组、二组、一组的演变过程呢？各类之间的关系如何？下面具体分析四种类型的情况，考察它们之间的关系。

2.1 四组型

1. 张≠章≠装双≠撞

这类仅有山西的 2 种方言：万荣、忻州。万荣的四类字音为 tʂə ≠ tʂaŋ ≠ pfə ≠ pf^{h}aŋ，而忻州为 tʂɛ ≠ tʂaŋ ≠ tsuɛ ≠ tsuaŋ，二者在声母方面，宕开三知章组相同，与宕开三庄组、江开二知庄组对立，韵母则是宕开三知庄组与江开二庄组为一类，宕开三章组和江开二知组一类。根据地图集材料来看，万荣、忻州方言都有文白异读，万荣“张、装、双”的白读韵母为 ə，文读韵母均为 aŋ，忻州的白读韵母为 ɛ，“装、双”的文读韵母为 uaŋ，“张”为 aŋ。但两方言“章撞”都只有一读。《万荣方言志》（吴建生，1984）里，“章撞”也只有一读，但宕开三章组字如“裳偿晌”则有与“张”相同的白读韵母。又据陈章太、李行健（1996），忻州“章撞”只有一读，但宕开三章组“掌唱尝裳上尚”以及江开二的“窗”都有文白读。综合来看，此处“章撞”的读音应为文读。

因此，这两种方言之所以“张≠章≠装双≠撞”，是由于文白读音掺杂在一起所致。若区分开文、白读，万荣、忻州方言的文白层，显然都属于二组型的“张章≠装撞双”。

2. 张≠章≠装≠撞双

这类只有清涧方言，其中这五个字分别为：张 tʂɯ，章 tʂɒ̃，装 tʂu，撞 tʂ^{h}uɒ̃，双 ʂuɒ̃，声母同组，韵母不同。其中，“张、装”的这一读为白读音，文读音分别为 tʂɒ̃、tʂuɒ̃。但地图集材料中清涧方言宕开三字仅“想、张、长、装”有白读，江摄字都没有文白异读。据刘勋宁（1983），清涧方言宕摄字有系统的文白读，从其所列字音来看，宕开三知章组白读为 ɯ，文读为 ɒ̃，庄组白读为 u，文读为 uɒ̃。但他没有提到江摄字有文白异读，所以若从文读来看，可以确定是二组型的“张章≠装撞双（开口：合口）”，但白读层还需要进一步确定。

2.2 三组型

三组型有四类：张章≠装撞≠双，张章≠装≠撞双，张章≠装双≠撞，张≠章≠装撞双。分别来看。

1. 张章≠装撞≠双

先来看韵基相同的三类。第I类为“开口：合口：开口”，其a、b两小类，“双”的声母均为齿唇擦音f，“知章装”的声母一为tʂ，一为ts。据张世方（2004），当舌尖后音拼合口呼韵母时，合口介音摩擦加强导致声母变为齿唇塞擦音和擦音，即pf组声母，而在很多方言里，擦音已变为f，但塞擦音未变。若是这样，这两小类应是舌尖音向齿唇音变化的中间状态。所以，这两小类可看作是二组型的进一步发展。c小类三组音的声母分别为tʂ k f，有两种方言：高台和张掖，都是甘肃省的。根据汉语知系声母的演变情况来看，k应是较tʂ晚的一个发展阶段。所以，与a、b小类一样，c小类也是二组型的发展，而且可能比a、b处在更晚的演变阶段上。

第II类“开口：合口：撮口”只有桃源tsaŋ≠tsuaŋ≠ɕɥaŋ一点，第III类“开口：合口：合口”仅泰兴tʂã ≠ tʂuã ≠ suã一点。这两种方言里，江开二初母字“窗”与“撞”的声韵相同。可见，“双”的声母与“装、撞”变化不同步。

顾黔（2001）所记泰兴方言，“张章”为tsaŋ，“装”为tsuaŋ，“撞窗”为ts^{h}uaŋ，“双”为suaŋ，若依此，则泰兴属于二组型。不过，她记的是汪群乡话，知庄章三组均为ts组声母，而在农村，大片地区知庄章分为ts tʂ两组（顾黔，2001：53）。她列举了泰兴北新乡和如东汤园乡的几摄知系字读音，其中宕摄“张章庄”等塞擦音声母字都是读tʂ组，而“霜爽商上”等擦音声母字或者s、ʂ两读，或者只读ʂ（顾黔，2001：58）。她认为，早期泰兴话有完整的tʂ组声母，但由于受周围权威方言，即没有tʂ组声母的扬州话、泰州话的影响，tʂ组声母趋于消失，县城比较快，而农村较慢（顾黔，2001：42—43）。由此来看，地图集泰兴材料所体现的正是这样一种过渡状态，“双”的声母变化比较快，而“张章装”的声母变化较慢。

韵基不同的仅黄龙tʂaŋ ≠ pfuə ≠ faŋ（陕西）1点，“张章”只有一读，但“长”有两读，为tʂ^{h}uə/tʂ^{h}aŋ。“装、撞”也有两读，另一读分别为pfaŋ、pf^{h}aŋ。

这说明，宕江摄知系字有文白读的区别。若从文读来看，五字并为两组，白读的材料不完整，但应该也是并为两组。

2. 张章≠装≠撞双

这类的 3 点分别为：霍州 tʂaŋ ≠ tsɔ ≠ tsʰuaŋ，襄汾 tʂaŋ ≠ pfo ≠ pfʰaŋ（山西），鄂尔多斯 tʂɒ̃ ≠ tʂuɒ̃ ≠ ʂuo（内蒙古）。其中霍州、襄汾的情况应是一致的，都是“装”的韵基与“张章撞双”不同，而声母“装撞双”同组，与“张章”不同。查两方言的其他宕江摄字，有的字韵基与“装”同，有的与“张章撞双”同。如霍州：糠 kʰɔ，长 tʂʰɔ/tʂʰaŋ，床 tʂʰuaŋ，唱 tʂʰɔ；襄汾：糖 tʰaŋ，糠 kʰo，长 tʂʰo，唱 tʂʰaŋ。据王临惠所写“中原官话”，这两种方言属于中原官话汾河片，宕江摄阳声韵母都有文白异读，“装”的韵母是白读，而“张章撞双”的韵母是文读。如果区分文读、白读，这两种方言应属于二组型的“张章≠装撞双”。

鄂尔多斯的“张章装”韵基相同，但与“撞双”不同。该方言“窗子”的“窗”为 tʂʰuo，与“撞双”声韵相同。结合山西方言的情况，可以判定“撞双”的读音应是白读音，与“张章装”不是同一层次。

3. 张章≠装双≠撞

这一类的 4 点中，合肥三组字音为 tʂɑŋ ≠ tʂuɑŋ ≠ tʂʰoŋ。《普通话基础方言基本词汇集》（1996）里合肥的“撞”与“装”的声母、韵母是相同的，所以这里“撞”很可能并非所记音的本字。湖南常德三组字音为 tsɑŋ ≠ tɕyɑŋ ≠ tsuɑŋ，“撞”为合口，而“装、双”为撮口，声母也相应地不同。郑庆君《常德方言研究》（1999）中“撞”为 tɕʰyɑŋ，与“装、双”是一组的，若是据此，则常德应为二组型。tsuɑŋ 这一读与普通话很接近，大概是受普通话影响新出现的读音。临县为 tʂɒ ≠ tsyɛ ≠ tsʰuaʔ，据《临县方言志》（李小平，1991），“张章”为 tʂɔ̃，“装桩”为 tsɥə，“撞窗”为 tsʰɥə，“霜双”为 sɥə，因此，临县是二组型的“开口：合口”类。大宁为 tʂæ̃ ≠ tsuə ≠ tʂʰuæ̃，地图集材料里，“装双”都另有一读，“装”为 tʂuæ̃，“双”为 ʂuæ̃。根据这一读，大宁与临县一样是二组型，应为文读层。但宕江摄有白读的字很少，除了“装双”，仅有“长”tʂʰə、“糠”kʰuə，以及“窗户”一词中的“窗”tsʰuə。找不到更详尽的材料，白读层只能存疑。

4. 张≠章≠装撞双

这一类只有 1 个方言，山西临猗：tʂuo ≠ tʂaŋ ≠ pfaŋ。宕开三知、章两组不同音，宕开三庄组与江开二知庄组合并。其中宕开三庄组、江开二知庄组声母为 pf 组，与宕开三知章组不同，韵母宕开三知组自成一类，与其他组不同。据地图集材料，“张”读 tʂuo 是白读，文读为 tʂaŋ，“章装撞双”只有一读，与“张”的文读韵母一致。另外，宕开三初母字“床”有文白两读 pfʰo/pfʰaŋ。若从“张”的文读来看，这五字可合并为两组。又据《临猗方言研究》（王临惠，2007），宕开三知章组有白读的字有：涨掌 tʂuo，肠场长丈杖 tʂʰuo，墒裳尝上晌 ʂuo，宕开三庄组与江开二知系有白读的字有：装庄 pfo，疮床 pfʰo，双 fo。由此，临猗的白读层也是二组型。

2.3　二组型

二组型也有两类：1. 张章≠装撞双，2. 张章撞≠装双。

1. 张章≠装撞双

这类方言最多，其中韵基相同的方言又根据介音的情况分为 5 个小类：I 开口：合口，II 开口：撮口，III 齐齿：合口，IV 齐齿：撮口，V 开口：开口。其中第 I 小类的方言最多，其次为第 V、II 小类，第 III、IV 小类都只有个别点。

先看第 I 小类“开口：合口”。大部分的官话方言都属此类。又可分为声母相同[①]和声母不同两个小类。声母相同有三种情况，分别读ts、tʂ、tʃ。声母不同的情况有六种，分别是 ts、tʂ、tʃ 声母的不同组合。不管是哪一种组合，都表明宕江摄知系字声母分为两类。比较而言，声母不同的方言应反映了更早期的情况。

第 II 小类是“开口：撮口”。这一类两组字的声母不同，分别是 ts、tɕ。一般来说，撮口呼是从古合口三四等发展而来的。那么，从古宕江摄开口变为撮口呼，中间应有一个合口呼的阶段，即：开口→合口→撮口。而且，tɕ 也是从 ts 腭化而来。所以这一小类应处于比第 I 小类晚的阶段。

第 III 小类“齐齿：合口”仅有两种方言：山东东明 tɕiaŋ ≠ tsuaŋ，江苏赣榆 tɕiaŋ ≠ tʂuaŋ。两组字音不仅韵母有别，声母也不同。这两种方言里，知系字声母分为两组，“张章”读 tɕiaŋ，韵母为齐齿呼。结合声韵母的情况，这一小类应早于第 I 小类。

第 IV 小类是“齐齿：撮口”，仅湖南靖州方言 tɕiaŋ ≠ tɕyaŋ。从“装撞双”

① 下文分析时笼统地把声母相同看作是知系声母合并为一组，但有些方言宕摄知系声母虽然合并，但其他摄知系声母分为两组。本文仅以宕江摄的情况为准。

的韵母来看，它与第II小类一样，应是比较晚的。而从“张章”的韵母来看，它既可能与第III小类一样，保留了比较早期的音；也可能是后来演变的结果。综合来看，它比较可能是第III小类的进一步发展。

第V小类为“开口：开口”。两组字介音相同，所以，声母必然不同。有两种情况，区别在于“装撞双”的声母，一为pf组，一为ts组，而“张章”的声母则都为tʂ组。“装撞双”的声母为pf组的方言较多，这类与三组型“双”为f的情况类似，不过三组型仅有一个f声母，而这一小类有一套pf组声母。由前所述，齿唇声母应是由舌尖声母拼合口呼韵母时变来的。因此，这类的“装撞双”读开口呼，应是从合口呼变来的，较第I小类晚发生。“装撞双”声母为ts组的方言较少，只有赤壁、左权、广德。这种情况的知庄章声母分为ts、tʂ两组，应较第I小类合为一组的早，其中赤壁、左权宕合一如“光”字韵母也是开口呼，与“装”等字相同，这说明，这两种方言的宕开三庄组、江开二知庄组可能先变为合口呼，与宕合一合并之后，才又丢掉介音变为开口呼；而广德宕合一韵母为合口呼，与“装”等字不同，也就是宕开三庄组、江开二知庄组还没有变为合口呼，应该比第I小类声母不同的方言早。

二组型韵基不同的方言比较少，共6种。其中娄烦为tsaŋ ≠ pfuɯɤ。据翟英谊（1989），娄烦宕开三知章组韵母为a，如“张章”为tʂa，而宕开三庄组、江开二知庄组韵母为ɤɯ，与果摄字同韵母，如“装桩”为pfɤɯ，“疮窗”为pfɤɯ，“霜双”为fɤɯ。“张章”与地图集的记音声母韵母均不同，地图集记音时间比翟英谊（1989）晚十多年，与普通话近似，可能是新出现的文读音。贵州大方tsaŋ ≠ tsoŋ、云南文山tsã ≠ tsoŋ、江苏宝应tsɑŋ ≠ tʃoŋ的情况比较一致，宕开三庄组字与江开二知庄组字的韵母与通摄合并。中古时期江摄与通摄关系很近，乍一看这三种方言很可能是保留了早期的读音。不过，这三种方言里，宕开三庄组、江开二知庄组与宕合一的韵母一样，所以不能简单地推测是宕开三庄组并入江开二知庄组，进而并入通摄，也可能是江开二知庄组并入宕摄后才又与通摄合并的。江苏句容tsa ≠ tsuã、溧水tsæ ≠ tsʮã与上述方言不同，是宕开三知章组韵母与咸山开口一二等合并，如句容“蓝衫山兰”均为a，溧水均为æ。

2. 张章撞≠装双

只有湖北红安是此种类型，两组字音为tsaŋ ≠ tɕʮaŋ，“窗”的声韵母与“撞”

相同。《普通话基础方言基本词汇集》(1996)里，红安这几字的音为：张章 tʂaŋ，装 tsaŋ，撞 tsʰaŋ，双 saŋ，若据此，红安应属 1 类的“开口：开口”，与安徽广德、湖北赤壁等一致。《湖北方言调查报告》(1948)里的黄安即今红安，所记音与《普通话基础方言基本词汇集》(1996)相同，如：张 tʂaŋ，庄 tsaŋ，撞 tsʰaŋ。不过，相邻的黄陂与地图集红安的记音很相近，但其字表里没有“章、装、双”三字，故以下列字为例：张 tsaŋ，昌 tsʰaŋ，庄 tsɿɥaŋ，撞 tsɿɥaŋ。显然，黄陂宕开三庄组、江开二知组字进一步腭化，就是地图集红安宕开三与江开二庄组的读音，再加上黄安（红安）“撞”的字音，就是地图集红安的情况。红安的这种二组型反映的很可能是黄陂方言影响导致的一种混合情况。

2.4 一组型

一组型方言除黄梅、武穴外，其他都属于晋语。这一类型是宕江摄知系字从分到合这一发展的终点。理论上，它应比前面的二组型、三组型晚，处于较晚期的发展阶段。但从二组型、三组型的情况来看，一组型显然不是宕江摄阳声韵知系字发展的必然趋向，而只是多种发展方向中的一种。一组型的官话方言韵母都是开口呼，声母有的为 ts，有的为 tʂ，可能是从两组型第 V 小类“装撞双”声母为 ts 组的那种情况发展而来的。如前所述，第 V 小类的赤壁、左权宕开三庄组、江开二知庄组韵母与宕合一合并，而广德并没有。一组型方言里，黄梅、武穴、宝鸡跟广德一样，宕合一为合口呼，应是广德这种情况的进一步发展，而其他方言宕合一也为开口呼，应是赤壁、左权这种情况发展来的。

2.5 其他

这些方言都没有记出“撞”字来，根据其他四字的读音，可以分为二组型和三组型。其中大部分为二组型“张章≠装双”，应与二组型的“张章≠装撞双”是一致的。只有湖南凤凰和湖北英山两点不同。

湖南凤凰为“张章装≠双”，读音为：tsɒ ≠ suɒ。《湖南方言调查报告》里的凤凰方言“张庄”为 tsaŋ，“昌撞窗”为 tsʰaŋ，从这几字的情况来看，音类分合与地图集材料是一致的，但遗憾的是，没有“双”。若综合这两种材料，凤凰“双”很可能没有与其他字同步发展。湖北英山方言里，张章 tʂɑŋ ≠装 tsɑŋ ≠双 ʂɥɑŋ，“窗”与“装”声同组、韵相同。查《湖北英山方言志》(陈淑梅，1989)，宕开三知章组声母为 tʂ，宕开三庄、江开二知庄组声母基本为 ts，韵母则都是 aŋ，与地图集材料基本一致；“双”为 ʂɥaŋ，与江开二庄组其他字都不合，与宕开三生母字“霜 saŋ”也不同，其韵母 ɥaŋ 除“双”字外，只有零声母字“酿嚷壤攘让”。陈淑梅在词汇部分还记有“双生”一词，“双”音 faŋ。《湖北方言调查报告》（1948：1043）里英山有：庄状撞 tsaŋ，窗床 $ts^haŋ$，张 tʂaŋ，商常尚 ʂaŋ，这些字与地图集材料、陈淑梅（1989）是一致的，但没有“双霜”两字，也没有 ɥaŋ 韵母，“让”为 ʐaŋ。比较来看，ɥaŋ 这个韵母应是后来形成的，若是如此，则“双”比其他同类字变化快。

2.6 小结

由上所述，四组型的最少，都是文白混杂造成的。三组型除了少数“撞”音有疑问的方言之外，大部分是由于两种原因造成的：（1）文白层次的混杂；（2）“双”的变化与“装撞”不同步。文白混杂的情况，文读层无一例外为二组型，白读层一般不那么完整。而“双”的变化与“装撞”不同步造成的三组型，则大多可以看作是二组型的进一步发展。二组型实际只有“张章≠装撞双”一种，是官话方言中分布最广的一种读音类型，其中以“开口：合口”小类最多，“开口：撮口”小类以及部分“开口：开口”大多可看作是“开口：合口”的发展。一组型比较少，情况也很单纯，是由二组型发展而来的。

“双”与“装撞”变化不同步，与宁忌浮（1997：34）所说的情况类似。他指出：“在三等韵舌根音舌面化进程中，擦音比塞音来得早来得快。这种不同步给我们以启示：擦音比塞音易变，似乎是汉语辅音变化的一条规律。”他还提到，罗常培先生在《唐五代西北方音》里就说过“浊摩擦音的变清要比浊破裂音早得多”，崔荣昌、李锡梅《四川境内的“老湖广话”》也说“浊擦音较易清化，浊塞音、塞擦音则较稳定”。

总的来看，这四种类型之间并不是由四组型到一组型的连续的发展序列，排除文白混杂的情况之后，官话方言以二组型为主，一组型和三组型则是二组型的进一步发展。而且，根据与宕合一“光”字的比较，本文考察的绝大多数方言，宕开三庄组、江开二知庄组与宕合一合并。所以说，大部分官话方言宕江摄阳声韵知系字都处于或曾处于二组型的“张章≠装撞双（开口：合口）”这一阶段上。这充分说明，宕开三庄组、江开二知庄组字由开口变为合口呼是官话方言普遍发生的一个变化。

3. 官话方言宕江摄阳声韵知系字的演变

据马伯乐《唐代长安方言考》(2005)，七世纪的长安方言里，宕江摄字归江、唐阳两韵，江为 ɔŋ，唐阳为 ɑŋ、iɑŋ，九世纪时江为 aɣ̃，唐阳为 ɑɣ̃、iɑɣ̃。这与《切韵》的情况基本是一致的，宕江摄知系字有五组读音，宕摄三类，江摄两类。这里把五组读音看作是官话方言宕江摄阳声韵知系字演变的起点。

在谈到江韵时，马伯乐（2005：122）认为，唐代中晚期时江韵因声母不同而发生分化，卷舌声母后是韵母 ɔăŋ，其他声母后是 aŋ，其依据一是“越南译音作了和官话一样的区分，卷舌声母字作 ɔŋ，其他声母字作 aŋ”，二是唐代诗人“用‘双’之类的卷舌声母字与东钟押韵，而用全部其他声母字与阳唐押韵”。越南译音是唐末的一种材料。由此来看，早在唐代末年江摄庄组字就有分化出来的趋势。但他没有提到宕摄庄组字的情况。

据王洪君（1992），宋西北方音“江摄舒、入声字与效摄及宕摄的庄组及明母字同注一韵”，由此，当时的宋西北方言里宕开三庄组字应该已经与江开二合并了。

而据董同龢《汉语音韵学》(2001：196—197)，《古今韵会举要》中宕江摄分为 5 个字韵：“冈”字韵，“江”字韵，“光”字韵，“黄”字韵，“庄”字韵，其中江摄知庄组与来母字归“光”字韵，而宕开三庄组字则归“庄”字韵，宕开三知章组字归“冈”字韵。他认为“庄”字韵与“光”字韵的主要元音应该是不同的。宁忌浮（1997：26）认为“黄”字韵与“光”字韵可合并为一个韵母，但“庄”字韵为何与“光”字韵分立，他觉得无法解释。从现代汉语方言来看，很可能“庄”字韵的介音是一个圆唇舌尖元音，即 ʮ，而“光”字韵的介音为 u。从《古今韵会举要》的情况来看，当时江摄字已经并入宕摄，江开二知庄组字已经变为合口，宕开三庄组字因为是三等字，有三等介音，所以与江开二知庄组字不能直接合并，后来受声母和韵母协同发音的影响，发展出圆唇舌尖元音介音。这与宋西北方音的情况不同。

据《中原音韵表稿》(宁继福，1985)，元代《中原音韵》宕江摄并为江阳韵，其中知系字韵母为：aŋ，宕开三庄组，江开二知庄组；iaŋ，宕开三 (庄组外)。知系字声母则分为两组。由此，《中原音韵》属于二组型的“知章≠装撞双”，韵基相同，韵母为“齐齿：开口”，声母不同。不过，杨耐思（1981）的拟音与宁继福（1985）不同，宕开三庄组、江开二知庄组为 uaŋ，而宕开三知章组为 aŋ，与今天北京话的情况是一致的。因为宕开一、宕合一都没有知系字，从《中原音韵》的列字实际无法判断这两组字的介音，而从今天的方言来看，这两种拟测都是有可能的。不过，宁继福（1985：222）解释了为何把“庄窗双”等字的韵母拟为 aŋ。他说：“《起例》第 21 条‘赃有粧’‘仓有窗’‘桑有双’等六组辨似是分辨声母 ts、ts‘、s 和 tʂ、tʂ‘、ʂ 的，它们的韵母相同”。也就是说，他的拟测是有《中原音韵》的内部证据支持的，杨耐思（1981）并没有这方面的说明。

在元代八思巴文里，宕开一、江开二帮组为 aŋ，宕开三泥精组为 i̯aŋ，知章日组为 aŋ，见系及江开二见系 i̯aŋ e̊ŋ 两读，宕开三庄组为 haŋ，宕合一与江开二知系为 u̯aŋ (罗常培、蔡美彪，2004)。与《古今韵会举要》不完全相同，但江开二知系与宕合一合并而与宕开三庄组不同这点是相同的。hang 这个韵母的音值是怎样的？龙果夫认为这个译音可以帮助解释宕开三庄组字在今官话方言里读为合口呼。他说“古汉语 -i̯(ɑŋ) 在 ts̤ 的后头起先因受前边齿上声母的影响变成一种 -ə，ï——所以八思巴字读音作 [ǯhaŋ，ǯe̊aŋ]——后来变成 -u”(参见罗常培、蔡美彪，2004：203)。不过在八思巴文里，知庄章三组声母合并为一组，而龙果夫却是分为两组来看待的。

明初的《洪武正韵》，据宁忌浮（2003），也属于二组型“知章≠装撞双”，韵基相同，韵母为“齐齿：开口”。但知系声母已并为一组。

据金基石（2003），《洪武正韵译训》(1455) 中的阳韵字，如“霜爽疮庄床创壮撞”，有正音和俗音两读，其中正音为 tʂaŋ，俗音为 tʂuaŋ；《四声通解》(金基石 2003：72、76) 的“撞”有正、俗、今俗三种读音：正音 aŋ，俗音 uanŋ，今俗音 uaŋ。金基石（2003：178）列有各种材料的韵母表，其中宕开三庄、江开二知庄在《洪武正韵译训》(1455) 里韵母为 aŋ，而在《翻老朴》(16 世纪初)、《译语类解》(1690)、《伍伦全备谚解》(1721)、《汉清文鉴》(1776)、《重刊老乞大谚解》、《华音均启蒙谚解》(1883) 等材料里韵母均为 uaŋ，而宕开三知章均为 ïaŋ。

兰茂《韵略易通》(1442)、徐孝《合并字学集韵》(1606)、《西儒耳目资》(1626)、《韵略汇通》(1642)以及李登《书文音义便考私编》(1587)(以上据叶宝奎 2001)等反映明清官话的韵书，都属于二组型“张章≠装撞双”的“开口：合口”。清代的《五方元音》《李氏音鉴》《语言自迩集》《音韵逢源》等韵书也属此类。

由上，《中原音韵》以来的材料都是二组型的“张章≠装撞双”，《中原音韵》(宁继福拟音)、《洪武正韵》(宁忌浮拟音)为“齐齿：开口”，《洪武正韵译训》俗音等朝鲜韵书材料里多为“齐齿：合口”，《合并字学集韵》《韵略易通》《韵略汇通》等为“开口：合口”。显然，明代时的官话方言，宕开三庄组、江开二知庄组已经由开口变为合口。大概明初这一变化已经开始，而到了 1455 年《洪武正韵译训》时已经有方言完成变化，到明末估计很多官话方言都已完成变化。宕开三知章组字韵母由齐齿呼到开口呼的变化要慢一些，朝鲜韵书记录清代语音的材料里往往还有介音。

综合历史音韵材料和官话方言的情况，各类型之间的演变关系大致可以图示如下。

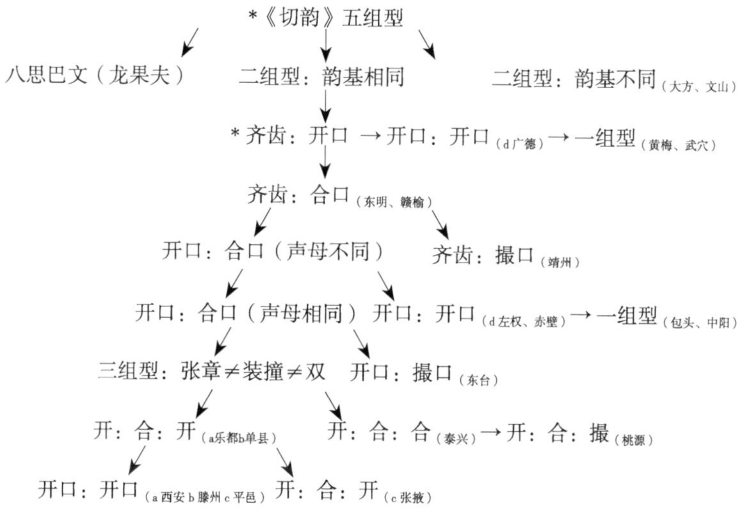

上图基本涵盖了本文考察的大多数情况。带 * 号的分别是《切韵》与《中原音韵》(宁继福拟音)代表的类型，在官话方言中不存在，但在南方方言里存在“齐齿：开口”的情况，如湖南城步话“张章”韵母为 iaŋ，“装撞双”为 aŋ。尽管前面归纳的类型中有四组型和三组型，但由于这两种类型并不是从五组型直接合并而来的，而除了八思巴文外，音韵材料里更多的是二组型，再撇开文白混杂以及缺“撞”字音的情况，这样，上图三组型只限于“张章≠装撞≠双”这一种。

可以推测，汉语官话方言中，宕江摄阳声韵知系字随着知庄章声母合并为二组、宕江摄韵母合并而从《切韵》五组型变为二组型。但由于缺乏相关材料，五组型和二组型之间过程是怎么样的，现在还不很清楚。但可以确定，不同方言的合并过程并不完全一致。如宋西北方言很可能是宕开三庄组字受声母影响，失去三等介音，进而与江开二知庄组字合并，之后宕江摄韵母合并，可能就是二组型的“齐齿：开口”。由于宕江摄韵母的主要元音是一个后低圆唇元音，而庄组及知二声母可能是圆唇色彩的舌叶音，所以韵母很容易滋生出一个合口介音，形成二组型“齐齿：合口”。之后，宕开三知章组字的介音失去变为开口呼，就形成官话方言最多的一种类型：“开口：合口”，由此继续发展，合口可以变为撮口。也有可能是，知二庄声母合并，宕江摄韵母合并，但由于宕开三庄组有三等介音，与江开二知庄仍保持分立，江开二知庄组先发展出合口介音，宕开三庄组后发展出合口介音，如八思巴文、《古今韵会举要》所反映的情况。

从音韵材料来看，元代《中原音韵》时已经发展为二组型，明代以来，有的方言停留在二组型“齐齿：合口”或“开口：合口”状态，有的则继续发生变化。今天官话方言的不同类型，就是这些不同阶段的共存。

4. 余论

在考察中我们注意到，官话方言宕江摄阳声韵知系字的声母和韵母都很复杂，比如声母有的合并，有的二分，具体音值也很不同，韵母的主要元音、韵尾也各不相同。本文的主要目的是要了解官话方言中宕开三庄组、江开二知庄组字韵母变为合口呼的情况，所以主要围绕韵母的介音讨论这几组字的分合类型，其他方面就不再涉及。而且，从官话方言的情况来看，以二组型的“张章≠装撞双”为主，两组字音韵基相同的又占多数。所以，不管声母是否相同，韵母的具体音值是什么，介音都是两组字的一个主要区别特征。理论上，两组字的介音可以有以下 16 种组合。

（1） 开口：开口，（2） 开口：合口，（3） 开口：齐齿，（4） 开口：撮口
（5） 合口：开口，（6） 合口：合口，（7） 合口：齐齿，（8） 合口：撮口
（9） 齐齿：开口，（10）齐齿：合口，（11）齐齿：齐齿，（12）齐齿：撮口
（13）撮口：开口，（14）撮口：合口，（15）撮口：齐齿，（16）撮口：撮口

在本文所考察的官话方言中，不管韵基是否相同，仅有（1）、（2）、（4）、（10）、（12）5种组合。这5种组合中，“装撞双”没有读齐齿呼的，而“张章”没有读合口呼和撮口呼的。这意味着，“张章”倾向于保持原来的三等介音，或丢掉介音变为开口呼，而以丢掉介音为常，却不大可能变为合口呼或撮口呼（故上图把“齐齿：撮口”仅看作是“齐齿：合口”的发展，而不看作是“开口：撮口”的发展）；“装撞双”则倾向于变为合口呼，而最小可能变为齐齿呼。二组型最多的依次是“开口：合口”“开口：开口”“开口：撮口”，可进一步说明这一点。若去掉“张章”是合口呼或撮口呼、“装撞双”是齐齿呼的情况，还剩下6种组合，除了以上5种外，第（9）种“齐齿：开口”是本文考察的官话方言中所不存在的。有意思的是，根据宁继福的拟音，《中原音韵》《洪武正韵》等韵书正是这种类型。

总的来看，官话方言宕江摄知系字读音从古到今的发展趋向是由繁趋简，由中古的五组音，发展为现在的以两组音为主。不过，虽然在《中原音韵》时期宕江摄知系字已经并为两组音，但几百年来，由两组进一步合并为一组的官话方言却并不多，有些方言，在发展到二组型这一阶段后，并不继续向一组型发展，而是通过声韵母的变化维持两组音的对立。从官话方言来看，二组型应是一种优势类型，既满足了汉语音系简化的趋势，又可以保持有效的字音对立，体现了经济性原则和满足交际需要两种力量的一种平衡。

附录　韵基、声母相同的二组型“开口：合口”类声母为 tʂ ts 的方言

tʂaŋ ≠ tʂuaŋ 北京、平谷、延庆（北京）；安国、隆尧、霸州、承德、丰宁、围场、武强、冀州、石家庄、唐县、徐水（河北）；开封、灵宝、鲁山、洛阳、滑县、渑池、郑州（河南）；陶乐、吴忠、盐池、银川（宁夏）；朝阳、辽阳、兴城、岫岩（辽宁）；哈尔滨市、海伦、呼玛、漠河、孙吴（黑龙江）；阿拉善左旗（内蒙古）；肥城、桓台、济南、章丘（山东）；长子、陵川、阳城（山西）；延安（陕西）；米易、平昌、西昌（四川）；保山（云南）；鹤峰、远安、郧县、枣阳、钟祥、秭归；广水、蕲春（湖北）；临澧（湖南）

tʂɑŋ ≠ tʂuɑŋ 唐海、香河、磁县、丰润、永年、河间、青龙（河北）；民权、西峡（河南）；海原、中卫（宁夏）；利津、临邑、无棣、夏津、淄博（山东）；佛坪、镇巴；平利、镇安（陕西）；邳州、泗洪、宿迁（江苏）；盐津（云南）；赤峰（内蒙古）；安西、华亭、环县、嘉峪关市（甘肃）；滁州、和县、宁国（安徽）

tʂã ≠ tʂuã 靖边（陕西）；马鞍山（安徽）；南京市、如东（江苏）；思茅（云南）

tsɑ̃ ≠ tsuɑ̃ 广平、晋州、平山、赞皇（河北）；神木、志丹（陕西）；灌云（江苏）；武威（甘肃）；会泽、马龙（云南）；巢湖、霍山、灵璧、舒城、濉溪、五河（安徽）

其他：tʂᴀ̃ ≠ tʂuᴀ̃ 威县（河北）；tʂẽ ≠ tʂuẽ 米脂（陕西）；tʂan ≠ tʂuan 临沧（云南）；tʂɔŋ ≠ tʂuɔŋ 临夏、tʂɔ̃ ≠ tʂuɔ̃ 岷县（甘肃）

tsaŋ ≠ tsuaŋ 涞源（河北）；扶沟（河南）；安图、白城、长春市、东辽、吉林市、集安、靖宇、双辽、松原（吉林）；沈阳[1]、宽甸、清原（辽宁）；勃利、

① 地图集材料，沈阳张 ts ≠章 tʂ。但据张世方（2002），沈阳老派知庄章三组与精组合并，均为 ts，新派知庄章三组 ts、tʂ 自由变读。本文以张世方（2002）为据归类。

富锦、佳木斯市、克山、牡丹江市、齐齐哈尔市、延寿、伊春市（黑龙江）；通辽、乌兰浩特、扎兰屯（内蒙古）；聊城、兖州（山东）；太原（山西）；安龙、安顺、德江、都匀、贵阳、黎平、荔波、晴隆、天柱、铜仁、习水、余庆、镇远、遵义、威宁（贵州）；宝兴、北川、古蔺、广安、汉源、乐山市、遂宁市、盐亭、资中（四川）；天津市；江都（江苏）；恩施、房县、潜江、老河口、宜都、石首（湖北）；河池（广西）

tsɑŋ ≠ tsuɑŋ 昌黎（河北）；西平、项城、新蔡、信阳、确山（河南）；桦甸（吉林）；泸定、成都市（四川）；大足、綦江、武隆、秀山、云阳、忠县、重庆市（重庆）；郎溪（安徽）；洪湖（湖北）；涟水、盱眙（江苏）；芷江（湖南）；楚雄、昭通（云南）

tsã ≠ tsuã 长宁（四川）；无为（安徽）；射阳（江苏）；龙山（湖南）；昆明、永胜（云南）

tsɑ̃ ≠ tsuɑ̃ 呼和浩特（内蒙古）；商城（河南）；淮南、霍邱（安徽）；永顺（湖南）；富源（云南）

其他：tsan ≠ tsuan 郴州（湖南），屏山（四川）；tsaɣ̃ ≠ tsuaɣ̃ 大同、右玉（山西）；tsɔɣ̃ ≠ tsuɔɣ̃ 代县（山西）； tsɔ̃ ≠ tsuɔ̃ 张北（河北）、襄垣（山西）； tsA͂ ≠ tsuA͂ 大理（云南）；tsɔ ≠ tsuɔ 灵丘（山西）；tsɒ ≠ tsuɒ 太仆寺旗（内蒙古）

∷ 参考文献 ∷

陈淑梅．湖北英山方言志 [M]. 武汉：华中师范大学出版社，1989.

陈章太、李行健．普通话基础方言基本词汇集（语音卷）[M]. 北京：语文出版社，1996.

丁声树、李　荣．汉语音韵讲义 [M]. 上海：上海教育出版社，1984.

董同龢．汉语音韵学 [M]. 北京：中华书局，2001.

顾　黔．通泰方言音韵研究 [M]. 南京：南京大学出版社，2001.

金基石．朝鲜韵书与明清音系 [M]. 哈尔滨：黑龙江朝鲜民族出版社，2003.

罗常培、蔡美彪．八思巴字与元代汉语 [M]. 北京：中国社会科学出版社，2004.

李小平．临县方言志 [M]. 太原：山西高校联合出版社，1991.
林　焘、耿振生．音韵学概要 [M]. 北京：商务印书馆，2004.
刘勋宁．陕北清涧方言的文白异读 [A]. 载《现代汉语研究》，北京：北京语言文化大学出版社，1998.
马伯乐．唐代长安方言考 [M]. 聂鸿音译，北京：中华书局，2005.
宁继福．中原音韵表稿 [M]. 长春：吉林文史出版社，1985.
宁忌浮．古今韵会举要及相关韵书 [M]. 北京：中华书局，1997.
宁忌浮．洪武正韵研究 [M]. 上海：上海辞书出版社，2003.
徐通锵．结构的不平衡性和语言演变的原因 [J]. 中国语文，1990（1）.
叶宝奎．明清官话音系 [M]. 厦门：厦门大学出版社，2001.
王洪君．文白异读与叠置式音变 [J]. 语言学论丛，1992（第 17 辑）.
王临惠．临猗方言研究 [M]. 天津：天津社会科学院出版社，2007.
王临惠．中原官话，钱曾怡主持“官话方言内部比较研究”结项报告，待版。
吴建生．万荣方言志 [J]. 语文研究，1984 增刊（11）.
温端政、侯精一．山西方言调查报告 [M]. 太原：山西高校联合出版社，1993.
徐通锵．结构的不平衡性和语言演变的原因 [J]. 中国语文，1990（1）.
叶宝奎．明清官话音系 [M]. 厦门：厦门大学出版社，2001.
翟英谊．山西娄烦方言同音字汇 [J]. 方言，1989（1）.
张世方．北京官话语音研究 [D]. 北京语言大学博士学位论文，2002.
张世方．中原官话知系字读唇齿音声母的形成与分布 [J]. 语言科学，2004（4）.
张燕来．兰银官话研究 [D]. 北京语言大学博士学位论文，2003.
郑庆君．常德方言研究 [M]. 长沙：湖南教育出版社，1999.
杨耐思．中原音韵音系 [M]. 北京：中国社会科学出版社，1981.
杨时逢．湖南方言调查报告 [M]. 台北：中央研究院历史语言研究所，1974.
赵元任、丁声树、杨时逢、吴宗济、董同龢．湖北方言调查报告 [M]. 台北：中央研究院历史语言研究所专刊，1948.

（原载《中国语文》2009 年第 2 期）

官话方言古知庄章声母的读音类型 *

提　要　本文讨论古知庄章三组声母在今官话方言中的读音类型。从音值类型来看，官话方言知庄章声母有一组型、二组型和三组型三种；从古音类分合类型来看，可以归为合一型和二分型两种。合一型从音值来看，既有一组型，又有二组型；二分型则既有二组型，又有三组型。文章还讨论了止开三和宕开三知庄章三组声母的分合情况。最后指出，除了知组没有保留 t、t' 的读音以外，官话方言知庄章的读音类型几乎可以涵盖全部的汉语方言。

关键词　官话方言　古知庄章声母　音值类型　古音类类型

引言

古知庄章三组 12 个古声母的变化是汉语语音史上的一个重要演变，在汉语方言研究中受到普遍关注，也是体现汉语方言声母特点的一个重要方面。从中古到现代，这三组声母的总体发展趋势是合并，但不同方言演变的速度和方向并不一致，有些方言合并之中又有分化，形成了多种读音类型。其中，官话方言古知庄章声母的今读类型相较于非官话方言更为复杂多样，是研究汉语古知庄章声母古今演变的必要基础。

一般在单点方言的描写中，都会说明这三组声母的今读。专门讨论某一方言或某区域方言知庄章声母读音的文章也有不少，如熊正辉（1990）、蒋希文（1992）、朴炯春（2001）、王临惠（2001）、孙宜志（2002）、钱曾怡（2004）、桑宇红（2004、2008）、岳立静（2005）、王洪君（2007）等。这些研究大多是关于

* 本文为中央高校基本科研业务费专项资金资助项目“汉语方言语音专题研究”成果之一。

官话区方言的。其中熊正辉（1990）和桑宇红（2004）讨论的方言范围最广，都把官话方言涵盖在内。熊正辉（1990）讨论的是“官话区方言分 ts、tʂ 的类型”，虽然除了知庄章声母，还涉及精组声母，但因为精组洪音一般都读 ts 组声母，所以“知庄章三组字就成为划分基本类型的标准”(熊正辉，1990：5)。熊文把官话方言分ts、tʂ的类型归为三类：济南型、昌徐型、南京型，这一分类影响很大。桑宇红（2004）则把南北汉语方言知庄章读音的类型分为四大类：三分型、二分型、准合一型、合一型，其中后三种类型均有官话方言。但熊文主要讨论区分 ts、tʂ 的官话方言，对于不区分 ts、tʂ 和古知庄章声母字读其他声母的官话方言讨论较少。桑宇红（2004）是近期的成果，所用材料丰富，但她是以整个汉语方言的古知庄章声母为研究对象的，把南北方言合在一起，很难看出官话方言的类型特点，而且其分类层次不是很清楚。

对古知庄章声母的归类，主要有两个角度：一是从今音值出发，根据今音的类别归纳类型，如熊正辉（1990）；二是从古音类在今天的分合出发，根据古知庄章三组声母的分合归纳类型，如王洪君（2007）。实际上在分类时，这两种角度都要用到，只是有的先按读音归类，再看每类下的古音类分合情况；有的则是先按古音类分合归类，再看具体读音。但显然是有层次的。桑宇红（2004）的分类没有把音值类型与古音类分合类型区分开来。从她的大类来看，似乎根据的是古音类的分合，她的“三分型”中只有保持知庄章三分的南方方言，而不包括有三种读音的官话方言，也说明这一点。但她不把兰州这样的开合对立型归为合一型，而是归为二分型，似乎又是根据音值来归类的。她把单县这样的方言归为“准合一型”，但却没有给乌鲁木齐这样的方言单立“准二分型”。分类标准的不一致，导致不同类型之间的关系不够清晰。

鉴于此，本文基于《汉语官话方言研究》(钱曾怡，2010）的相关论述，重新讨论官话方言里知庄章声母的读音分合类型。需要说明的是，本文的“官话”范围，依据《汉语官话方言研究》把晋语包括在内，并把北京官话与东北官话合并，其他与《中国语言地图集》范围大致相同，小片则有所不同。下文分类依据 76 个方言点的材料，官话 8 区分为 43 片 70 小片，基本上每个小片一个点。

1. 官话方言古知庄章声母的音值类型

《汉语官话方言研究》(钱曾怡，2010）从今音值的角度把官话方言知庄章声母的读音归为一组型、二组型和三组型三大类，每大类下又各分若干小类。见表 1。

表 1　官话方言知庄章今读类型表

<table>
<tr><th colspan="4" rowspan="2">类型</th><th colspan="5">开口</th><th colspan="4">合口</th><th rowspan="2">分布地举例</th></tr>
<tr><th>知二</th><th>庄二</th><th>庄三</th><th>章止</th><th>知三、章止外</th><th>庄二</th><th>庄三</th><th>知</th><th>章</th></tr>
<tr><td rowspan="4">一组型</td><td colspan="2" rowspan="2">1</td><td>①</td><td colspan="9">tʂ ≠精组</td><td>北京 济南 荆门</td></tr>
<tr><td>②</td><td colspan="9">tʂ ＝精组　ts tʂ（少数梗二）</td><td>晋城 秦皇岛</td></tr>
<tr><td colspan="2">2</td><td>③</td><td colspan="9">ts ＝精组</td><td>沈阳 贵阳 太原</td></tr>
<tr><td colspan="2">3</td><td>④</td><td colspan="9">ts ～ tʂ</td><td>吉林</td></tr>
<tr><td rowspan="14">二组型</td><td rowspan="8">1. 甲乙类</td><td rowspan="4">(1)[①]</td><td>①</td><td colspan="4">甲 ts</td><td>乙 tʂ</td><td colspan="2">甲 ts</td><td colspan="2">ts tʂ</td><td>大连 沧州 咸阳</td></tr>
<tr><td>②</td><td colspan="4">甲 tʂ</td><td>乙 tʃ</td><td colspan="2">甲 tʂ</td><td colspan="2">tʂ tʃ</td><td>荣成 诸城 莒南</td></tr>
<tr><td>③</td><td colspan="4">甲 ts</td><td>乙 tɕ</td><td colspan="2">甲 ts</td><td colspan="2">ts tɕ</td><td>烟台 东明</td></tr>
<tr><td>④</td><td colspan="4">甲 ts</td><td>乙 tʃ</td><td colspan="2">甲 ts</td><td colspan="2">ts tʃ</td><td>长岛</td></tr>
<tr><td>(2)</td><td></td><td colspan="4">甲 ts</td><td colspan="5">乙 tʂ</td><td>洛阳 获嘉 神木</td></tr>
<tr><td>(3)</td><td></td><td colspan="3">甲 ts</td><td colspan="2">乙 tʂ</td><td>tʂ</td><td>ts tʂ</td><td colspan="2">tʂ</td><td>英山</td></tr>
<tr><td>(4)</td><td></td><td colspan="2">tʂ ts（梗）</td><td>乙 ts</td><td colspan="2">甲 tʂ</td><td>tʂ</td><td>ts tʂ</td><td colspan="2">tʂ</td><td>南京 昆明 中卫[②]</td></tr>
<tr><td>(5)</td><td></td><td colspan="2">ts tʂ（梗少）</td><td colspan="2">甲 ts</td><td>乙 tʂ</td><td>ts</td><td colspan="3">ts tʂ</td><td>左权[③]</td></tr>
<tr><td rowspan="6">2. 甲丙类</td><td rowspan="6"></td><td>①</td><td colspan="5">甲 tʂ ≠精组</td><td colspan="4">丙 pf</td><td>永济 永登</td></tr>
<tr><td>②</td><td colspan="5">甲 tʂ ≠精组</td><td colspan="4">丙 tʂ tʂ‘ f</td><td>临汾</td></tr>
<tr><td>③</td><td colspan="5">甲 tʂ ≠精组</td><td colspan="4">丙 k k‘ f</td><td>张掖</td></tr>
<tr><td>④</td><td colspan="5">甲 ts</td><td colspan="4">丙 pf</td><td>闻喜 静乐</td></tr>
<tr><td>⑤</td><td colspan="5">甲 ts</td><td colspan="4">丙 ts ts‘ s/f</td><td>单县 太谷</td></tr>
<tr><td>⑥</td><td colspan="5">甲 ts</td><td colspan="4">丙 ts tɕ（遇臻）</td><td>武汉</td></tr>
<tr><td rowspan="3">三组型</td><td rowspan="3">甲乙丙类</td><td rowspan="3"></td><td>①</td><td colspan="4">甲 ts</td><td>乙 tʂ</td><td colspan="4">丙 pf</td><td>西安 娄烦</td></tr>
<tr><td>②</td><td colspan="4">甲 ts</td><td>乙 tʂ</td><td colspan="4">丙 tʂf tʂf‘ ʂ/f</td><td>霍城</td></tr>
<tr><td>③</td><td colspan="4">甲 ts</td><td>乙 tʂ</td><td colspan="4">丙 tʂ tʂ‘ f</td><td>西宁 乌鲁木齐</td></tr>
</table>

（表中“知二、庄二三、章止”为甲类，“知三、章止以外”为乙类，合口如自成一类者为丙类。类型栏中的数码“1、2”等表示分类的不同，“①、②”等表示同类中音值不同）

① 据《山东方言研究》（钱曾怡，2002:45），山东东区方言该类分为六种读音类型，其中莱州型、荣成型、牟平型、威海型对应于本文该类的①②③④小类，而沂水型（知二庄 tʂ tʂ‘ ʂ：知三章 z ts‘ s）与潍坊型（知二庄 tʂ tʂ‘ ʂ：知三章 tʂ$_2$ tʂ‘$_2$ ʂ$_2$）因其代表方言不在本文考察的 76 点之内，故未列在表中。

② 昆明与南京类似，中卫稍有不同。主要是中卫庄开三读 tʂ 组的字比昆明、南京多，例如止摄的“师狮士仕柿”、深摄的“渗”、臻摄的“臻榛衬虱”等字，中卫读 tʂ 组，而除“虱”字南京读 ʂʅ 以外，其他字昆明、南京都读 ts 组。

③ 合口二等只有庄组，读 ts 组。合口三等蟹止通三摄知庄章都读 ts 组，遇山摄知庄章组读 tʂ 组（庄组遇摄“梳疏蔬所”读 s 例外），臻摄知组“椿”字读 tʂ，庄组“率”字读 s，章组“准顺舜出术述”6 字读 ts 组，“春蠢唇纯醇质”6 字读 tʂ 组。

说明：

1. 宕摄开口三等庄组字和江摄知庄组字，北京读为合口呼。据我们对官话各区片76点的调查，除了信阳（中原）、英山（江淮）、左权（晋）3点，其余全部（吉林、桓仁、集安、霍城材料不全，排除在外）与北京一样随同丙类变化。上表将这些开口字按合口处理，一般不单独说明。

2. 按照多数官话方言的情况，章组止摄字和其他摄归向不同，本表分列。

3. 少数甲乙类二分型的方言点并不按“知二、庄二三、章止”:“知三、章止以外”的条件分化，本表基本上以开口二等为甲类、其余为乙类，如南京等。

1.1 一组型

这种类型较简单，知庄章三组声母合并为一组。桑宇红（2004）的合一型分为三小类：知庄章合一与精组对立；精、知庄章四组声母合一；自由变读。熊正辉（1990）的济南型也是这种类型，相当于桑宇红的第一小类。本文的一组型也分为三小类，与桑文基本一致，但她的第一小类有四种情况（详见 P.151 脚注），官话方言只有第一种。举例如下。

1.1.1 读 tʂ 组

又分为两小类。第一类与精组不同，如北京、赤峰、兴城、巴彦（北京），济南、利津、平谷、天津（冀鲁），郑州（中原），古浪（兰银），荆门、仁寿、西昌、保山（西南），邯郸、鹿泉（晋）。第二类与精组相同，如晋城、秦皇岛。

1.1.2 均读 ts 组

一般与精组字合并。如沈阳（北京），桓仁、通化、集安（胶辽），衡水（冀鲁），信阳（中原），成都、贵阳、遵义、汉源、桂林、都匀（西南），南通、扬州（江淮），太原、长治（晋）。

1.1.3 ts、tʂ 变读

如吉林，主要分布在吉林、黑龙江省。

综上，一组型的方言一般读 ts 组或 tʂ 组。我们所用材料没有读舌叶音 tʃ 组的。这虽然不排除有记音习惯的问题，但也表明官话方言知庄章声母读 tʃ 组的比较少。

一组型读 tʂ 组的方言，有些是大部分字读 ts 组，而有少数字读 ts 组。读 ts 组的多为庄组字，还有澄母的“择泽”两字。如：北京庄组 30 余字、澄母“择泽”读 ts 组；天津庄章两组的多数止摄字、庄组其他字 10 余个及澄母“择泽”读 ts 组；济南 8 个庄组字和澄母“鋥”字读 ts 组。此外，仁寿、保山、西昌（西南）都有20个左右的庄组字及少数知组（梗摄开口二等）字读ts组。古浪（兰银）、鹿泉（晋）也有少数庄组字和个别知组字读ts组，等等。为什么这些方言中会有少数字读ts组？北京话有些是文白异读造成的，有些是文字偏旁的类推，如“侧测恻厕”“搜馊艘”，有些原因不明（高晓虹，2002）。其他方言有可能是受北京话的影响，但也可能是自身演变的结果。

从一组型的情况来看，知庄章声母读ts组时，往往跟精组合并，实际上二组型、三组型中读ts组的一类也多与精组合并；而读tʂ组时，一般跟精组不同，只有个别方言与精组合并。这似乎说明，tʂ倾向于向ts变化，而反向变化较为少见。也许正是由于汉语方言存在由tʂ组向ts组变化的趋势，一组型读tʂ组的方言才会出现读ts组的例外。

1.2 二组型

二组型是最复杂的。熊正辉（1990）的南京型和昌徐型都是二组型。桑宇红（2004）的二分型分为四类：（1）知、庄章对立型；（2）知二庄、知三章对立型；（3）开合对立型；（4）庄组内转、外转对立型。除了知、庄章对立型官话方言没有之外，其他三类与本文的二组型大体一致。此外，她的准合一型中的官话方言，是指中古知庄章三组声母的塞擦音无论开合还是二三等都合为一套声母、而合口擦音存在两类异读的方言，本文也放在二组型中。

根据官话方言的情况，本文把知庄章组字分为甲乙丙三类，其中甲类为开口的知二、庄、章止，乙类为开口的知三章止外，合口字为丙类。二组型官话方言这三类字的读音类型可归为两大类：1. 甲乙类：即甲乙两类字声母不同，丙类字或与甲类同，或与乙类同。这大致包括桑宇红二分型的第二类和第四类。2. 甲丙类：开口字即甲乙类字声母相同，丙类字自成一类。这与桑宇红二分型的第三类以及准合一型对应。

1.2.1 甲乙类

这类方言根据具体的读音及归并情况，又可分为五小类。

（1）合口字即丙类字多同甲类字。有四种读音类型。

①甲类、丙类为ts组，乙类为tʂ组。如大连、莱州（胶辽），沧州、昌黎（冀鲁），咸阳、汉中、天水（中原），平遥（晋）。

②甲类、丙类为 tʂ 组，乙类为 tʃ 组。如荣成、诸城、莒南、平度、潍坊（胶辽）。

③甲类、丙类为 ts 组，乙类为 tɕ 组。如烟台（胶辽），东明（中原）。

④甲类、丙类为 ts 组，乙类为 tʃ 组。如长岛（胶辽）。

丙类即合口字读同甲类的字不同方言不完全一样，大致有两种情况：一是遇摄知三章读乙类，其他合口均读甲类，如荣成、烟台、长岛、大连（昌黎遇摄知庄章组字及少数臻通摄知章组入声字读乙类，其他读同甲类[①]）；二是遇山臻摄知三章读乙类，其他合口字读甲类，如平度、诸城、莱州、莒南、沧州、潍坊。

这类以胶辽官话最为常见，钱曾怡（2004）对山东方言中的知庄章读音类型以及与精见组的分合情况有详细分析，这里不再重复。

（2）甲类为 ts 组，乙、丙类为 tʂ 组。如洛阳（中原）、获嘉、延安、神木、大同（晋），安西（兰银）。

（3）甲类为 ts 组，乙、丙类为 tʂ 组，止开三章组归乙类。如英山。就开口字来说，此类知二庄和知三章的分类相当整齐，只有极少庄三字（如“爪抓双”）混入乙类，即使是知二庄二梗摄、章组止摄，也不像许多方言一样有所分化。英山的另一特点是，丙类字凡读 tʂ 组声母的，其单韵母或介音为 ʮ。例如：猪 tʂʮ、出 tʂʻʮ、书 ʂʮ、帅 ʂʮai、追 tʂʮəi、专 tʂʮan、穿 tʂʻʮan、准 tʂʮən、顺 ʂʮən 等。

（4）甲类为 tʂ 组，乙类为 ts 组。与（3）类一样章组开口三等止摄字没有与章组其他摄的字分开。如南京。南京的乙类字限于：开口三等的庄组（宕摄读合口呼，归甲类，另有部分臻摄字也读甲类，除外）、知庄组开口二等的梗摄、庄组合口三等遇通两摄。

这种类型主要分布在江淮官话和西南官话，兰银官话的银吴片有些方言也是这种类型（李树俨，1993）。桑宇红（2004）认为这种类型的分布与明代官话的影响有关。

（5）甲类为 ts 组，乙类为 tʂ 组，少数梗摄归乙组。古合口字庄组多读 ts 组，但是遇摄分化，“初助锄楚础”等读 tʂ 组、“梳疏蔬数所”读 s；知章组按摄的不

① 昌黎甲类读 ts 组、乙类读 tʂ 组，但是昌黎的合口呼单韵母 u 不拼 ts 组声母，凡 u 韵母字都读为 tʂ 组，归乙类，如遇摄“猪”、臻慑“出”、通摄“竹”等。

同分归甲（蟹止通遇$_{少}$臻$_{少}$）、乙（山遇$_{多}$臻$_{多}$）两类。如左权。

甲乙类五小类的差异主要有：1. 梗摄开口二等字的归类；2. 章组止开三的归属；3. 合口字的归属；4. 宕江摄开口知庄组归合口。

表 2　甲乙类五小类的比较

	梗摄开口二等归乙类	章组止开三归甲类	合口字主要归乙类	宕江摄开口知庄组归合口	
（1）	−	+	− +	+	诸城
（2）	−	+	+	+	洛阳
（3）	−	−	+ −	−	英山
（4）	+	+	− +	+	南京
（5）	− +	+	− +	−	左权

1.2.2　甲丙类

相比之下，这类比前一类要简单些，以开合为条件分为两类。但读音类型也不少。

（1）甲乙类为 tʂ 组，丙类为 pf 组。如永济、永登。

（2）甲乙类为 tʂ 组，丙类为 tʂ tʂʻ f。如临汾。

（3）甲乙类为 tʂ 组，丙类为 k kʻ f 组。如张掖。

（4）甲乙类为 ts 组，丙类为 pf 组。如闻喜、静乐。

（5）甲乙类为 ts 组，丙类为 ts tsʻ s/f。如单县、太谷。

（6）甲乙类为 ts 组，丙类多为 ts，遇臻摄为 tɕ。如武汉。

桑宇红（2004）把（2）、（5）类归为准合一型，主要是由于这两小类的丙类只有擦音与甲乙类不同，塞音、塞擦音则与甲乙类相同，她称为“擦音游离”现象。“准”的意思是“表示程度上虽不完全够，但可以作为某类事物看待”[①]，由此“准合一型”应是指 f 最后并入甲乙类的情况。但就这两小类的情况来看，并非如此。第（2）小类应是甲乙丙合一之后，f 又分化出来，而不是 f 最后并入甲乙类。所以是从一组型向二组型的过渡，称作“准二组型”更为合适。第（5）小类太谷方言知庄章擦音合口字读 f 的字多为白读，读 s 的为文读。而且，虽然知庄章合口塞擦音字与精组合并，但精组擦音合口字并没有读 f 的。这说明，知庄

① 中国社会科学院语言研究词典编辑室．现代汉语词典（第 5 版）[M]. 北京：商务印书馆，2005.

章合口擦音字读 f 声母在知庄章合口字读同精组之前就已存在，而不是从 s 发展来的。

1.2.3 小结

甲乙类和甲丙类的最大区别在于，甲乙类的知庄章三组声母字虽然有所合并，但还保持一定的区别，主要是庄组与章组不同，知组则分化为二，二等同庄组，三等同章组；甲丙类方言的知庄章三组声母已经合并，后来由于韵母的介音不同，又分化为二。所以从读音看都是二组型，但从古音类的分合看，两类的性质很不相同，甲乙类是知庄章三组声母合一之前的阶段，而甲丙类是三者合一之后再分化的阶段。

1.3 三组型

三组型并不是古知庄章三组声母保持分立，而是前述甲乙丙三类字的声母不同。这应是官话方言最有特点的一类。桑宇红（2004）把这类方言放在二分型中。从读音来看，还可以分为三小类。

1. 甲类为 ts 组，乙类为 tʂ 组，丙类为 pf 组。如西安、娄烦。

2. 甲类为 ts 组，乙类为 tʂ 组，丙类为 tʂf tʂf‘ ʂ/f。如霍城。

3. 甲类为 ts 组，乙类为 tʂ 组，丙类为 tʂ tʂ‘ f。如西宁、乌鲁木齐。

这三小类的甲类都是 ts 组，乙类都是 tʂ 组，只是丙类略有不同。第 1 小类的丙类都为 pf 组声母，第 2、3 类的丙类擦音均已变为 f，只是塞擦音第 2 小类带有齿唇色彩，第 3 小类则同乙类。由这 3 小类可以推测，丙类本来与乙类声母相同，但受介音 u 的影响，声母发生分化，其中擦音变化最快；第 2 小类表明塞擦音也已经开始变化；第 1 小类变化已经完成。因此，这三小类正好体现了丙类同乙类分化的连续过程。

单从今音类来看，三组型方言是二组型两种情况的交叠。甲乙类的第（1）类，甲类与丙类相同；甲乙类的第（2）类，乙类与丙类相同；丙类都可以以介音 u 为条件分化出来。但从三组型方言来看，丙类与乙类基本是一致的，因此应是甲乙类第（2）类的发展。从分布上来看，三组型方言以中原官话为主，与甲乙类第（2）类的分布也正好一致。

2. 官话方言知庄章声母的古音类分合类型

王洪君（2007）从古音类分合的角度，把山西方言古知庄章声母分为合一型和二分型两大类，详细而充分地论证了山西方言二分型是较早的，合一型是后来的发展，并对各种类型之间的演变关系进行了深入的讨论。其中合一型又根据知庄章同精组的关系分为两类，二分型的知二庄都与精组相同，所以没再分类。下面把她归纳的主要类型列为表 3。

表 3　王洪君（2007）的山西方言知庄章分合类型

<table>
<tr><th colspan="3" rowspan="2">类型</th><th colspan="5">开口</th><th colspan="2">合口</th><th rowspan="2">分布地举例</th></tr>
<tr><th>知$_{二}$</th><th>庄$_{二}$</th><th>庄$_{三}$</th><th>章$_{止}$</th><th>知$_{三}$、章$_{止外}$</th><th colspan="2">知庄章</th></tr>
<tr><td rowspan="5">二分型</td><td rowspan="5">I</td><td>0</td><td colspan="4">ts</td><td>tʂ</td><td>ts</td><td>tʂ</td><td>1 点。左权</td></tr>
<tr><td>①</td><td colspan="4">ts</td><td>tʂ/tʃ /tɕ</td><td colspan="2">tʂ</td><td>29 点。大同 蒲县 洪洞</td></tr>
<tr><td>②</td><td colspan="4">ts</td><td>tʂ/tɕ</td><td colspan="2">ts</td><td>16 点。忻州 平遥 平定</td></tr>
<tr><td>③</td><td colspan="4">ts</td><td>tʂ</td><td colspan="2">pf</td><td>10 点。运城 万荣 新绛</td></tr>
<tr><td>④</td><td colspan="4">tʂ =精组</td><td>tʃ</td><td colspan="2">tʂ</td><td>1 点。壶关</td></tr>
<tr><td rowspan="6">合一型</td><td rowspan="3">II
与精组
对立</td><td rowspan="2">⑤</td><td colspan="7">tʂ ≠精组</td><td>1 点。阳城</td></tr>
<tr><td colspan="5">tʂ ≠精组</td><td colspan="2">tʂ tʂʻ f</td><td>1 点。临汾[①]</td></tr>
<tr><td>⑥</td><td colspan="5">tʂ ≠精组</td><td colspan="2">pf</td><td>4 点。夏县 绛县 翼城</td></tr>
<tr><td rowspan="3">III
与精组
合一</td><td>⑦</td><td colspan="5">ts =精组</td><td colspan="2">pf</td><td>4 点。闻喜 侯马 稷山</td></tr>
<tr><td>⑧</td><td colspan="7">ts =精组</td><td>30 点。太原 长治 怀仁</td></tr>
<tr><td>⑨</td><td colspan="7">tʂ =精组（或部分知三章并入 tɕ 组，与知二庄对立）</td><td>4 点。晋城 高平 陵川</td></tr>
</table>

说明：序号依照原文。

显然，古音类分合是其分类的主要标准。先根据知庄章的分合，然后根据知庄章跟精组的分合进行归类。音值是为了体现音类分合关系的，如果音类分合关系一致，即使音值不同，也归为一类；如果音类分合关系不一致，即使音值相同，也分为两类。这种分类对于考察不同类型之间的演变关系十分方便。

根据古音类分合关系，官话方言知庄章声母同山西方言一样，可分为合一型和二分型。我们综合本文所考察的方言以及王洪君（2007）的类型，列为表 4。

---

① 王文把临汾与阳城归为一类。这里把它分出，便于比较。

表 4　官话方言知庄章分合类型表

<table>
<tr><th rowspan="2">音类类型</th><th rowspan="2">音值类型</th><th rowspan="2" colspan="2">小类</th><th colspan="5">开口</th><th>合口</th><th rowspan="2">分布地举例</th><th rowspan="2">对应山西</th></tr>
<tr><th>知$_{二}$</th><th>庄$_{二}$</th><th>庄$_{三}$</th><th>章$_{止}$</th><th>知$_{三}$、章$_{止外}$</th><th>知庄章</th></tr>
<tr><td rowspan="10">合一型</td><td rowspan="4">I
一组型</td><td rowspan="2">1</td><td>①</td><td colspan="6">tʂ ≠精组</td><td>北京 济南 郑州 荆门</td><td>⑤</td></tr>
<tr><td>②</td><td colspan="6">tʂ =精组</td><td>晋城 秦皇岛</td><td>⑨</td></tr>
<tr><td>2</td><td>③</td><td colspan="6">ts =精组</td><td>沈阳 通化 贵阳 太原</td><td>⑧</td></tr>
<tr><td>3</td><td>④</td><td colspan="6">ts ～ tʂ</td><td>吉林</td><td>×</td></tr>
<tr><td rowspan="6">II
二组型
甲丙类</td><td></td><td>①</td><td colspan="5">tʂ ≠精组</td><td>pf</td><td>永济</td><td>⑥</td></tr>
<tr><td></td><td>②</td><td colspan="5">tʂ ≠精组</td><td>tʂ tʂʻ f</td><td>临汾</td><td>⑤</td></tr>
<tr><td></td><td>③</td><td colspan="5">ts</td><td>pf</td><td>闻喜 静乐</td><td>⑦</td></tr>
<tr><td></td><td>④</td><td colspan="5">ts</td><td>ts tsʻ s/f</td><td>单县 太谷[①]</td><td>②</td></tr>
<tr><td></td><td>⑤</td><td colspan="5">tʂ ≠精组</td><td>k kʻ f</td><td>张掖</td><td>×</td></tr>
<tr><td></td><td>⑥</td><td colspan="5">ts</td><td>ts tɕ</td><td>武汉</td><td>×</td></tr>
<tr><td rowspan="10">二分型</td><td rowspan="7">III
二组型
甲乙类</td><td rowspan="3">1</td><td>①</td><td colspan="4">ts</td><td>tʂ/tʃ/tɕ</td><td>ts</td><td>大连 莱州 沧州 咸阳
烟台 东明 离石 长岛</td><td>②</td></tr>
<tr><td>②</td><td colspan="4">tʂ =精组</td><td>tʃ</td><td>tʂ</td><td>壶关</td><td>④</td></tr>
<tr><td>③</td><td colspan="4">tʂ ≠精组</td><td>tʃ</td><td>tʂ</td><td>荣成 诸城 莒南</td><td>×</td></tr>
<tr><td>2</td><td>④</td><td colspan="4">ts</td><td colspan="2">tʂ</td><td>洛阳</td><td>①</td></tr>
<tr><td>3</td><td>⑤</td><td colspan="3">ts</td><td colspan="3">tʂ</td><td>英山</td><td>×</td></tr>
<tr><td>4</td><td>⑥</td><td colspan="2">ts tʂ</td><td>ts</td><td colspan="2">tʂ</td><td>tʂ ts</td><td>南京 昆明 中卫</td><td>×</td></tr>
<tr><td>5</td><td>⑦</td><td colspan="2">ts tʂ</td><td colspan="2">ts</td><td>tʂ</td><td>tʂ ts</td><td>左权</td><td>0</td></tr>
<tr><td rowspan="3">IV
三组型
甲乙丙类</td><td></td><td>①</td><td colspan="4">ts</td><td>tʂ</td><td>pf</td><td>西安 娄烦</td><td>③</td></tr>
<tr><td></td><td>②</td><td colspan="4">ts</td><td>tʂ</td><td>tʂ tʂʻ f</td><td>西宁 乌鲁木齐</td><td>×</td></tr>
<tr><td></td><td>③</td><td colspan="4">ts</td><td>tʂ</td><td>tʂf tʂfʻ s/
f</td><td>霍城</td><td>×</td></tr>
</table>

其中壶关这一小类是据王文增加的。壶关不在本文考察的 76 点官话方言之内，但也属官话范围。“对应山西”一栏列出王文的类型，“×”表示王文无此类型。总体来看，官话方言与山西方言的主要类型是一致的。所以王洪君（2007）对山西方言知庄章类型之间演变关系的讨论，应该适合大多数官话方言的情况。这里不再重述。

从分布上来看，II、III④、IV 型主要分布于中原官话、晋语、兰银官话，关系也较为密切，是比较突出的一点。而 III 型⑤⑥主要分布在江淮官话和西南

① 王文归入②，但是据杨述祖《太谷方言志》(1983：25)，太谷没有开口知二庄和知三章的区分，太谷合口擦音文读为 s、白读为 f。其文白读的常用字有：要双爽梳数书舒疏蔬殊输鼠暑署薯黍墅庶竖树谁水睡税闩拴疝舜刷说叔淑属蜀术述束赎熟。

官话，属于南部官话；III ⑦型只有左权一点，III ①型主要在胶辽官话和晋语，冀鲁官话也有。I 型则各官话区都有，其中北京官话（包括东北官话）基本都是这一类型。

由于所处地理位置的关系，山西方言长期以来处于比较独立的发展状态。这样的方言区，适合运用历史比较法确定古方言的音系，进而考察各方言由古到今的演变。因此，对于山西方言来说，王文的分类讨论是很有效的。

而本文讨论的官话方言分布范围很广，不同区域的官话方言形成的时间不同，形成的过程也不同。尽管我们可以采用同样的分类方式给官话方言进行分类，但不能把这些类型的官话方言都看成是由一个古官话发展来的。音类分合类型本质上是以切韵音系为起点的现存的演变类型，通过这一分类，可以用切韵音系作为参照把各方言联系在一起，从而确定方言间的亲疏关系。

3. 官话方言止开三、宕开三知庄章的分合类型

在知庄章三组声母演化的过程中，有些摄比较特殊。例如张光宇（2008）所讨论的止开三及宕开三。这里我们结合张光宇（2008）的研究来做一点讨论。

3.1 止开三知庄章的分合类型

张光宇（2008）根据精组与知庄章组的分合，把汉语方言止开三知系字的读音归纳为 7 种类型。如下表。

表 5 张光宇（2008）止开三精知庄章分合类型

	精	庄	章	知
南京型	ts		tʂ	
昌黎型	ts			tʂ
厦门型	ts			t
武汉型	ts			
即墨型	ts①	tʂ		tʃ
北京型	ts	tʂ		
晋城型	tʂ			

① 据《即墨方言志》(赵日新等，1991)，即墨方言精组今洪音读 tθ 组，细音读 ts 组。

他认为，从汉语方言中止开三知系字的读音来看，庄组最先卷舌化，然后是章组，最后是知组。而以上 7 种类型基本可以组成一个较为完整的演变链条，只是缺了一环："现代方言止摄字中并没有一个方言显示唯独庄组卷舌，章知两组不卷舌"（张光宇，2008：357）。

桑宇红（2007）曾注意到止开三知庄章组字在近代汉语中有三种类型：（1）知庄章合一，如《等韵图经》《音韵集成》；（2）庄章≠知，如《中原音韵》《韵略易通》《韵略汇通》《交泰韵》；（3）庄≠章知，如《古今韵会举要》、八思巴文字，《蒙古字韵》《西儒耳目资》。她还考察了现代汉语方言里的情况，也是有这样三种类型。

如果从字类分合的角度来看，并且不考虑精组字，张光宇（2008）的 7 种类型实际就是桑宇红（2007）的三种类型。从本文所考察的官话方言来看，也只有这样三种情况：知庄章合一型的方言情况很单纯，止开三三组声母字必然是合并的；而二分型方言，大部分止开三章组与知二庄归为一类，只有中卫、南京、昆明等方言止开三章组字与庄组字不同。可见，从字类分合的角度来看，汉语方言止开三知庄章组字只有三种分合类型。张光宇（2008）的 7 种类型，一是把精组考虑在内，二是他还考虑了音值的情况，比如武汉型和晋城型实际都是合一的，但一读 ts，一读 tʂ；昌黎型和厦门型只是知组的读音不同。不过如果考虑音值的情况，这 7 种类型显然无法涵盖汉语方言的所有情况。

为什么知$_{二}$庄、知$_{三}$章二分型方言中，止开三章组会与庄组合并，而与其他三等章组字不同？张光宇（2008）并没有明确讨论这一问题，但显然将之看作章组卷舌化次于庄组卷舌化的结果。结合现代汉语方言中存在的 i > ʅ 现象，我们认为，二分型方言止开三章组变同庄组是早期汉语中发生的 i > ʅ 变化造成的。

据赵日新（2005），i > ʅ 这一音变在现代汉语方言中分布很广，而且有扩展趋势。在不同方言中这一音变涉及的主要是蟹摄开口三四等以及止摄开口三等北京话中为 i 韵母的字，涉及的声母既有舌面前、舌叶音，也有舌尖中、双唇音，但一般是舌面前音先发生，然后是舌尖中音，最后是双唇音。由此可见，舌面前、舌叶等塞擦音后的 i 更易于发生这一变化。至于为什么没有舌尖前、舌尖后塞擦音发生此类变化，主要原因应是现代汉语方言中这两组声母一般不与 i 相拼，或者说是这两类声母后的 i 韵母在此之前就已发生了这一变化。

从中古切韵音系到《中原音韵》，古蟹摄和止摄合并为支思和齐微两个韵部。支思韵主要来源于止开三支、脂、之三韵的精庄章日组字，还有“瑟涩塞”等三个入声字。齐微韵则包括止开三其他声母的字，以及蟹摄字和深臻曾梗开口三等知章日组入声字。我们推测，在《中原音韵》之前，止开三支、脂、之三韵合并为 i 韵母，之后便发生了 i > ɿ 的变化。变化前的音系中，与 i 韵母相拼的声母有帮组、泥组、精组、知组、庄组、章组、日组、见系，其中精组、庄组、章组为塞擦音，其他组均为塞音，知组当时应为塞音声母。所以，精、庄、章三组声母字的韵母最先由 i 变为 ɿ。由于庄章两组声母原本较为接近，随韵母的变化声母也发生合并，后来又一起卷舌化。从今汉语方言的情况来看，i 变为舌尖元音的方言没有变为舌尖后元音 ʅ 的，由此推测，历史上止开三庄章组字一开始也是变为 ɿ，后来才发生卷舌化。因此把古庄组拟测为 tʃ、古章组拟测为 tɕ 比把古庄组拟测为 tʂ、章组为 tʃ 可能更好一些。

3.2 宕开三知庄章的分合类型

张光宇（2008）通过止开三知系字的读音假设汉语卷舌化经过三个阶段，其中第一阶段是只有庄组卷舌，而章知两组不卷舌。但汉语方言的止开三知系字没有此类例证，他转而用宕开三庄组字不同于章知组字作为证据。他说“这些方言宕开三虽然也未见庄组卷舌而章知组不然的现象，但是很明显地，庄组字总与章知组有所区别”，而“这些区别似乎只有假设庄组率先卷舌化才便于解释”(张光宇，2008：359)。

据高晓虹（2009：154），有少数官话方言的宕开三庄组字读卷舌声母而章知组为非卷舌，如沂南、丹徒庄组为 tʂ，章知组为 ts；平度、青岛、临朐、日照、荣成、乳山、潍坊、诸城等庄组为 tʂ，章知组为 tʃ。这恰可以为张光宇（2008）卷舌化的第一阶段提供实际的例证。不过据该文所用《汉语方言地图集》的材料，丹徒的知系声母拼合口呼时基本都读 tʂ 组，拼开口呼读 ts，而宕开三庄组字为合口呼韵母，因此这很可能是后起的变化。沂南以及平度等方言都是知庄章二分型，宕开三庄组字读 tʂ 的性质与丹徒不同，应该是庄组先卷舌化的最好例证。

不过，不管知庄章声母是合一型还是二分型，大多数官话方言的宕开三庄组字都不同于章知组字，其中大部分只是韵母不同，少数是声母和韵母都不同，只有个别方言韵母相同而声母不同（高晓虹，2009：156）。显然，宕开三庄组字不同于知章组字，主要是韵母的差异造成的。尽管宕开三庄组字韵母由开口变为合口，与声母肯定有一定的共变关系，但是否是庄组字卷舌化引起宕开三庄组字韵母变为合口，还不十分确定。

3.3 小结

尽管止开三的情况确实比较整齐地反映了知庄章三组声母卷舌化的进程，但张光宇（2008）由此来推论整个汉语的卷舌化进程是庄组最先卷舌化，其次章组，最后知组，恐怕有失偏颇。

最关键的一个问题是，止开三以及作为辅证的宕开三，都是三等字，而知庄两组声母不仅拼三等字，还拼二等字。从所见材料来看，庄组二等字与三等字均未分化，其三等字的情况还能够涵盖二等字。但知组二等字和三等字在二分型方言里往往分化，知组二等变同庄组，知组三等与章组合并。所以，笼统地说庄组最先卷舌化、知组最后卷舌化，不够准确，即使知组二等后于庄组才卷舌化，也应早于章组。

即使只就三等字来说，知二庄、知三章二分型方言除了止摄字之外，其他摄的三等开口庄组字都与章知组不同，即庄组率先卷舌化，而不独宕开三是这样。

所以，尽管张光宇（2008）把止开三和宕开三知庄章的各种情况联系在一起，推论看起来十分完美。但汉语方言声母的卷舌化并不只发生于止开三和宕开三。必须从所有摄的知庄章三组声母的读音类型来考察，才能得到符合实际的推论。相比之下，王洪君（2007）对于知庄章声母从《切韵》到《中原音韵》到山西方言的演变的推测更为合理，即庄组三等失去介音与二等合流并卷舌化，然后知组二等卷舌化并入庄组，同时知组三等并入章组，再发生卷舌化。

4. 结语

前面我们从今音值和古音类分合两个方面归纳了官话方言知庄章声母的读音类型。尽管不是穷尽式的考察，但本文所归纳的大类型应该足以涵盖官话方言的情况。而官话方言知庄章的类型也足以代表汉语方言的情况。通过与桑宇红（2004）所考察的汉语方言知庄章类型比较可以看出这一点。见表6。

表 6 桑宇红（2004）官话方言知庄章声母读音类型表

<table>
<tr><th colspan="4" rowspan="2">类型</th><th colspan="6">开口</th><th colspan="3">合口</th><th rowspan="2">分布地举例</th></tr>
<tr><th>知$_{\text{二}}$</th><th>庄$_{\text{二}}$</th><th>庄$_{\text{三}}$</th><th>章$_{\text{止}}$</th><th>知$_{\text{三}}$</th><th>章$_{\text{止外}}$</th><th>知$_{\text{三}}$</th><th>庄</th><th>章</th></tr>
<tr><td colspan="4">三分型</td><td>t ts$_{\text{少}}$ k</td><td colspan="2">ts tʃ$_{\text{少}}$</td><td>tʃ ts</td><td>t tʃ$_{\text{少}}$ k</td><td>tʃ ts$_{\text{少}}$</td><td>t tʃ$_{\text{少}}$</td><td>ts tʃ$_{\text{少}}$</td><td>tʃ ts$_{\text{少}}$ t</td><td>永安（闽）</td></tr>
<tr><td rowspan="14">二分型</td><td>一</td><td colspan="2"></td><td>t</td><td colspan="3">ts</td><td>t</td><td>ts</td><td>t</td><td>ts</td><td></td><td>厦门（闽）</td></tr>
<tr><td rowspan="6">二</td><td>（一）</td><td></td><td colspan="3">ts</td><td colspan="3">tʃ</td><td>tʃ</td><td>ts</td><td>tʃ</td><td>井冈山（客）</td></tr>
<tr><td rowspan="3">（二）</td><td>1</td><td colspan="4">ts</td><td colspan="2">tʂ</td><td colspan="3">pf/tsf/tʂf/tʂv/tʃ</td><td>西安 焉耆 西宁</td></tr>
<tr><td>2</td><td colspan="4">ts</td><td colspan="2">tʂ</td><td colspan="3">tʂ tʂʻ f</td><td>乌鲁木齐</td></tr>
<tr><td>3</td><td colspan="4">ts</td><td colspan="5">tʂ</td><td>洛阳</td></tr>
<tr><td>（三）</td><td></td><td colspan="4">ts</td><td colspan="2">tʂ ts$_{\text{宕}}$</td><td colspan="3">ts</td><td>张家口临县平遥</td></tr>
<tr><td>（四）</td><td></td><td colspan="4">tʂ</td><td colspan="2">tʃ</td><td>tʂ tʃ</td><td>tʂ</td><td>tʂ tʃ</td><td>赣榆 荣成</td></tr>
<tr><td rowspan="6">三</td><td>（一）</td><td></td><td colspan="3">ts</td><td colspan="3">tʃ</td><td colspan="3">tɕ</td><td>嘉鱼（赣）</td></tr>
<tr><td rowspan="5">（二）</td><td>1</td><td colspan="6">tʂ/ts/tʃ</td><td colspan="3">pf</td><td>兰州 静乐 新泰</td></tr>
<tr><td>2</td><td colspan="6">ts</td><td colspan="3">tʂ</td><td>垣曲 襄汾</td></tr>
<tr><td>3</td><td colspan="6">ts</td><td colspan="3">tɕ</td><td>信阳 商城</td></tr>
<tr><td>4</td><td colspan="6">ts</td><td colspan="3">tʃ</td><td>大冶（赣）</td></tr>
<tr><td>5</td><td colspan="6">tʂ</td><td colspan="3">k kʻ f</td><td>张掖 高台</td></tr>
<tr><td>四</td><td colspan="2"></td><td colspan="2">tʂ ts$_{\text{梗}}$</td><td>ts tʂ$_{\text{宕}}$</td><td colspan="3">tʂ</td><td colspan="3">tʂ ts$_{\text{庄组遇通臻}}$</td><td>安庆 南京</td></tr>
<tr><td colspan="2" rowspan="2">准合一型</td><td colspan="2" rowspan="2">擦音游离</td><td colspan="9">塞擦音 tɕ/ tʂ；擦音 s/ ɕ</td><td>乐清（吴）/ 祁门（徽）</td></tr>
<tr><td colspan="6">tʂ/ts</td><td colspan="3">tʂ tʂʻ ʂ ～ f/ ts tsʻ s ～ f</td><td>阳谷 单县</td></tr>
<tr><td rowspan="4">合一型</td><td>一</td><td colspan="2"></td><td colspan="9">tʂ ≠精组（一）（二）（三）（四）①</td><td>济南 北京</td></tr>
<tr><td rowspan="2">二</td><td></td><td>1</td><td colspan="9">ts ＝精组</td><td>聊城 太原</td></tr>
<tr><td></td><td>2</td><td colspan="9">tʂ ＝精组</td><td>秦皇岛 晋城</td></tr>
<tr><td>三</td><td colspan="2"></td><td colspan="9">tʂ ～ ts</td><td>佳木斯</td></tr>
</table>

说明：表中分类条件与原文不完全一致，序号则依照原文

表 6 黑体字代表的是官话方言所没有的类型。说明如下：

1. 知组保留 t、tʻ 的读音，是闽语的特点。从桑宇红（2004）所列的永安知庄章三组的读音看，不能说永安是知庄章三分的，除了知组基本独立以外，庄章组应是有条件的分合。厦门则是知组和庄章组两分。

2. 井冈山和嘉鱼两点跟同类的其他各小类的区别都主要是止摄章组字没有同其他摄的章组字分化。这一点跟南京、英山等相同，但是具体分类有所不同。主

① （一）精组 ts tsʻ s，知系 tʂ tʂʻ ʂ，如：北京、郑州；（二）精组 ts tsʻ s，知系 tʃ tʃʻ ʃ，如：藤县、南宁老派；（三）精组 ts tsʻ s，知系 tɕ tɕʻ ɕ，如：平南、博白；（四）精组 t tʻ ɬ，知系 ts tsʻ s，如：开平、郁南。

要不同有：井冈山开、合口都分化为知$_{三}$章和知$_{二}$庄两组；嘉鱼开口分为知$_{三}$章和知$_{二}$庄两组，但合口归为一类；南京开口知$_{二}$庄$_{二}$（梗以外）及知章组和庄$_{三}$分化，而合口知章组和庄$_{二}$合并，庄$_{三}$则有所分化；英山知$_{二}$庄组合并，知$_{三}$章与合口合并。详见表 7。

表 7　井冈山、嘉鱼、南京、英山四点知庄章声母比较

	开口						合口			
	知$_{二}$	庄$_{二}$	庄$_{三}$	章$_{止}$	知$_{三}$	章$_{止外}$	庄$_{二}$	庄$_{三}$	知$_{三}$	章
井冈山	ts			tʃ			ts		tʃ	
嘉鱼	ts			tʃ			tɕ			
南京	tʂ ts$_{梗}$		ts tʂ$_{宕}$①	tʂ			tʂ	tʂ ts	tʂ	
英山	ts			tʂ						

3. 大冶跟其他小类在类别上是相同的，仅仅是具体音值不同。

4. 所谓“擦音游离”，官话方言跟南部方言的不同是“游离”的擦音限于合口，而南部方言也包括开口。

由此来看，除了知组没有保留 t、tʻ 的读音以外，官话方言知庄章的读音类型几乎可以涵盖全部的汉语方言。

∷ 参考文献 ∷

高晓虹．北京话庄组字分化现象试析 [J]. 中国语文，2002（3）.

高晓虹．官话方言宕江摄阳声韵知系字读音分合类型及其演变关系 [J]. 中国语文，2009（2）.

蒋希文．湘赣语里中古知庄章三组声母的读音 [J]. 语言研究，1992（1）.

李树俨．中古知庄章三组声纽在隆德方言中的演变——兼论宁夏境内方言分 ts、tʂ 的类型 [J]. 宁夏大学学报，1993（1）.

朴炯春. 中古知庄章三组声母在今山东方言中的读音研究[D]. 山东大学博士论文，2001.

① 庄三读 tʂ 的字，除宕摄以外，还有臻摄的“臻虱”等字。按:《方言调查字表》臻摄庄组共 5 字，除“臻虱”以外，“衬”读 tsʻ，“榛瑟”未详。

钱曾怡．古知庄章声母在山东方言中的分化及其跟精见组的关系 [J]. 中国语文，2004（6）.
钱曾怡．山东方言研究 [M]. 济南：齐鲁书社，2002.
钱曾怡．汉语官话方言研究 [M]. 济南：齐鲁书社，2010.
桑宇红．中古知庄章三组声母在近代汉语的演变 [D]. 南京大学博士学位论文，2004.
桑宇红．止开三知庄章组字在近代汉语的两种演变类型 [J]. 语文研究，2007（1）.
桑宇红．知庄章组声母在现代南方方言的读音类型 [J]. 河北师范大学学报，2008（3）.
孙宜志．江西赣方言中古精庄知章组声母的今读研究 [J]. 语言研究，2002（2）.
王洪君．《中原音韵》知庄章声母的分合及其在山西方言中的演变 [J]. 语文研究，2007（1）.
王临惠．晋南方言知庄章组声母研究 [J]. 语文研究，2001（1）.
熊正辉．官话区方言分 ts、tʂ 的类型 [J]. 方言，1990（1）.
杨述祖．太谷方言志 [J]. 语文研究，1983 增刊（3）.
岳立静．日照方言知庄章和精见端的读音类型 [J]. 方言，2005（3）.
张光宇．汉语方言的鲁奇规律：古代篇 [J]. 中国语文，2008（4）.
赵日新．汉语方言中的 [i] ＞ [ʅ] [J]. 中国语文，2007（1）.
赵日新、沈明、扈长举．即墨方言志 [M]. 北京：语文出版社，1991.
朱建颂．武汉方言研究 [M]. 武汉：武汉出版社，1992.

（第二作者为钱曾怡，原载《语言学论丛》第 46 辑，2012 年 12 月）

古止摄开口三等日母字在官话方言中的演变 *

提　要　文章考察了古止摄开口三等日母字在官话方言中的读音情况，并结合止开三等字的韵母、古日母字以及知庄章声母的读音讨论了止开三日母字在官话方言中的演变。

关键词　止开三日母字　日母字　官话方言　卷舌化

引言

古止摄开口三等日母字主要有以下几个：儿支尔纸二贰至而之耳止饵志。在官话方言中，这几个日母字与其他摄日母字的声母往往不同。据钱曾怡主编《汉语官话方言研究》中的"表1—7 官话方言古日母字今读表"，所列70点官话方言中，仅有沈阳、白城、佳木斯、荣成、莱州、宽甸、盖州、江永、柳州、南通、英山、长治、陵川等13点古止开三日母字与其他多数日母字的声母相同（若止开三日母字的声母与其他多于一半的日母字声母相同，即算相同），其中只有山西陵川为l声母，其他均为零声母。声母相同且为零声母的12点中，多数这类字的韵母为卷舌韵母 ər，不同于止开三其他声母的字。所以不管从声母还是韵母来

* 本文得到留学回国人员科研启动基金项目"汉语方言语音量化研究"以及中央高校基本科研业务费专项资金项目"汉语方言语音专题研究"的资助。北京语言大学语言研究所博士生田文静、王红娟曾读过初稿，并提出了很好的建议。《语文研究》匿名审稿专家也提出了很好的修改建议。谨此一并致谢。

看，止开三日母字都是汉语中变化特殊的一类字。

关于止开三日母字读音的演变，较早讨论的是高本汉的《中国音韵学研究》。他在讨论日母时就谈到：“现在国音读 ər 的北京儿 ʒɹ 字，其先读 ʐʅ。这个阶段在风台方言里还保存着（儿等 ʐʅ）后来这个跟母性质相同的元音失掉了，就只剩下一个自成音节的 ʐ。在这个 ʐ 的前头产生了一个寄生的元音，有些例子里是一个‘含混的元音’ə：əʐ，别的例子里是 œ，a，ɛ 或 o。这个元音的力量增加了而 ʐ 减少到仅仅很快的碰着上颚的顶儿就完了，例如 œɹ。这就是大部分官话方言所表现的阶段。……在扬州话里我们遇到一个使辅音成分格外变弱的倾向，直到 r 完全失去而读成单纯的 o，代替了 or。在开封我们遇见奇怪的读法 ɣœr（ʁœr），[①] 这里的 ɣ（ʁ），是因为反对元音作声母，才照疑母类推而引进来的。”（高本汉，1995：341-342）在讨论止摄韵母时他又谈到：“官话里 œɹ 类的字可以这样解释：ȵʑi > ʑi > zi̢ > ʐʅ > ʐ̩ > ᵊʐ > œɹ 等。”（高本汉，1995：490）

高本汉的研究主要是根据 30 多种方言材料，其中大多数是官话，他对“儿”等字演变的推论也是针对官话的。之后唐虞、李思敬等的研究都是利用文献材料，着眼于考察卷舌韵母的形成过程及时间等问题。唐虞（1986）在《“儿”[ɚ] 音的演变》中引用了高本汉的方言材料，注意到“儿”等字在现代方言中的音值存在南北差异，他认为“大部分南音还能够保存‘儿’等古读；至于北音对于这些字的读法，无论声韵都去古甚远”，并试图考察北方方言读音（即卷舌韵母）的形成时间及其原因。他利用《辽史》和《元史》中的 31 条对音材料进行研究，在这些对音材料中，“儿、耳、尔”等字都是用来对译 r 音或 l 音的。由此他认为，元朝泰定甲子之前的北方语音已把“儿”读作 [ɚ] 音。对于他的观点，李思敬（1986）有详细的讨论，指出他的材料只能证明当时的“儿”音与《切韵》时期不同，但并不能证明已读作 [ɚ] 音。（李思敬，1986：1—6）李思敬（1986）还对赵荫棠、李格非等人的观点进行了述评，并通过考察近代戏曲韵书材料中的“儿”系列字，断定金元时代“儿”系列字的读音应为 [ɻʅ]，[ɚ] 音最早到了明代初期才产生。（李思敬，1986：6—11）

---

① 不过在该书第四卷“方音字汇”中，开封方言“二、耳”均为 œ，并没有 ɣ 声母。今天开封方言里“儿”等字也没有 ɣ 声母。

朱晓农、焦妮娜（2006）则从山西晋城方言“儿”的读音出发，结合山西、河南方言中止开三日母字的 8 类音值，拟测出了“儿”等字的历时演变过程（其中古音是根据蒲立本的拟音 [ɳ̥i]）。大致过程如下：[ɳ̥i] → [（z）ʅ] → [l] → [ɭ] → [ɻ]（=[ɻʅ]）→ [ɚ] → [ɚu、ʌr、ɐr、ɒ̃] →各种元音。

与高本汉相比，朱晓农、焦妮娜所依据的方言材料更为集中，读音类型更为多样，加上中古日母的拟音有所不同，得出的结论也不一致。二者孰是孰非目前难以判断。不过需要指出的是，朱文所用的晋城方言即凤台方言高本汉也用到了。高本汉的凤台方言“儿”等字读 zʅ，而朱文虽然提到晋城方言有读 l 和 ɻ 的，但却是以 ɭ 为主要读音进行的说明。从朱文提供的周边方言来看，并没有读 ɭ 的，可见 ɭ 应是晋城方言自身发展出来的。如果高本汉所记凤台方言没有问题，就说明晋城方言止开三等日母字经历了由 zʅ > ɭ 的演变。而这可以作为朱文有关结论的反证。

高本汉和朱晓农等主要是围绕止开三日母字的读音展开讨论的。而从系统的角度来看，止开三日母字的演变与其他止开三等字、日母字乃至知系字的演变都是相互关联的。因此，本文将在前人研究的基础上，立足于官话方言中的读音情况，结合止开三等字、非止开三日母字以及知系字的读音探讨止开三日母字在官话方言中的演变问题。

1. 官话方言止开三日母字的读音

据钱曾怡主编的《汉语官话方言研究》，官话方言止开三日母字读 ər 的占大多数，加上太谷的 ɐr，有 53 点为卷舌韵母，占所列 70 点的 75.7%。其他 17 点的读音有 ɭə ɭ lə l əɭ ɛ æ a ə ɨ ai ʌɯ ɯ 等。（钱曾怡，2010：27—29）本文将根据《汉语方言地图集》中官话方言 356 点的材料来进行考察，其中单字音中有“儿二”两个字，词汇部分有“耳朵”一词，共有三个止开三日母字。这三字在《切韵》里分别属于支脂之三个韵，韵母本来是有区别的。不过，在今官话方言中，这三字的韵母大都是相同的。地图集的材料中，也有少数方言这三字的读音不完全一致，有的是文白层次的不同，有的可能是记音有误。下文只讨论这三字同音的方言。

三字声韵母相同的官话方言中，以读 ər（包括 ɚ）① 的最多，约 200 点，接近所考察点的五分之三。其他方言的读音则分歧很大。大致归类如下。

1.1 ər 韵母

三字读零声母 ər 韵母的方言分布很广，多达 23 省（包括直辖市），包括：北京、天津、新疆、内蒙古、黑龙江、吉林、辽宁、河北、山东、河南、山西、陕西、宁夏、甘肃、四川、贵州、云南、江苏、重庆、湖北、湖南、安徽、江西。有的省只有少数点，如江西只有九江 1 点，宁夏只有海原、隆德 2 点。但从各省市的面积以及官话方言点的数量看，大多数省市都是以 ər 韵母为优势读音。

1.2 其他卷舌韵母

在官话方言中，“儿”等字除了读 ər 这个卷舌韵母外，还读 ɐr、ʌr、ɤr、ɑr、ar、ɔr、ɵr、ɜr、ɤɯr 等卷舌韵母，也都是零声母。与 ər 相比，这些卷舌韵母的分布范围都很小，列举如下：

ɐr 鄂尔多斯、呼和浩特、集宁（内蒙古），吴忠（宁夏），西峰（甘肃），宣化（河北），红安（湖北）

ʌr 凤凰（湖南）

ɤr 富顺、广安（四川），偏关（山西），耀县（陕西）

ɑr 永登、中卫（宁夏）

ar 银川（宁夏），广水（湖北）

ɔr 英山（湖北）

ɵr 黄梅（湖北）

ɜr 神木（陕西）

ɤɯr 户县（陕西）

1.3 边音尾韵母

有少数官话方言“儿”等字读为零声母边音尾韵母。例如：

① 本文把记音中的 ɚ 与 ər 归并在了一起。

əɭ 襄垣、平遥（山西）

əl 乐山（四川），如东（江苏）

据《汉语官话方言研究》，河北巨鹿“儿”字也读 əɭ。（钱曾怡，2010：27）

1.4　舌面元音韵母

有些官话方言止开三日母字读零声母舌面元音韵母。其中既有前元音，也有央元音和后元音；既有高元音，也有中元音、低元音。但分布范围都比较小，列举如下：

ɯ 安西、兰州、张掖、高台、嘉峪关、武威（甘肃），城固（陕西），鄂州、洪湖、潜江、石首、武汉、应城（湖北），洛阳（河南）

ɤ 楚雄、会泽、遂宁（云南）

ɔ 江都、射阳、无为、扬中（江苏）

ɒ 靖江（江苏）

ɑ 泗洪（江苏）

ɐ 滁州、淮南、霍邱、灵璧、宿迁、五河（安徽），房县（湖北）

ə 和县、芜湖（安徽），河池、柳州、鹿寨（广西），临沧（云南），通道、靖州（湖南）

ɵ 瑞昌（江西）

a 丹徒、东台（江苏），合肥、霍山、舒城（安徽），陶乐、盐池（宁夏）

ɛ 大理（云南），乐都、西宁（青海），新晃、芷江（湖南），盱眙（江苏）

e 湟源、门源（青海），富源（云南）

əɯ 青龙（河北）

ɤɯ 沙湾（新疆）

ɪi 临夏（甘肃）

1.5　边音声母

有些官话方言止开三日母字的声母为边音，其中多为卷舌边音 ɭ，个别为舌尖边音 l。例如：

ɭə 淄博、诸城、章丘、夏津、潍坊、日照、临朐、利津、桓台、肥城（山东），陵川（山西）

ɭ 长子、左权、平定（山西），聊城、成武、新泰、滕州（山东），鹤壁、滑县、获嘉、鲁山、禹州、镇平（河南），冀州、隆尧、平山、武强、永年、赞皇（河北）①

l 平昌（四川）

1.6 舌尖擦音声母

少数官话方言止开三日母字的声母为舌尖擦音。例如：

ʐʅ 磁县、广平（河北），濉溪（安徽），丰县（江苏）

zɿ 大冶（湖北），定西、秦安（甘肃），霍州、临猗、万荣（山西）

1.7 舌根擦音声母

江苏灌云止开三日母字读 ɣɛ，声母为舌根擦音。虽然也是擦音，但其性质与舌尖擦音声母应该不同，其舌根擦音应该是后来增生的，即开口呼韵母前增生 ɣ 声母，止开三日母字原来读舌面元音 ɛ，后来变为 ɣɛ。与前述高本汉所说的开封方言性质相同。

如果把以上读音分为零声母和非零声母两大类就会发现，除了舌根擦音声母外，两大类下的小类都存在卷舌与非卷舌两种：边音声母分卷舌和非卷舌边音，舌尖擦音声母分卷舌和非卷舌擦音；零声母一类下，分卷舌韵母与非卷舌韵母，边音尾韵母也分卷舌和非卷舌边音尾。所以，止开三日母字在官话方言中的读音可以分为卷舌与非卷舌两大类，总体来看，卷舌音占优势。

不过，第五类下的 ɭə 和 ɭ 与第三类下的 əɭ 的区别，有时是记音人的处理不同造成的。据《河北省志·方言志》（2005：98），魏县方言中“儿耳二”为 əɭ，但文中又说明“əɭ 中的 ə 既短又弱，整个音近乎是一个舌尖后浊边音，出于韵母

① 李巧兰的博士论文《河北方言中的“X–儿”形式研究》（2007）记录冀州、赞皇为 [ɭr]、武强为 [ɭə]，与 ɭ 的区别并不大，应该是不同人记音习惯的问题。从李文赞皇 [ər][ɭr] 的两读来看，其隆尧、平山、永年的 [ər] 应该是后起的，与普通话一致。本文所用《汉语方言地图集》的材料，大约调查于 2003 年前后，发音人均为 60 岁以上的老派，而从李文所附发音人情况来看，赞皇的 6 个发音人，3 个在 47 岁左右，3 个 20 来岁；武强的 4 个发音人，1 个 60 岁，2 个 50 来岁，1 个 21 岁；冀州只有一个发音人，20 岁；平山 25 岁，隆尧 21 岁，永年 22 岁。总体来看，以新派为主。

系统的考虑，记作 əʅ”。也就是说，魏县的 əʅ 也可以记作 ʅ。山东方言的 ʅə 中的 ə，大多也是一个拖音，并不是典型的 ə。但即使 ʅ 前后的 ə 不典型，不同方言之间确实存在一些细微的差别。

2. 官话方言止开三日母字的演变

官话方言分布的范围很广，占了汉语分布区的三分之二还要多。从《汉语方言地图集》(语音卷）第 205 幅图来看，“儿”为卷舌音的方言基本都在官话区，其中又以 ər 分布最广。“儿”为非卷舌音的方言主要分布在官话区边缘的甘肃、云南、广西、江苏等省，中心地区则很少，数量也远远少于卷舌音。从世界语言的情况来看，只有不到 3% 的语言有卷舌元音，其他的卷舌音如 ʅ 等也很少见。朱晓农、焦妮娜（2006）由此看来，止开三日母字读卷舌音是官话方言非常突出的一个特征。

前人对止开三日母字的研究，往往限于对这类字的读音进行讨论。这样就把这类字孤立起来。实际上，这类字的变化应该是受语音系统内部其他因素制约引起的。下面我们结合非止开三日母字、止开三等字的韵母、知系字的读音等三方面因素来讨论官话方言止开三日母字的演变。

2.1　从非止开三日母字看止开三日母字的演变

据《汉语官话方言研究》，在官话方言中，非止开三日母字的读音可以分为两大类：单一型和二分型。单一型是指非止开三日母字只读一个声母或者无条件地读两个声母。有如下几类：(1)ʐ，如：北京、平谷、徐州、银川、南京、获嘉；(2)ø，如：沈阳、荣成、宽甸、柳州、南通、长治；(3)z，如：广灵、曲阜、信阳、成都、贵阳、太原；(4)l，如：寿光、扬州、陵川；(5)ŋ，如：常德；(6)ʐ/ø，如：巴彦；(7)l/ø，如：巨鹿。二分型是指非止开三日母字依据韵母的开合分为两组。有如下几类：(1)ʐ-l，如：济南、邯郸；(2)ʐ-v，如：西安、临汾、新绛、运城、兰州；(3)ʒ-v，如：平邑；(4)ʐ-z，如：天水、平遥、临县、忻州；(5)n-ø，如：武汉；(6)z-z 文 /v 白，如：太谷、汾西；(7)ʐ-v/ø，如：西宁;(8)ʐ-v/ʐ，如：乌鲁木齐;(9)ʐ/ø-ø，如：英山;(10)l/ʐ-l，如：临朐。[①]（钱曾怡，2010：29）

从总体来看，单一型方言以读 ʐ ø z l 为常，而二分型方言多以开合二呼为条件，开口多为 ʐ，合口分歧比较大，有的为 l，有的为 v，有的为 z，少数为 ø。综合单一型和二分型的情况来看，与 l z v 相比，ʐ 应该是较早的读音。

以上所举单一型方言中，“儿”大多数为 ər，不是 ər 的只有:(1)类，获嘉为l,(2)类，柳州为ɤ,(4)类，寿光为ɭə、扬州为a、陵川为lə。二分型方言中，“儿”也多为 ər，只有兰州、西宁、武汉、临朐不是。总的来看，不管非止开三日母字的读音是什么，止开三日母字大多都为 ər，只有单一型读 l 的方言“儿”多为 ɭə 或 lə。不过，这可能是由于所选方言点比较分散的缘故。下面我们以山东方言为例进行讨论。

张树铮（1999）对山东方言日母字的读音进行了研究。他称止开三日母字为“儿系字”，其他日母字为“日系字”。他根据《山东方言的分区》中“山东方言图”图七把“日系字”的读音分为 6 种:(1)零声母 ø;(2)边音声母 l;(3)开口为 ʐ，合口为 l;(4)舌尖前浊擦音 z;(5)开口为 z（少数 ʐ），合口为 v;(6)舌尖后浊擦音 ʐ。而“儿系字”的读音主要分为两种:(1)卷舌韵母 ər;(2)舌尖后边音 ɭɨ。[②]当“儿系字”为卷舌韵母 ər 时,“日系字”各类读音都有；当“儿系字”为舌尖后边音 ɭɨ 时,“日系字”在潍坊以东为零声母，潍坊以西多为 l 或 l ʐ 共存，少数为 ʐ 或 z。（张树铮，1999：109—118）显然，官话方言日母字的几种主要读音在山东方言中都有。山东方言分别属于胶辽官话、冀鲁官话和中原官话，冀鲁官话和中原官话是官话的主要代表，而胶辽官话处于山东半岛的东部，受外界影响较小。因此，山东方言的情况足以作为官话的代表。

《山东方言研究》图（四）“‘人、如’声母”和图（十）“‘儿耳二’读音”也列出了山东方言日母字的读音情况。（钱曾怡，2002：120—126）两图涉及山东 107 个方言点，其中 65 点止开三日母字为 ər，42 点为 ɭə 或其他音，卷舌韵母占一半多。非止开三日母字与止开三日母字的读音对比如下表。

---

① 《汉语官话方言研究》表 1—8 中临朐既放在单一型④，又放在二分型 3 ②。据《山东省志·方言志》临朐的材料，应属二分型。

② 即山东方言常用的 ɭə。张树铮认为记为 ɭɨ 更符合实际。

表 1　非止开三日母字与止开三日母字读音对比

	ø	ʐ	l	z	z-v	ʐ-l	ʐ-v	总计
ər	22	12	2	9	3	16	1	65
ɭə 等	16	13	6	3	0	3	1	42
合计	38	25	8	12	3	19	2	107

说明：表头为非止开三日母字读音，表左为止开三日母字读音。

这里借用张树铮的说法，把非止开三日母字称为“日系字”，把止开三日母字称为“儿系字”。（张树铮，1999：109）由上表可知，“日系字”为 ø 或 ʐ 时，“儿系字”读 ər 或 ɭə 等的点数较为接近；“日系字”为 l 时，“儿系字”为 ɭə 的较多；“日系字”为 z、z-v、ʐ-l、ʐ-v 时，“儿系字”多数点为 ər。由于“日系字”读 z-v、ʐ-l、ʐ-v 时都是以开口、合口为条件分化，我们推测，合口为 l、v 的，分化之前合口字也为 z 或 ʐ，因为相对来说开口字的韵母比较多，而且是无标记的。此外，如果是由 l 变为 ʐ，由于这些方言古来母字为 l，那么来母字也应该有读 ʐ 的，但实际上并非如此。合口为 v 的方言，是随知庄章声母一起齿唇化的结果，据《山东方言研究》图（八）“‘追 吹 睡’声母”，平邑、泗水、滕州、枣庄 4 点方言，其知庄章合口字声母均为 pf 组，郯城方言“睡”的声母为 f，（钱曾怡，2002：124）因此它们的日母字合口读v显然与知庄章声母是一致的。这样，我们把“日系字”读 ʐ z 以及 z-v、ʐ-l、ʐ-v 的方言合在一起来看，“儿系字”读 ər 的有 42 点，读 ɭə 等的只有 19 点。显然，把“日系字”分为零声母、边音声母、浊擦音三类的话，零声母类“儿系字”读 ər 比 ɭə 略多，边音声母类反之，而浊擦音类“儿系字”读 ər 占绝对优势。这也许反映出，“日系字”读浊擦音声母 ʐ z 与“儿系字”读 ər 的关系更为密切。“日系字”读边音声母的方言较少，但其中“儿系字”读 ɭə 的占了 3/4，二者也应该存在一定的关联。

从地图上看，山东东区方言只有靠近西区的寿光、青州两点“日系字”读 l，其他方言“日系字”均读零声母，西区则只有西鲁片的东明“日系字”读零声母，也就是说，“日系字”读零声母的范围与东区几乎完全一致。由于东区方言相对独立，内部又十分一致，因此“日系字”读零声母应是方言自身演变的结果。东区的东莱片“儿系字”都是 ər，东潍片多数为 ɭə 等，少数为 ər。同理，“儿系字”读 ər 也应是方言自身演变的结果。东莱片读 ər 虽然与北京话、济南话一致，但东莱片在山东半岛最东端，隔着东潍片才与其他官话相连，如果说是受外来方言的影响，东潍片也应该读 ər，但东潍片却基本读 ɭə，只有与东莱片相邻的平度、莱州等读 ər。因此，“儿系字”的两种读音应是两种不同的演变，抑或 ɭə 是 ər 进一步的发展。

张树铮（1999）认为，胶辽官话的“日系字”是由 ʐ 变为零声母的。他从寿光方言出发，论证胶辽官话知系二分型方言历史上曾经合一变为卷舌声母，而“与知庄章组字特别是章组字关系密切的日母字”也曾为 ʐ，后来才变为零声母。寿光方言今天知系字二分，知二庄读 tʂ，知三章读 tɕ，与见系细音合并。但在儿化时，知三章组字声母全由 tɕ 变为 tʂ，与知二庄相同，而见系细音字不变。因此他认为不可能是儿化的卷舌导致声母变化，而应是在儿化音中保留了早期的读音，即知三章以前也读 tʂ。即寿光方言知系字曾经合一。（张树铮，1999：116，141—152）但是，事实上非 tʂ 组声母儿化后也可能变为 tʂ。如同属胶辽官话的即墨方言跟寿光方言类似，知庄章声母二分，一为 tʃ 组，一为 tʂ 组，但 tʃ 组儿化后变为 tʂ 组。（赵日新等，1991：43）如果这还不能推翻张的推论，金乡方言可以提供更好的例证。金乡方言没有 tʂ 组声母，知系字读同精组字，都为 ts 组。在儿化后，舌尖前声母变为舌尖后声母，例如：字 tsɿ^{42} →字儿 tʂer^{42}，猪 tsu^{213} →小猪儿 tʂuer^{213}。（马凤如，2000：58）显然这里不好说是精组字曾与知系字合并为 tʂ，又一起变为 ts 了。所以，寿光方言的知三章早期可能也是舌叶音，但儿化后变成了舌尖后音，只是后来才变为 tɕ 组。还有一种可能是，当初寿光方言知三章是 tɕ，但见系细音还没有腭化为 tɕ，当时儿化使 tɕ 变为 tʂ；当后来见系细音变为 tɕ 时，儿化已经失去了使声母发生变化的能力，因此导致今天同为 tɕ 组声母，儿化音却不相同。鉴于此，我们认为胶辽官话的“日系字”为零声母应该不是由 ʐ 变来的。

项梦冰（2006）从客家话古日母字的今读出发，认为北方话的日母字是从中古的 ȵ 变为 j 或 ø，然后进一步擦化变为浊擦音 ʐ 等的。也就是说，日母字在变为浊擦音 ʐ 之前，曾经有过零声母或接近零声母的阶段。一个例证就是非日母字如“荣容瑞”等读同日母字，说明日母字的读音历史上曾与这些字的声母非常相近但并不相同，所以才使这些字变同日母字。本文基本赞同这种看法，但认为在 ȵ 和 j 之间应该还有一个 ʑ 的阶段。具体原因请看下文。

综上所述，非止开三日母字在官话方言中的演变路径大致如下：

单一型 ȵ → ʑ → ʒ → ʐ → z/l

↘ j → ø

二分型 ȵ → ʑ → ʒ → ʐ → ʐ（开口）

↘ l/v（合口）

官话方言中日母字读鼻音声母的方言如常德读 ŋ，武汉开口呼为 n，应该是走的不同的发展路径。项梦冰（2006）文中图四的说明曾提到，武汉话属于 n l 不分型方言，其日母字没有 i 介音，跟南方方言性质不同，原来应读 l，后与 n 合并；常德的 ŋ 则可能是由元音起始的零声母音节前增生出来的。

确定了非止开三日母字的演变，再来看止开三日母字的演变。同为日母字，二者有共同的中古源头 ȵ，也经历了共同的演变。二者的分化条件在于韵母，所以应该是在韵母发生特殊变化之后才导致止开三日母字与其他日母字分化开来。止开三等字韵母的一个重要变化就是元音舌尖化，由i变为ɿ。《中原音韵》的“支思韵”就是这一变化的体现，其中主要是止开三等字。因此，还必须结合止开三等字的韵母情况来进行讨论。

2.2 从止开三等字的韵母看止开三日母字的演变

止开三等字的韵母在官话方言中的读音主要为：i ɿ 和 ʅ。从《汉语方言地图集》(语音卷)155“纸—师$_{\text{止开三支脂}}$韵母的异同”、156“皮地细衣$_{\text{止开三}}$的韵母”两图来看，官话方言中庄章组的韵母多为舌尖元音，帮、端、见、影组的韵母多为 i。而在中古，止开三等支脂之的韵母分别为 -jiĕ、-ji$_{\alpha}$、-ji$_{\beta}$。（高本汉，1995：492）到元代《中原音韵》中，止开三等支脂之合并之后又分化为两个韵部：支思韵与齐微韵，分化的条件是声母，支思韵包括精组以及庄组、章组、日组声母的字。这四组声母与其他声母相比，共同点是都属于舌尖（舌叶）塞擦音 / 擦音。赵日新（2005）指出，今天汉语方言中仍然广泛存在 i > ɿ 的变化，虽然在有些方言中已经扩展到塞音声母，但仍然是以塞擦音 / 擦音声母为主。由此来看，塞擦音 / 擦音声母应该是 i > ɿ 的重要条件。

止开三日母字与精庄章组字的韵母基本同时发生了 i > ɿ 这一变化，可见当时日母应该与这些声母一样属于塞擦音 / 擦音。从今天的方言来看，并未发现 i > ʅ 的情况，都是 i > ɿ。这说明，ʅ 韵母也可能是在 ɿ 韵母之后出现的。在讨论官话方言止开三等知庄章组字的分合时，我们也谈到了这一点，并由此认为在

i > ʅ 发生时，庄组字声母应为 tʃ 组，而章组字声母应为 tɕ 组。（高晓虹、钱曾怡，2012）那么，若与章组声母相配，日母应该是 ʑ。

由上所述，止开三等字韵母发生的舌尖化音变是官话方言止开三日母字变化的关键点。止开三日母字韵母舌尖化后，刚开始声母还与其他日母字相同，但随着进一步的卷舌化，其声母也与其他日母字变得不同，即止开三日母字与其他日母字的声母分化开来。南方方言中止开三日母字多读鼻音，说明其韵母没有随止开三精组、庄组字发生变化，因此止开三日母字与其他日母字也就没有分化。这可以反证官话方言止开三日母字的变化。

2.3 从知系字的读音看止开三日母字的演变

从现在官话方言的情况来看，日母与知庄章声母往往配为一组。（张树铮，1999：113；钱曾怡，2010：29—30）大致说来，如果知庄章组字读 tʂ 组，日母字多为 ʐ；知庄章组字读 ts 组，日母字为 z；知庄章组字读 pf 组，日母字为 v 等等。但这主要是从非止开三日母字的声母来说的，由于止开三日母字与非止开三日母字的声母不同，所以止开三日母字与知庄章声母并不存在上述关系。但止开三日母字与知庄章声母的关系十分密切，表现在：止开三日母字读卷舌音的方言，往往有 tʂ 组声母。张维佳（2011）认为，“汉语方言的卷舌音姿在辅音和元音上基本是共现的，东部以淮河为界，西部出现差异，辅音以大巴山为界，元音卷舌音姿分布到四川、云贵一带。”他是以《汉语方言地图集》（语音卷）图 045“[tʂ tʂʰ ʂ] 声母”和图 205“儿$_{\text{日止开三}}$的声韵母”两图的信息为基础，结合其他材料得出这一结论的。从《汉语方言地图集》图 045 来看，汉语中 tʂ 组声母的古来源虽然也有精组、见组字，但凡是有精组或见组字来源的，必然同时有知系字来源，即古精组、见组字读 tʂ 组蕴含着古知系字读 tʂ 组，也就是说，古知系字是今 tʂ 组声母最核心的来源。

当然，有 tʂ 组声母的方言，有的是知系字都读卷舌声母，如济南等方言；有的是只有一部分字读卷舌声母，比如知二庄、知三章二分的方言，或者是知二庄读卷舌，如寿光、高密方言，或者是知三章读卷舌，如大连、莱州方言。不管知庄章组字是否都读卷舌声母，只要有卷舌声母，就说明该方言发生了卷舌化的音变。一般来说，知二庄较知三章早发生卷舌化，而止开三章、日组基本上是随知二庄一起变化的，即也是较早发生卷舌化的。而从发音上来看，卷舌声母 tʂ 组与 ʅ 是共生的关系，而 ər 应该是 ʐʅ 的进一步发展，所以，官话方言中卷舌声母与卷舌韵母往往是共现的。

不过，虽然卷舌声母与卷舌韵母在地理分布上大致共现，但还存在不少的反例：有的方言有卷舌声母，但“儿”音不卷舌，这样的方言主要分布在甘肃与青海；有的方言没有卷舌声母，但“儿”音卷舌，这样的方言很多，如东北黑龙江大多数方言、吉林、四川、重庆、贵州，还有河南南部、山西少数方言。这两种例外的方言，大部分都处于官话方言区的外围，东北、西北、西南都是移民较多的地方，这种特殊的社会背景可能是造成卷舌声母与“儿”音卷舌不同步的一个重要因素。张维佳（2011）对四川的例外进行了较为详细的探讨，认为“卷舌音姿在辅音和元音上的分布差异，可能是晚近形成的”。尤其是推广普通话以来，卷舌韵母的“儿”扩散得更快，这可能会使一些没有卷舌声母的方言“儿”却为卷舌韵母。

从汉语官话方言的情况来看，tʂ 存在向 ts 演变的趋势，（高晓虹、钱曾怡，2012）因此，有可能在有些方言里，卷舌声母和卷舌韵母本来是共现的，但后来卷舌声母 tʂ 变为 ts，而止开三日母字却为 ər，造成有卷舌韵母却无卷舌声母，出现二者不共现的例外。河南、山西等官话核心区二者不共现的方言应该属于这种情况。

甘肃、青海卷舌声母和卷舌韵母不共现的方言，大都是声母有卷舌音，而韵母为零声母非卷舌元音。这些方言中止开三日母字读零声母非卷舌元音，究竟是去卷舌化的结果，还是 ȵi 声母弱化后的演变？现在还难以断定。

3. 结语

本文考察了止开三日母字在官话方言中的读音情况，并结合已有研究对其演变进行了讨论。与以往研究不同的是，本文结合官话方言非止开三日母字的声母、止开三等字的韵母以及知庄章组字的声母来进行讨论。这三个方面都与止开三日母字的演变关系密切，因此，结合这三个方面进行研究有助于搞清楚止开三日母字演变的过程。

从上文的讨论来看，止开三日母字与其他日母字是在止开三等精组、庄章组字韵母舌尖化之后才分化的。关键点就是止开三等字韵母发生了 i > ʅ 的变化。由于发音部位一致，日母与章组声母的演变密切相关，所以止开三日母字随章组字跟精庄组字的韵母一起发生舌尖化。其后，又一起随庄组声母发生卷舌化。卷舌化音变使止开三日母字最终与其他日母字分化，走上了不同的演变道路。但在不同的方言里，知三章组字卷舌化的速度不同，日母字的变化速度也不同。大多数方言里，当知三章以及其他日母字发生卷舌化时，止开三日母字则进一步变为卷舌韵母 ər，所以仍然与其他日母字声母不同。综前所述，止开三日母字的演变过程大致如下：

↗ ɭ

ȵi → ʑi → ʒɿ → ʐʅ → ər 等卷舌元音

↘ zɿ

止开三日母字与其他日母字中古时声母为 ȵ，后来日母字的鼻音声母弱化，变为擦音，而后止开三日母字韵母舌尖化，后来声母也卷舌化，从而与其他日母字分化开来。一开始声母的卷舌化导致韵母由 ɿ 变为 ʅ，之后在不同的方言中有不同的变化，有些方言声母脱落变为卷舌韵母，有些方言则又随 tʂ 组声母的前化变为 zɿ，有些方言则变为自成音节的边音。

各方言的元音系统不完全相同，卷舌元音舌位的高低前后也会有所不同，所以不同方言的卷舌韵母并不完全相同，但总体以央元音为主。至于零声母舌面元音的形成，上面的图示并没有列出。朱晓农等（2006）认为是去卷舌化形成的，并把这种读音看作是卷舌韵母之后的结果。我们认为止开三日母字为舌面元音不是音系内部的演变造成的，而是官话方言在向外扩散的过程中与其他方言接触形成的，即其他方言借入了官话方言的卷舌韵母 ər，但由于本方言音系没有这一韵母，只能用类似的舌面元音去替代，借入的这一读音最后排挤了原有的读音。如前所述，“儿”读卷舌音主要分布在官话的核心区域，而在外围边缘区域则基本不读卷舌音，多为舌面元音。根据“方言周圈论”，离中心区越远，保留古老形式越多，“儿”为舌面元音似乎反映了较早的形式，即是 ȵ 声母脱落后形成的。但要证明这一点，需要其他非止开三日母字的 ȵ 声母也脱落，以及与“儿”韵母相同的字也发生同样的韵母变化。但从官话方言的情况来看，事实并非如此。而且，官话方言的范围很大，各区方言形成的时间并不相同，相互之间语音上也存在一些差异，因此用“方言周圈论”去解释并不合适。

总的来说，官话方言的核心地区应该是在大致接近的时间里发生卷舌化的。但在非核心地区的方言里，就不一定像最早发生卷舌化的官话方言那样变化，而有可能受核心区官话的影响直接变为 ər；也有可能卷舌韵母扩散至某一方言时，受到该方言发音习惯的影响而去卷舌化，从而形成不同的舌面元音。所以即使在核心区域也存在止开三日母字为舌面元音的方言。

据张维佳（2011），汉语存在卷舌声母、韵母的方言基本处于长江以北。也就是说，卷舌音是北方汉语方言的特征，可见卷舌化的原发地是北方地区。卷舌音在世界语言中很少见，为什么会在汉语官话方言中普遍存在？它是如何产生的？这都是值得进一步探讨的问题。

:: 参考文献 ::

曹志耘．汉语方言地图集·语音卷 [M]. 北京：商务印书馆，2008.

高本汉．中国音韵学研究 [M]. 北京：商务印书馆，1995.

高晓虹、钱曾怡．官话方言古知庄章声母的读音类型 [A]. 载《语言学论丛》第46辑，北京：商务印书馆，2012.

河北省地方志编纂委员会．河北省志·方言志 [M]. 北京：方志出版社，2005.

李巧兰．河北方言中的“X—儿”形式研究的 [D]. 山东大学博士学位论文，2007.

李思敬．汉语“儿”[ɚ] 音史研究 [M]. 北京：商务印书馆，1986.

马凤如．金乡方言志 [M]. 济南：齐鲁书社，2000.

钱曾怡．山东方言研究 [M]. 济南：齐鲁书社，2002.

钱曾怡．汉语官话方言研究 [M]. 济南：齐鲁书社，2010.

山东省地方史志编纂委员会．山东省志·方言志 [M]. 济南：山东人民出版社，1995.

唐　虞．“儿”[ɚ] 音的演变 [A]. 载《汉语“儿”[ɚ] 音史研究 · 附录》，北京：商务印书馆，1986.

王　力．汉语语音史 [M]. 北京：中国社会科学出版社，1985.

项梦冰．客家话古日母字的今读——兼论切韵日母的音值及北方方言日母的音变历程 [J]. 广西师范学院学报，2006（1）.

张树铮．方言历史探索 [A]. 呼和浩特：内蒙古人民出版社，1999.

张树铮．清代山东方言语音研究 [M]. 济南：山东大学出版社，2005.

张维佳．汉语方言卷舌音类的地理共现与共变 [J]. 语言研究，2011（4）.

赵日新．汉语方言中的 [i] ＞ [ʅ] [J]. 中国语文，2007（1）.

赵日新、沈明、扈长举．即墨方言志 [M]. 北京：语文出版社，1991.

朱晓农、焦妮娜．晋城方言中的卷舌边近音 [ɭ] [J]. 南开语言学刊，2006（1）.

（原载《语文研究》2013 年第 2 期）

关于《中原音韵》知庄章组声母的分析

提　要　关于《中原音韵》知庄章三组声母的分合学界一直有争议。本文基于前人的研究，重新考察了《中原音韵》中知庄章声母字在各个韵部的分布情况，并结合胶辽官话方言的知庄章声母字的读音进行了讨论，认为分为两类更合乎实际。

关键词　《中原音韵》　知庄章声母　胶辽官话

1. 前人的研究

《中原音韵》是近代汉语的代表作品，一向是人们研究的热点，知庄章三组声母的分合又是其中的一个焦点问题。迄今为止，对此问题的研究大致可以分为两类，一是从文献材料出发，主要是从《中原音韵》本身出发，对知庄章三组字的分合进行具体分析；另一类是联系现代方言来说明《中原音韵》中知庄章三组声母的分合。

1.1　着重于文献分析

根据蒋绍愚（1996），从《中原音韵》的材料出发讨论知庄章三组字的分合，主要有两种观点，一是认为三者并为一类，一是认为三者并为两类。前者如罗常培、赵荫棠、杨耐思、李新魁、薛凤生等，他们认为中古知庄二等字和知章三等字出现在同一韵部时，韵母有所不同，声母则是相同的。后者以陆志韦代表，认为韵母固然不同，声母亦不同。宁继福的观点可以看作两种观点的综合，认为知庄章三组从音值上看有两类，但两类在分布上互补，因此可以看成一类音位。蒋绍愚根据音变条件来分析，认为分为两组更符合实际。

两种观点都有道理，单纯从《中原音韵》的材料出发，很难说清谁是谁非。因此人们转而开始寻找新的材料来解决这个问题，其中最吸引人的就是方言材料。

1.2 联系汉语方言的分析

联系方言研究汉语史的问题，并非始于《中原音韵》的研究。20 世纪初瑞典汉学家高本汉就已经利用现代方言材料对中古汉语、上古汉语进行语音构拟，解决汉语史中存在的问题。早期人们研究《中原音韵》时，实际上也没有完全脱离方言的证据，因为文献材料所能提供的只是音类的分合，要对其音值进行说明，就必须利用方言材料。在音类上，方言材料也能提供很好的线索。杨耐思在研究《中原音韵》的入声问题时，就曾经用到方言的证据。

现代汉语方言中的北方方言，知庄章三组声母大部分合并为一组。但在胶辽官话中，知庄章三组声母多分成两组，而且分化的条件与《中原音韵》基本一致。这引起人们极大的兴趣。研究知庄章三组声母，所联系的方言主要是胶辽官话。

比较早利用这一材料的是蒋希文（1983：139—159）。他详细考察了《中原音韵》中知庄章三组声母的情况，发现"这三组声母因韵类不同分合的情况很不一样：在《中原音韵》各个韵部里，一般，知二组和庄组并为一类，知三组和章组并为一类。但在东钟部知庄章三组并为一类，支思部庄章两组并为一类"，然后和江苏东北赣榆方言的情况进行比较，说明二者大体一致，据此推断中古的知庄章三组声母在《中原音韵》中已分为两套声母，同时根据赣榆方言的读音确定这两套声母在当时的读音。

方言中知庄章三组的分合与《中原音韵》基本一致，这一发现确实让人感到兴奋。不过现在看来，作者的论证方法和结论都有点简单。但正如蒋绍愚先生所说，虽然"我们不能由此得出结论说《中原音韵》中知庄章三组的情况就是这样，但现代赣榆方言的这种情况会有助于我们对《中原音韵》的研究"。至少，赣榆方言的情况提醒我们，知庄章三组在《中原音韵》中确实有分化为两组的可能性。

张树铮（1991：211—225）曾联系山东寿光方言讨论《中原音韵》的知庄章声母问题。作者指出："利用现代方言来解决《中原音韵》的一系列问题，无疑是正确的途径。不过，由于现代方言已经是发展了的结果，也由于《中原音韵》的语音基础是何方言还没有定论，我们在利用方言材料时便不能不小心。我们不能拿现代某一方言简单地、直线地与《中原音韵》进行类比，尽管它也许与《中原音韵》很相似。"所以，他利用方言材料时特别谨慎。通过对寿光方言的分析，他得出两点启示：一是"由个别韵中的合一不能否认其他韵中的二分"，二是"由现代方言的二分不一定能否认古代的合一"。这两点启示实际并没有提供什么确实的证据，所以作者最后还是回到《中原音韵》，通过细致的分析，作者认为，《中原音韵》中知庄章三组已经合一。其分析有合理之处，但也存在一些问题，后面我们还要谈到。

以上两人所根据的方言都属于胶辽官话。胶辽官话的范围很广，它的内部也有一定的分歧，在知庄章三组声母的分合上，有多种类型，并不都像赣榆和寿光方言那样。罗福腾（1998：86—97）中，对胶辽官话中知庄章三组声母的分合情况进行了详细的描写，并且将青岛方言和《中原音韵》进行了比较，指出"今青岛方言正好也完全分两类声母，几乎所有的常用字也都与《中原音韵》吻合"。但是，作者并没有深入探讨这一问题。

由上可以看出，联系方言所得出的结论也分为两种，一是分为两类，一是合并为一，与前面一致。

2.《中原音韵》知庄章三组字的分析

回顾以往的研究，可以看出，造成分歧的根本原因是《中原音韵》中三组字既分又合的状态。蒋绍愚（1996：83）指出："知庄章三组字在《中原音韵》中的情况是：在东钟韵中，有一小韵知章庄三组字合用。在支思韵中，章组字和庄组字合用（只有两个知组字）。在其他韵中，都是知二和庄合并，知三和章合并。"蒋希文的考察结果也是如此。认为三组合一的着重于三者合流的方面，而且它们的分布确实是互补的；认为分为两类的着重于三者在多数韵部分类的趋势。为方便起见，下文分别把知二、庄组字称为甲类，知三、章组字为乙类。

以往的研究，虽然发现了一些线索。但总体来说比较粗。对《中原音韵》的考察主要找出了大致的趋势，利用方言材料时一般只根据一种方言的情况。如果只是这样，恐怕很难解决问题。本文对《中原音韵》知庄章三组字的情况进行更细致的考察，发现确实有一些值得探究的地方。

2.1 《中原音韵》知庄章三组字的分布

1.《中原音韵》19 个韵部，除桓欢之外，其余 18 个都有知系字。其中江阳、鱼模、真文、庚青、尤侯、萧豪、歌戈、侵寻八个韵部知庄章分为两类；其他的均只有一类：东钟、支思知庄章三组并为一类，齐微、先天、车遮、廉纤只有知三和章组（为称说方便，下文把知三、章组字统称为乙类），皆来、寒山、家麻、监咸只有庄组和知二（下文把知二、庄组字统称为甲类）。知组字总的来说比较少，尤其是知二，好几个韵部只有庄组，没有知二，如真文、尤侯、侵寻以及皆来合口等，不过这是由于知组字本身较少的缘故；知二也没有混入知三、章组一类的。由此，18 个韵部中知庄章声母真正分为两类的只有 8 个韵部，其他十个韵部只有其中的一类，无助于说明问题。《中原音韵》的分布情况是前有所承的，和中古《广韵》中知庄章声母的分布相关。

中古知组既有二等字，也有三等字；章组只有三等字。庄组声母是一组比较奇怪的声母，它虽然既有二等字，又有三等字，但有一个明显特点是：凡是有二等韵的摄，庄组就和二等韵相拼，不和三等韵拼；没有二等韵的摄，才和三等韵相拼。所以，假摄、蟹摄、效摄、咸摄、山摄、江摄、梗摄都只有庄组二等字，而遇摄、流摄、深摄、臻摄、宕摄、曾摄和通摄都只有庄组三等字。

再来看《中原音韵》。东钟、支思韵的庄组是庄三，只有庄组、知二的韵部都来自中古的二等韵，只有章组、知三的韵部来自中古的三等韵。而知庄章分为两类的 8 个韵部又分成两种：一是中古没有二等韵、只有三等韵，如鱼模、真文、尤侯、侵寻等，庄组字是三等韵；一是二三等韵皆有，如江阳、萧豪、庚青、歌戈等，庄组字主要是二等韵。

2. 东钟和支思是两个关键的韵部，一般认为它们的知庄章合并为一。实际上在鱼模韵中，也有知章同庄混的情况。我们来看一下这几个韵部的详细情况。

东钟韵：有14个知组字，1个庄组字，17个章组字，这些字都属于通摄合口三等字。在这里，知三和章组合并是没有问题的。然而只有1个庄组字。因此说东钟韵中庄组同知章合并，似乎有点勉强。中古通摄合口三等庄组字很少，《方言调查字表》中只收了两个字：崇缩。其中“崇”就是东钟韵的那1个庄组字。“缩”是入声字，在《中原音韵》中不属于东钟韵，而属鱼模韵，其声母和章组不同。

支思韵：来自中古的止摄三等开口字。它有知组字2个，庄组字14个，章组字62个。两个知组字分别为“胝徵”，止摄开口三等的其他知组字都归齐微韵，只有这两个字归支思韵。庄组字的止摄开口三等字都在支思韵，章组则大部分在支思韵，有个别字归在齐微韵，如：媸蚩鸱侈炽帜。

鱼模韵：知庄章组分为两类，来自中古遇摄合口三等字和通摄三等入声字，所以甲类没有知二字，但有几个知三、章组字。具体说来，甲类有庄组字17个，知组字2个，即“逐轴”，还有7个章组字，都是通摄入声字；乙类有章组字48个，知组字34个。鱼模韵知章混入庄组的情况，宁继福也曾注意到（1985：213）。

此外，侵寻韵中有1个章组字读同庄组。其他韵部知三、章组和庄组无混。总的来说，一般是章组或知三混入庄组一类（甲类），而庄组或知二没有混入章组一类（乙类）的。

2.2 分析

1. 如前所述，主张合一的一个重要证据是东钟韵中知庄章三组合一。不过我们看到，东钟韵实际只有1个庄组字，其他都是知组和章组。这1个字很可以看作例外，是由于字数太少、读音相近而被知章组类化的。“缩”字，在摄、等上与“崇”字相同，只不过是入声字，它在鱼模韵中仍读庄组，不与章组同，也可以佐证“崇”读同章组是个例外。

主张合一的另外一个证据是支思韵中庄章合并，这个证据也值得怀疑。支思韵的庄章组字以及2个知组字，都来自中古的止摄开口三等韵。蒋绍愚（1996：84）根据“知”“支”两字来推断支思的章组和齐微的知三不同音，因为“支”为章母，“知”为知母，二者在中古韵母相同，在《中原音韵》中分属不同的韵部，但如果只是韵母不同，而声母变得相同，就无法说明其韵母分化的条件。所以它们的声母也应不同。章组字的情况是一个很好的补充，因为并不是所有止摄开口三等的章组字都归入了支思韵，还有 6 个字在齐微韵，这 6 个字的韵母和支思韵的章组字韵母显然不同，但如果只是韵母不同，就只能看作是例外，因为找不到分化的条件。

鱼模韵庄组一类也有知三和章组字。说这些字和另一类的不同仅在韵母，也遇到了同支思韵一样的困难。

此外，从中古来源来看，鱼模、真文、尤侯、侵寻四个韵部中的庄组字和知三、章组字对立更为明显，因为中古时它们的韵母相同，都是三等韵。到了《中原音韵》，如果它们的韵母变得不同了，似乎只能归结为声母的不同使两类字的韵母变得不同，如果声母相同，就不好说明韵母分化的条件了。

2. 通过以上分析，可以看出，说知庄章三组声母合并，同一韵部内分类的趋势仅是韵母不同造成的，显然有许多难以解释的地方。不过以上的解释有一个特点，即主要着眼于语音的组合条件，即声母是韵母变化的条件，韵母是声母变化的条件，条件相同就得发生相同的变化，而且同时变化。根据徐通锵（1996），语音变化有三种方式，连续式音变、离散式音变和叠置式音变。其中叠置式音变是方言之间融合，形成文白异读，进而发生变化，《中原音韵》知庄章声母并不存在异读的情况，与此种音变无关。连续式音变主要是根据语音的组合条件来进行的，语音条件相同的字音会同时发生变化，即使有例外，也有更细的条件可以说明。离散式音变是语音上突变，词汇上渐变，条件相同的音也不一定同时变化，所以比较容易产生找不到条件的例外。前面我们采用的是连续式音变的理论，以前人们多采用这种音变理论。由前可知，尽管用连续式音变可以说明知庄章声母合一的观点是不可行的，但用来说明知庄章声母分为两类同样也会遇到难以解释的地方，如中古止摄开口三等章组字在支思和齐微韵的分化。蒋绍愚（1996：85）尽管倾向于分类说，却只能把齐微韵的章组字看作例外，不予考虑。他说："其实，在《中原音韵》中不仅同属止摄开口三等的'知'和'支'分属齐微和支思，而且几乎所有原属止摄开口三等的'知''章'组字，都按照同一条件分化，'知'组字属齐微，'章'组字入支思（只有'蚩、媸、鸱、侈、帜、炽'六个字在齐微韵，'胝、徵'两个字在支思韵，是例外）。"又如鱼模韵章组字的分化。而这种例外是连续式音变难以解释的。因此我们换用另一种即离散式音变的理论，看看能否解释得通。

离散式音变在汉语中的表现是语音的变化通过字音一个一个来实现，同音的字未必同时变化；它的变化也是有条件的，但这种条件一般是在变化完成之后才会显现出来，在变化的过程中，则不容易看到。由于语音变化在字音中的实现是渐进的，就有可能因为变化时间长，中间介入其他因素而使变化发生中断，从而产生例外。根据这一理论，如果《中原音韵》中知庄章三组合一，分类的趋势是由于韵母不同造成的，那么在《中原音韵》之前，知庄章三组应该已经发生了由分到合的变化，而原本同音的韵母也随之发生了分化，具体说来如下：庄组的卷舌音最先使其三等韵字的介音失落，变同二等韵；然后知二因没有介音的干扰，比较顺利地同庄组合并；知三和章组都有介音，它们最后变同庄组，但由于《中原音韵》时期刚刚完成合并不久，所以只使一部分字的介音失落，而大部分字的介音仍然存在，以至于造成了分组的趋势。可以解释得通。

如果知庄章三组分成两类，声母不同，韵母也不同。根据离散式音变可以作如下解释：庄组先卷舌化，使三等介音失落，知二进而合并进来。知三和章组先合并为一组，由于介音的干扰，只有一小部分字变同庄组，大部分仍然与庄组不同。这样也能解释通。

显然，采用离散式音变的理论解释《中原音韵》知庄章声母的分类，例外的情况可以迎刃而解。但还是不能确定究竟是合一还是分类，因为两种说法都可以得到解释。比较起来，不同在于，如果合一，知三、章组先变同庄组的卷舌音，然后使字的韵母一个个变化，这就要承认卷舌音可以和介音 -i 相拼；如果分类，知三和章组就不用先变成卷舌音，而是声母和韵母同时变，卷舌音和介音不能相拼。以前的学者也是在这里出现了分歧，一般主张合一的就承认卷舌音可以和介音相拼，而主张分类的则认为不能相拼。究竟如何，可以借助于方言材料来说明。

3. 胶辽官话中知庄章组字的声母

1. 胶辽官话大致包括山东东部和辽东半岛的方言。前面提到的赣榆方言和寿光方言都属于胶辽官话。胶辽官话许多方言中知庄章组字声母的分类与《中原音韵》一致，但并不是所有胶辽官话方言都是这样。从音类上来看，胶辽官话知庄章三组声母的情况可以分为以下几类（罗福腾，1998）：

（1）以韵母的等呼为条件分化为两类，如牟平、荣成、烟台、莱阳、龙口等方言。其中甲类字包括中古知组开口二等、合口三等（遇摄除外），庄组字以及章组开口三等止摄字、合口三等字（遇摄除外）。乙类字包括知组开口三等、合口三等止摄字，章组开口三等字（止摄除外）、合口三等遇摄字。

（2）青岛、诸城方言的知庄章三组声母也是分为两类，与前一种的不同在于山臻两摄合口字“准船顺”等，不读甲类声母，而读乙类。与此相同的还有即墨、平度等地方言。

（3）辽宁省的庄河方言，也分两类，但又有所不同。读甲类的字比较多，包括：知组的开口二等、三等（止摄除外）、合口三等（遇摄除外），庄组字，章组的开口三等（假摄除外）、合口三等（遇摄除外）。读乙类的字较少，包括：知组开口三等止摄、合口三等遇摄，章组开口三等假摄、合口三等遇摄。

（4）辽宁长海方言知庄章声母三分，但不是知、庄、章保持了原来的分类，具体如下：甲类包括：知组开口二等、合口三等通摄，庄组开口字、合口通摄，章组开口三等止摄、合口三等通摄；乙类字包括：知组合口三等（遇、通摄除外），庄组合口二等、开口三等宕摄，章组合口三等（遇摄除外）；丙类字包括：知组开口三等、合口三等遇摄，章组开口三等（止摄除外）、合口三等遇摄。

（5）知庄章三组合为一类。

虽然分为五类，但知庄章声母二分的方言在胶辽官话中显然占了多数。长海方言知庄章三分，其中有一类读齿间塞音，罗福腾指出这是比较晚近的事情。除开这一类，我们可以把其他四类的情况联系起来。其中第 1、2 类是比较早的阶段，其次是第 3 类，原来读乙类的字逐渐向甲类变化，最后是第 5 类，知庄章三组声母合一。此外，我们可以看出，第 1、2 类方言中甲乙两类字的分类和《中原音韵》并不完全相同，

表 1

	荣成	烟台	牟平	平度	即墨
东钟	tʂoŋ	tsuŋ	tsoŋ	tʂoŋ	tʂoŋ
齐微乙类合口	tʂuei	tsui	tsuei	tʂuei	tʂuei
真文乙类合口	tʂuən	tsun	tsuən	tʃuã	tʃuə̃
先天乙类合口	tʂuan	tsuan	tsuan	tʃuã	tʃuɑ̃
车遮乙类合口	tʃuɛ	tsuo	tsuo	tʃuə	tʃuə
鱼模乙类合口	tʃu	tɕy	tɕy	tʃu	tʃu
寒山甲类合口	tʂuan	tsuan	tsuan	tʂuã	tʃuɑ̃

《中原音韵》属乙类的很多合口字却读同甲类。以荣成、烟台等方言为例，简单列表如下（见表 1）：

表中所列七韵均有知系合口字，寒山韵只有知二庄（甲类）字，列出以便对比。荣成、烟台、牟平方言属于第 1 类，平度、即墨方言属于第 2 类。东钟和鱼模都来自中古的合口三等韵，东钟只有 1 个庄组字，其他都是知三、章组字，总体来看应算作乙类。由上表可以看出，第 1 类方言大部分乙类合口字都已读同甲类，但荣成的鱼模和车遮仍然保持乙类的读音，烟台和牟平只有鱼模保持乙类读音；第 2 类方言基本和《中原音韵》相同，但平度、即墨的东钟、齐微乙类字都读同甲类，即墨方言寒山韵甲类合口却又读同乙类，平度寒山韵“拴闩涮”为甲类 tʂ 组，而“撰篡”为乙类 tʃ 组。显然，即使二分的方言，也不是完全相同的，从中可以看出，主要的趋势是从乙类向甲类发展：东钟、齐微最快，再次真文、先天，然后车遮，最后是鱼模韵。并且，还可以看出这几种方言的发展速度也不相同，烟台、牟平比较快，其次荣成，再次平度、即墨方言。

2. 汉语的音节由两部分组成：声母和韵母。声母和韵母的异同可以有四种组合：（1）声母相同，韵母相同；（2）声母相同，韵母不同；（3）声母不同，韵母相同；（4）声母不同，韵母不同。现代北京话中，知庄章三组字属于第一种情况，即声母相同，韵母相同。《中原音韵》中分为两类是大家都承认的，所以首先可以排除这种情况，只可能是其他三种中的一种。以往研究，持合并为一这一观点的人认为是第二种组合，声母相同，韵母不同。持分为两类观点的一般是第四种，声母不同，韵母也不同。这是由于支思和齐微是两个韵部，它们的韵母显然不同，由此推断其他韵部中知庄章两类字的韵母也不同，两种观点在韵母不同这一点上一致。很少人去考虑第三种可能的组合：声母不同，韵母相同。从胶辽官话中的情况来看，知庄章三组字分为两类，或者是声母不同、韵母相同，如平度、即墨；或者是声母不同，韵母也不同，如烟台、牟平，两种情况都有，但没有声母相同、韵母不同的类型。不过，凡是声母不同的方言，并不是所有韵部的读音都按照《中原音韵》的甲乙两类来分别，尤其只有一类的韵部，所以根据方言，我们无法确定《中原音韵》的甲类和乙类读音就一定判然分明，也就是说，其实无法确定某一韵部知庄章组字的具体读音。

尽管如此，胶辽官话的情况至少说明《中原音韵》知庄章声母有分成两类的可能性。当然，大部分北方方言知庄章声母都合并为一类，所以《中原音韵》也有合并为一类的可能。不过凡是合并为一的方言，其韵母都相同，都是开口呼或合口呼，并没有细音，至少现在还没有发现一种方言是卷舌音与细音相拼的。因此，参考方言材料，知庄章声母分为两类应该是比较合理的。

3. 张树铮（1991：215—217）指出，寿光方言知庄章分为两类，和《中原音韵》一致，其乙类字的单字音声母读舌面音 tɕ，和见组字细音一致，但在儿化后，声母发生变化，变成卷舌音 tʂ，和甲类相同。而见组字儿化后，声母并没有改变。所以他认为，不是“儿”的卷舌动作使声母变化，而是因为以前乙类字的声母和甲类字一样，也是卷舌音，只是后来乙类字才从中分化出来，变成了舌面音。因此，寿光方言虽然现在知庄章三组分为两类，但并不能肯定以前它们没有合并过，所以不能因为寿光方言现在的分说明《中原音韵》中这三组声母也是分的。

这确实不好解释。但根据这一点就说甲乙两类字以前曾经合并，又不够充分。联系其他的方言，我们发现并不只是寿光方言存在这种情况，平度、即墨方言也有，并且这两种方言的精组细音声母 ts 在儿化后声母变同精组洪音声母 tθ。按照张树铮的推测方式，这两组声母原应是合一的，而且，ts 应是从 tθ 分化出来的，即精组最初的读音是 tθ。但从音理上看，ts 应该较早，tθ 是从 ts 中发展出来的。而且，张树铮依据的是寿光方言北部的读音，这种方言是分尖团的，见组字细音与乙类字声母相同，儿化后声母不变的只是见组字。在胶辽官话中，很多方言的见组细音读 c 组。可以猜想，寿光方言乙类字原来就读 tɕ，那时就发展出儿化后声母变同甲类的现象，当时见组字细音并不读 tɕ，而读 c，只是后来才逐渐腭化变成 tɕ。所以，见组字儿化后不变成卷舌音。如果这样解释可以行得通的话，就不能得出寿光方言知庄章曾经合并的结论，也就不能证明《中原音韵》可能也合并过。

4. 余论

本文赞成《中原音韵》知庄章声母分为两类。从连续式音变的角度来看，无论是合一说还是分类说，都遇到一定的困难。而从离散式音变的角度，无论合一还是分类又都可以得到解释。但如果联系现代方言的情况来看，分类说的可能性更大一些。

蒋绍愚（1996：84）指出，考虑《中原音韵》知庄章声母问题应当注意两点："一是语音的变化必须有一定的条件；二是考察语音的发展时必须考虑其历史的联系"。从第一点出发，他倾向于分为两类，尽管他根据连续式音变理论，无法解释一些无条件的例外；而从第二点出发，他又觉得分为两类不好说明《中原音韵》与以前的文献材料的关系，因为唐宋时期，都有一些迹象表明这三组声母相通。张树铮（1991：223）也认为，知庄章合一可以很简明地说明从《切韵》以来的发展，而分为两类就比较麻烦。之所以如此，是因为他们把汉语方言的发展看作是齐头并进的，而这与事实不符。虽然唐宋时期有文献材料表明当时已经有合一的情况，但方言复杂，并不一定所有的方言都合一了，应是有合有分,《中原音韵》所代表的方言可能就没有合一。如果这样，简明性也就不成问题。而且，简明并不是语言研究的目的，符合实际才是目的。

还应该指出，合一和分类的差别可以看作是处理方式的不同，就像不同的人调查同一种方言，得到的音位数目以及记录的音值也会有差异一样。不过，不同的方式之间会有优劣之别。在此，虽然我们无法把周德清找来作证，但综合来看，分为两类更符合实际一些。

∷ 参考文献 ∷

蒋绍愚 . 近代汉语研究概况（第二版）[M]. 北京：北京大学出版社，1996.

蒋希文 . 从现代汉语方言论中古知庄章三组声母在《中原音韵》里的读音 [J]. 中国语言学报，1983（1）.

罗福腾 . 牟平方言志 [M]. 北京：语文出版社，1992.

罗福腾 . 胶辽官话研究 [D]. 山东大学中文系博士学位论文，1998.

宁继福 . 中原音韵表稿 [M]. 长春：吉林文史出版社，1985.

钱曾怡等 . 烟台方言报告 [M]. 济南：齐鲁书社，1982.

钱曾怡、高文达、张志静 . 山东方言的分区 [J]. 方言，1985（4）.

王淑霞 . 荣成方言志 [M]. 北京：语文出版社，1992.

徐通锵 . 历史语言学（第二版）[M]. 北京：商务印书馆，1996.

薛凤生．中原音韵音位系统 [M]. 北京：北京语言学院出版社，1990.
杨耐思．中原音韵音系 [M]. 北京：中国社会科学出版社，1981.
于克仁．平度方言志 [M]. 北京：语文出版社，1992.
张树铮．从寿光方言看《中原音韵》的知庄章声母 [A]. 载《中原音韵新论》，北京：北京大学出版社，1991.
张树铮．寿光方言志 [M]. 北京：语文出版社，1995.
赵日新、沈明、扈长举．即墨方言志 [M]. 北京：语文出版社，1991.
中国社会科学院语言研究所．方言调查字表 [M]. 北京：商务印书馆，1983.

（原载《汉语学报》2001 年上卷第 3 期，2002 年 7 月出版）

其他

北京话韵母 o uo e ie ye 溯源

提　要　本文认为，从《中原音韵》到今北京话，韵母系统的变化主要是今韵母 o uo e ie ye 的形成。由此，本文利用若干历史音韵材料，考察两组韵母的形成过程，并指出，开合对称的制约和外方言的影响是导致变化发生的重要因素。

关键词　北京话　《中原音韵》　开合

在研究北京话入声字的历史层次时（高晓虹，2000），我们发现，从《中原音韵》到今北京话，韵母系统的一个重要变化就是《中原音韵》的歌戈韵和车遮韵发展为今天的 o、uo、e、ie、ye，或者更准确地说，是今北京话 o、uo 和 e、ie ye 这两组韵母的形成。之所以这么说，是因为《中原音韵》以来，北京话语音系统最突出的变化之一就是文读层韵母的形成，而这两组韵母是文读层韵母的主要成员。关于这两组韵母的历史来源，王力《汉语史稿》（1980）和唐作藩《普通话语音史话》（2000）都曾有过讨论，但他们仅考察了中古《切韵》、元代《中原音韵》及现在三个时期韵母的大致对应关系。本文则通过考察元代以来的几种韵书，包括《中原音韵》（周德清）、《合并字学集韵》（徐孝）、《李氏音鉴》（李汝珍）、《语言自迩集》（威妥玛）、《音韵逢源》（裕恩）、《京音字汇》（王璞），进一步细化元代至今北京话这两组韵母的具体发展变化过程，并尝试探讨制约两组韵母发生变化的因素。

1. 北京话 o uo e ie ye 韵母的中古来源

北京话 o、uo 和 e、ie、ye 这两组韵母的主要元音都是中元音，从音位的角度，可以并为一组，因为 o、ie 互补，o 只拼唇音声母，e 拼其他声母。但若追溯起来，它们有不同的中古来源，具体如下（分号前为阴声韵，后为入声韵，下同。本文所列咸山等阳声韵摄均指其入声韵）：

o 果合一帮组；山合一帮组，臻合一帮组，宕开一帮组（文），江开二帮组（文），曾开一帮组（文），梗开二帮组（文）。

uo 果开一端系、疑母，果合一（帮组以外）；山合一端见系，山合三章组，宕开一端系（文），宕开三知系（文），宕合一见系（文），江开二知系（文），曾合一见系（文），梗合二见系（文）。

e 果开一见系，果合一见系，假开三章日组；咸开一见系，咸开三章组，山开一见系，山开三知章日组，深开三知庄组，宕开一见系（文），曾开一端见系（文），曾开三庄组（文），梗开二知见系（文），梗开三船母（文）。

ie 果开三群母，假开三精见系，蟹开二见系；咸开三四端见系，山开三四帮组端见系，山合三来母。

ye 果合三见系；山合三四精组见系，宕开合三端见系（文），江开二见晓组（文）。

从来源看，o、uo 古阴声韵来自果摄，古入声韵来自山臻宕江曾梗摄；ie、ye 古阴声韵来自果假摄、蟹摄，古入声韵来自咸山宕江摄；而 e 古阴声韵既有果摄，又有假摄，古入声韵来自咸山深宕曾梗摄。显然，两组韵母古阴声韵的来源比较单纯，而古入声韵的来源则较复杂。

2.《中原音韵》等韵书中的相关韵母

这一部分主要是对《中原音韵》等音韵材料中的相关韵母进行考察。

2.1 《中原音韵》（据宁继福《中原音韵表稿》，1985）

《中原音韵》里与今北京话这两组韵母相当的韵母属于歌戈韵和车遮韵。其中，歌戈韵包括 o、io、uo 三个韵母，而车遮韵包括 ie、iue 两个韵母。中古来源如下：

o 果开一见系；咸开一见系（合、曷韵），山合一並母，宕开一並母、端组、从母“凿”、见系，江开二澄母。

io 宕开三来母、日母、章组、见系，江开二见系。

uo 果开一端泥精组，果合一帮组、端泥精组、见系；山合一帮端精组、见系，宕开一滂母“粕”、明母、泥来母、匣母“镬”。

ie 假开三；山开三四，咸开三四，梗开二晓母“吓”、疑母“额”。

iue 果合三；山合三四。

歌戈韵阴声韵主要来自果摄一等，入声韵主要来自宕江摄、咸山一等。车遮韵阴声韵来自果假摄三等，入声韵主要来自咸山摄三四等。无论是歌戈韵还是车遮韵，都主要来自果假咸山四摄。至于宕江摄入声字，在《中原音韵》里主要归萧豪韵，归歌戈韵的只是一小部分，而且这一小部分字几乎都在萧豪韵重出。王力（1980）、宁继福（1985）等均把宕江摄入声字读歌戈韵看作文读，读萧豪韵看作白读。文读是受外方言影响形成的，是外来的层次，把文读离析出去，才能得到当时北京话固有的韵母系统。因此，我们把宕江摄入声字撇开，歌戈韵与车遮韵便只有开合对称的四个韵母 o、uo、ie、iue，o、uo 来自果咸山一等，ie、iue 来自果假咸山三四等。由于入声字是喉塞尾脱落后才并入的，所以再把入声字撇开，就发现，歌戈韵与车遮韵实际是果摄一等与果假摄三等的对立。由此，可以推知，从中古果假摄到《中原音韵》的歌戈韵、车遮韵的几个发展阶段：（1）中古《切韵》果摄有一三等，假摄有二三等；（2）中古果摄和假摄韵母依等的不同而合并，果摄一等一类，果摄三等与假摄三等合并（假摄二等独立，本文不讨论）；（3）入声尾脱落后并入阴声韵，其中咸山一等与果摄一等合并为歌戈韵，咸山三等与果假摄三等合并为车遮韵；（4）宕江摄入声字文读音形成，并入歌戈韵，形成《中原音韵》的状态。显然，中古到《中原音韵》之前的一个阶段，北京话韵母系统的发展是非常有规律的。而宕江摄入声字文读音的出现，打破了这种规律的状态。

不过，今北京话 o、uo，e、ie、ye 这两组韵母并不都是来自《中原音韵》的歌戈韵和车遮韵，还有部分字来自萧豪韵、皆来韵、齐微韵。这些字都是后来才合并进来的。

2.2 《合并字学集韵》(郭力，2003)

与《中原音韵》相比,《合并字学集韵》的文读层韵母有了进一步发展。北京话这两组韵母在《合并字学集韵》相当于果摄和拙摄，分别与《中原音韵》的歌戈韵和车遮韵大致对应，但韵母的数量略有增加，果摄有 o、io、uo，拙摄有 e、ie、ue、ye，字数也有所增加。

o 果开一见系；宕开一三，咸山开一见系，臻摄个别字。

io 宕开三知系外，江开二见系。

uo 果开一见系外、果合一；山合一，宕开合一，江开二。

e 假开三章组；山开三，深开三知庄组，臻开三庄组，曾开一、开三庄组，梗开二。

ie 假开三章组外，果开三，蟹开三个别字；咸山开三四。

ue 曾合一，梗合二，山合三知系字。

ye 果合三，假开三“嗟”；山合三四。

与《中原音韵》相比，多了 e、ue 两个韵母，这主要是由于知系声母在《合并字学集韵》中合并为一组并卷舌化，使与之相拼的韵母介音脱落，因而从《中原音韵》的车遮韵中又分化出了两个韵母。并且，随着知系声母的卷舌化，原来拼 io 韵母的知系字也转归 o 韵母。《合并字学集韵》的果摄、拙摄韵母的来源更为复杂。其一,《中原音韵》归萧豪韵的宕江摄入声字在《合并字学集韵》里几乎都归了果摄。其二，拙摄除了来自《中原音韵》车遮韵的字，还有部分字来自《中原音韵》齐微、皆来两韵，即深臻三等、曾摄一等、三等和梗摄二等字。这两类字的加入虽然对韵母的数量没有影响，但韵母的功能负荷却发生了变化。此外，蟹开二见系字“解”归拙摄，也是不同于《中原音韵》的一个小变化。总体上,《合并字学集韵》果摄、拙摄韵母所辖的字与今北京话的这两组韵母所辖的字已经基本一致。

2.3 《李氏音鉴》(杨亦鸣，1992)

《李氏音鉴》比《合并字学集韵》略晚，相关韵母列举如下：

o 果开一见系，果合一帮组及见系个别字；咸山开一见系，山合一帮，梗开二，曾开一，曾开三庄组，宕开一帮、见系，江开二帮及臻通个别字。

uo 果开合一端系、果合一见系大部分字；山合一，山合三知系，宕开合一、宕开三知系，江开二知系，梗合二，曾合一及通摄个别字。

yo 果合三；宕江摄入声字细音，山臻通个别入声字。

e 假开三章组字；咸山开三知系，深开三知庄组，臻曾开三生母字。

ie 假开三章组外；咸山开三四，臻曾梗开三个别字。

ye 山合三四，臻合三，曾合三“域”。

与《合并字学集韵》比较，有两个明显变化：一是 io 变为 yo；另一是 ue 消失，一部分字归入 o，主要是曾梗摄帮组字，如“北百”，另一部分归入 uo，主要是山合三知系、曾合一见系字，如“拙说国”。此外，e 韵字大量减少，梗开二、曾开一、曾开三庄组字《合并字学集韵》中读 e 韵母，但《李氏音鉴》基本都改读 o 韵母，只有极少数字未变，如曾开三生母字。不过，《李氏音鉴》中蟹开二见系字都读 iai，没有读 ie 的。

2.4 《语言自迩集》(威妥玛，2002)

《语言自迩集》这两组韵母的情况较为复杂，最突出的表现是存在比较多的异读。

o 果合一帮组，果开合一端泥组、见系；咸山开一见系，山合一，山合三知章组，宕开一，宕开三知章组，宕合一见晓组，江开二帮组、知庄组、溪母“壳”，梗开二帮组、见系，通合三少数字，曾合一匣母字，曾开一，臻合一帮组、来母字“讷”，臻合三非组、知系个别字。

io 宕开三精组、见系、日母字“若”，江开二见系。

uo 果开合一精组字；宕合一见晓组，宕开三知章组，宕合三见母字，梗合二见晓组，江开二知庄组、影母，山合一见晓组，山合三章组，曾合一见晓组，通合三昌母、影母。

yo 宕开三来母字、精组见系少数字，江开二匣母字“学”。

e 假开三章组、果开合一见系；宕开三章、日母字，宕开一少数字，梗开二知庄组，山合三知章组，咸山开三知章日组，深开三知庄组，曾开三庄组，曾开一帮组外，臻开三庄日组。

ie 果开三，假开三章组外，蟹开二见系部分字；咸山开三知系外，咸山开四，梗开二见母字“隔”、梗开三以母字“掖腋”等少数例外字。

ye 果合三；宕开三来精组、见系，江开二见系，山合三四见系，山开三“薛”，臻合三“倔”。

以上七个韵母中，io、yo、ye 有一些字是相同的，o、uo 有些字重出，o、e 也有许多字重出。尤其是 yo 韵母字几乎都有 io 或 ye 韵母的又读。列举如下：

io/yo/ye 畧 lio3/lyo3/4/lye3/4 却 qio1/4/qyo4/qye4 学 xio2/xyo2/xye2

io/ye 瀹 io4/ye4 籥 io4/ye4 跃 io4/ye4 确 qio4/qye4 嶽 io4/ye4

o/e 洛 lo4/le4 乐 lo4/le4 索 so1/3/se3 鹗 o4/e4 鱷 o4/e4 恶 o4/e4 黑 xe1/3/xo3/4 勒 lo4/le4 o/e 额 o2/4/e2/4

o/uo 廓 ko4/kuo4 扩 ko4/kuo4 劐 xo1/xuo1 矱 xo4/xuo1 戳 cho3/chuo1 或 xo4/xuo4 惑 ho4/huo2/4

从时间来看，《语言自迩集》比《李氏音鉴》晚约半个世纪，但它显然不完全是《李氏音鉴》的发展：它有保守的方面，如有韵母 io，在《李氏音鉴》里已经变为 yo，又如《李氏音鉴》已经变为 o 韵母的部分 e 韵母字《语言自迩集》仍然读 e 韵母；也有一致的地方，即出现了韵母 yo，许多 e 韵母字同时读 o 韵母，ie 韵母基本未变；还有发展较快的方面，部分字 o 与 uo 两韵母重出，io yo 两韵母字大多有 ye 韵母的异读。此外，蟹开二见系字的韵母变为 ie，仅有个别字仍为 iai。

2.5 《音韵逢源》(裕恩)

《音韵逢源》与《语言自迩集》基本同时，但反映的情况要简单得多，由《语言自迩集》的七个韵母并为五个，前述几个韵母之间的重出现象也没有了。

o 果开一见系，假开三章组；咸山开一见系，咸山开三知系，深开三知庄组，臻开三“瑟”曾开三庄组，曾开一，梗开二，梗开三“射”。

uo 果合一，果开一端系、见系个别字；宕开一端系、帮组，宕开三知系，宕合一，宕合三非组，江开二知庄，曾合一，山合一，臻合三“佛”。

yo 宕开三知系外，宕合三见系，江开二见系。

ie 假开三章组外，蟹开二见系部分字；咸山开三四知系外。

ye 果合三；山合三、四，臻合三见系。

总体来看，《音韵逢源》还是可以看作是《李氏音鉴》《语言自迩集》的进一步发展，《李氏音鉴》的韵母e并入o后，基本就是《音韵逢源》的状态；而由《语言自迩集》到《音韵逢源》，除了韵母 e 要变为 o，io 也要变为 yo。此外，《合并字学集韵》《李氏音鉴》读 o 韵母的部分唇音字，《音韵逢源》读为 uo 韵母。《语言自迩集》韵母 io、yo 已开始向韵母 ye 发展，部分 io、yo 韵母字又读 ye 韵母，但《音韵逢源》中韵母 yo 与 ye 没有合并的迹象。

2.6 《京音字汇》(王璞)

《京音字汇》是民国时期所作，韵母的数量和每个韵母所包含的字，与今北京话基本一致。

o 果合一帮组；山臻合一帮组，宕、曾开一帮组，江、梗开二帮组。

uo 果开合一等端系，果合一见系部分字；山合一端见系，山合三章，宕开一端系，宕开三知系，宕合一见系，江开二知系，曾合一见系，梗合二见系。

e 假开三章组，果开一见系字，果合一少数见系字；咸山开一见系，咸山开三知系，深开三知庄、臻开三庄、宕开一见系，曾开一端见系，曾开三庄、梗开二知见系，梗开三船“射”。

ie 假开三章组外，蟹开二见系字；咸山开三四知系外、山合三来母入声字。

ye 山合三四精组见系入声字，宕开合三、江开二见系入声字。

在《京音字汇》里，《音韵逢源》的 yo 韵母与 ye 韵母合并，《音韵逢源》的 uo 韵母拼唇音时变为 o，之后 o 韵母又因所拼声母的不同发生分化，唇音后仍保持圆唇特征，其他声母后则失去圆唇特征变为 e。至此，今北京话 o、e 两组韵母定形。

2.7 小结

总体来看，从《中原音韵》的歌戈韵和车遮韵，到今北京话的 o、uo 和 e、ie、ye 两组韵母，古阴声韵来源变化不大，一直是以中古果摄一等和果假摄三等为主；而古入声韵的来源变化较大，最早并入的是咸山摄入声字，然后是宕江摄入声字，最后是深臻曾梗摄入声字。

以上各种材料的相关韵母的情况可以简列如下：

《中原音韵》	o	io	uo			ie		iue
《合并字学集韵》	o	io	uo		e	ie	ue	ye
《李氏音鉴》	o		uo	yo	e	ie		ye
《语言自迩集》	o	io	uo	yo	e	ie		ye
《音韵逢源》	o		uo	yo		ie		ye
《京音字汇》	o		uo		e	ie		ye

从数量来看，《中原音韵》到《京音字汇》变化并不算大，主要是韵母io消失、e产生。但这些韵母的中古来源都或多或少发生了变化，不同时期同一韵母所包括的字不完全相同。

3. 变化原因初探

语言总是在不断发生变化。支配语言变化的原因是什么？这一直是一个引人思索的问题。笼统地说，影响语言变化的原因无非有二，一是语言系统内部的因素，一是语言系统外部的因素。北京话这两组韵母的形成与发展体现了这两种因素的共同作用。其中内部因素是韵母系统开合对称格局的制约作用，而外部因素则是外方言的影响。

现代汉语一般把韵母系统按照介音分为开、齐、合、撮四呼。从共时情况来看，现代汉语许多方言中都没有完整的四呼（汪平，2003：13），即使四呼俱全，如普通话，也没有几个韵同时有四呼韵母。从历时情况来看，中古汉语韵母系统只有开、合二呼，没有齐、撮二呼，齐、撮二呼是后来从开、合二呼中分化出来的，其中齐齿呼来自开口，而撮口呼来自合口。所以，四呼难以成为统率汉语韵母系统的基本特征，而开、合对立才是古今汉语韵母系统的一个基本特征。今天的四呼实际仍以中古时期开合对立为基础，即开口呼与合口呼、齐齿呼与撮口呼两两相对，分别组成开合对立。由此来看《中原音韵》的歌戈韵与车遮韵，以及它们后来的发展，我们认为，开合对立是制约这两组韵母发展的一个主要内部因素。

前面提到，中古的果摄一等、咸山摄一等入声字合并，果假摄三等、咸山摄三等入声字合并，从而形成两两开合对称的四个韵母o和uo、ie和iue。这是《中原音韵》之前的北京话的情况。到《中原音韵》时期，北京话受到了其他方言的影响，产生了文读层，即宕江摄入声字在归萧豪韵之外，又出现歌戈韵的读音。

文读层的出现一方面为 o、uo 两韵母带来了新生力量，字数增多，另一方面增加了一个新的韵母 io。由于系统中没有相对应的合口，所以这个韵母的出现，使原来开合对称的相对平衡受到破坏变为不平衡，而“结构的不平衡性决定了语言演变的必然性”（徐通锵，1993：235），从而使 o 组韵母趋于变化。

据高晓虹（2000），从《中原音韵》到《合并字学集韵》，宕江摄入声字文读和白读的力量发生了变化，从白读占优势变为文读占优势，结果是绝大多数宕江摄入声字读同果摄字，这样，《合并字学集韵》o、io、uo 三个韵母的字数较《中原音韵》有所增加。也许正是这个原因，才使得孤立的 io 没有很快发生变化。而当宕江摄入声字文读音战胜白读音后，io 就开始发生变化：主要元音 o 对其前的介音发生同化作用，使介音圆唇化，在《李氏音鉴》中就变为 yo。但 yo 仍然是孤立的，没有相应的开口形成对称，因此仍然是不稳定的。而与之相近的 ye 与 ie 开合对称，更为稳定，所以 yo 便向 ye 变化，到《音韵逢源》时这一变化已经完成。

《语言自迩集》的情况有些特殊，其中 o、io、uo、yo 俱全，开合对立，从结构的角度看应该是很稳定的，为何会变化呢？其实，表面上看虽是开合对称的，但实际上并非如此。因为 yo 韵母字均有 io 韵母异读，同时，yo 韵母字也基本都有 ye 韵母的异读。这说明 yo 韵母是不太稳定的，它是 io 向 ye 变化的过渡阶段，《语言自迩集》反映的是变化过程中各种变体共存的情况。

以上是 o 组韵母的变化情况。显然，外方言的影响是引起变化的一个关键因素。由于外方言成分的加入造成内部开合结构的失衡，从而引起了变化的产生，最终把新的外来成分纳入开合对称的结构之中。e 组韵母与 o 组有所不同，其变化更多地体现了语音系统内部的整合。

《中原音韵》的 ie、ye 是开合对称的。到《合并字学集韵》时，由于卷舌声母的形成，又发展出 e、ue 两个韵母，这时 e、ie、ue、ye 四个韵母仍然是开合对称的。但到《李氏音鉴》，ue 消失了，变为 uo，e 韵字也向 o 韵母发展。我们认为，这主要是系统调整的结果。从中古到现在，韵母系统趋于简化，主要的方式就是合并不同的韵母。e、ue 两个韵母的出现，是声韵系统互相协调的结果，但与整个韵母系统趋于简化的走向相反。由于它们与 o、uo 音值相近，便有了合并的可能性。相比之下，e、ue 是新产生的，字数又少，因此，e、ue 易于向 o uo 变化。其中，ue 韵母只有很少的字，而且它只跟知系及唇音声母相拼，功能负荷很小，所以 ue 先变，到《李氏音鉴》中就只有 uo 而没有 ue 了。e 韵母字数较多,《李氏音鉴》时只有一部分并入 o 韵母，一直到《音韵逢源》才完全并入 o。

就韵母 e 到 o 的变化来说,《语言自迩集》也有特别之处，即《李氏音鉴》已经变为 o 的字，仍然读 e 韵母。威妥玛（2002：28）曾详细说明当时北京话中 o e 韵母的情况。他说:“韵母 e 跟 o 有些相混是难以避免的。我曾用满语努力引导自己。但发现，尽管本地老师曾希望区分这两个韵母，却未能成功：许多词既可以说 e（或是 nge），che，je，ke，le，me，te，又可以说 o，cho，jo，ko，lo，mo，to，而且都符合表音法。同样的情况对送气音 ch‘，k‘，t‘ 也适用。要说出哪一组是正确的表音法几乎是不可能的。我认为，在送气音后面，一般说来，o 类韵更流行些。虽然以 e 结尾的音节总难免从 e 变为 o，但许多以 o 结尾的音节却从不变成 e。人们还发现，一些本地人倾向于发 e，而另一些人倾向于发 o。”这段话说明，当时北京话中韵母 o e 存在复杂的变异，而趋势则是 e 向 o 变化。

韵母 e 到 o 的变化,《音韵逢源》时实际已经完成。但到了《京音字汇》中，e 韵母又重新出现。不过，此 e 非彼 e。《京音字汇》中的 e 是一个新的韵母。在《音韵逢源》中，o 韵母可以跟 j、q、x 之外的几乎所有声母相拼，后来就受不同声母的影响，产生不同的变体，从而发生了分化。具体来说，当与唇音声母相拼时，保持圆唇的 o，而与其他声母相拼时，圆唇特征弱化，变为 e。今天北京话依然如此。

e 组韵母的变化也受到了外部因素的促动。《合并字学集韵》时期，深臻曾梗等摄部分入声字出现文读音，读 e 组韵母。这类字的文读音虽然并没有增加新的韵母，没有破坏开合的对称性，但新成分的加入会导致系统内部力量对比的变化，从而引起系统的一些波动。

总之，从 o、e 这两组韵母的发展来看，在系统平衡对称的情况下，外部因素的影响往往会给系统带来新的成分，从而破坏原有的平衡，导致变化的产生。变化一旦发生，则会对整个系统造成影响，就如同把一块小石头投入水中，不仅使与之接触的那一点儿水面变化，而且形成水波，波及更大范围的水面。语言系统的变化应该也是这样，不只是涉及相关的成分，而是对系统或多或少产生一些影响。如果变化在系统中造成了新的成分，那么系统会按照既定的格局对新成分进行整合，并可能产生新的变化。

最后对北京话这两组韵母在今后的发展做一点推测。从《音韵逢源》到《京音字汇》，由韵母 o 又分化出 e 来。这固然可以看作是所拼声母不同引起的变异，但也可能是韵母 o 向 e 发展的结果。在许多官话方言中，与唇音声母相拼的是不圆唇的 e，因此，北京话拼唇音声母的 o 韵母在今后可能会变为不圆唇的 e，与其他声母后的 e 韵母合并，若是，则与之相应，合口的 uo 韵母也可能会变为 ue，从而实现 e、ie、ue、ye 开合、四呼对称的格局。

∷ 参考文献 ∷

陈保亚．语言文化论 [M]. 昆明：云南大学出版社，1993.

高晓虹．方言接触与北京话入声字的历史层次 [D]. 北京大学中文系博士学位论文，2000.

高晓虹．北京话入声字文白异读的历史层次 [J]. 语文研究，2001（2）.

郭　力．古汉语研究论稿 [M]. 北京：北京语言大学出版社，2003.

刘淑学．中古入声字在河北方言中的读音研究 [M]. 保定：河北大学出版社，2000.

宁继福．中原音韵表稿 [M]. 长春：吉林文史出版社，1985.

唐作藩．普通话语音史话 [M]. 北京：语文出版社，2000.

汪　平．方言平议 [M]. 北京：语文出版社，2003.

王　力．汉语史稿 [M]. 北京：中华书局，1980.

王　璞．京音字汇 [M]. 北京：北京大学图书馆藏书，1913.

威妥玛．语言自迩集——19 世纪中期的北京话 [M]. 张卫东译，北京：北京大学出版社，2002.

徐通锵．徐通锵自选集 [M]. 郑州：河南教育出版社，1993.

徐　孝．合并字学集韵 [M]. 兰州：西北师范大学图书馆藏书，1606.

杨亦鸣．李氏音鉴音系研究 [M]. 西安：陕西人民出版社，1992.

裕　恩．音韵逢源 [M]. 北京：北京大学图书馆藏书，1940.

（第二作者为刘淑学，原载《语言教学与研究》2008 年第 1 期）

《音韵逢源》的阴声韵母

提　要　《音韵逢源》是记录清代末年北京话的一部韵书。文章介绍了《音韵逢源》阴声韵母的中古来源，包括古阴声韵来源和古入声韵来源，并将其阴声韵母与今北京话进行比较，并讨论了其中的文白异读。从阴声韵母来看，北京话从《音韵逢源》以来变化不大。

关键词　《音韵逢源》　阴声韵母　入声字　文白异读

《音韵逢源》是清代道光年间满族人裕恩作的一部韵书，记录了当时北京话的语音。书中韵母共分十二部，以地支为名；每部又分为乾一、坎二、艮三、震四，即合开齐撮四呼。其中前四部为阳声韵，本文不作讨论。后八部为阴声韵，与今北京话有一些差异，是本文的讨论对象。此书中已无独立的入声，古入声韵合并到阴声韵中，入声字派入三声。因此，这里的阴声韵包括中古阴声韵字和入声字的韵母。首先拟音如下：（据耿振生《明清等韵学通论》）

辰部		高 [au]	交 [iau]	
巳部	乖 [uai]	该 [ai]	皆 [iai]	
午部		钩 [əu]	鸠 [iəu]	
未部	规 [uei]	北 [ei]		
申部	锅 [uə]	戈 [ə]		岳 [yə]
酉部			皆 [iɛ]	月 [yɛ]
戌部	姑 [u]	咨 [ɿ]	基 [i]	居 [y]
		支 [ʅ]		
亥部	瓜 [ua]	巴 [a]	嘉 [ia]	

下面我们分别从以下三个方面来讨论：中古来源，与北京话比较，文白异读情况。

1. 阴声韵母的中古来源

以上八部韵母大部分为阴声韵字和入声韵字共有，但也有个别的韵母或主要来于古阴声韵，或主要来于古入声韵。下面就对其来源作一说明，其中，（1）为古阴声韵字，（2）为古入声字。

辰部五坎二：（1）效开一；效开二非见系；效开三知章组字。

（2）宕开一见、泥、精组“凿”；宕开三知章组；江开二帮组个别字。

艮三：（1）效开二见系字；效开三四非知系字。

（2）宕开三泥精、见系；江开二见晓组。

巳部六乾一：（1）蟹开二帮组；蟹合二见系大部分字；止合三支脂韵庄组字。

（2）臻合三术韵“率”字。

坎二：（1）蟹开一非帮组；蟹开二泥、庄组及见系个别字。

（2）梗开二非见系字；曾开一心母“塞”；曾开三生母“色”。

艮三：（1）蟹开二见系字。

午部七坎二：（1）流开一（帮组个别字除外）；流开三尤韵明母字、知系字。

（2）通合三屋韵个别字。

艮三：（1）流开三帮组、端系、见系字。

（2）通合三屋韵个别字。

未部八乾一：（1）蟹合一；蟹合三非组外；蟹合四；止合三非组外。

（2）臻合一没韵明母“没”字。

坎二：（1）蟹开一帮组；蟹合三非组；止开三帮组；止合三非组；止开三日母字。

（2）曾开一德韵部分字；深开三缉韵见母“给”字。

申部九乾一：（1）果开一端系、见系个别字；果合一。

（2）宕开一非见系；宕开三知章日组；宕合一；宕合三非组；江开二知庄组；曾合一见晓组；山合一；臻合三物韵奉母“佛”字。

坎二：（1）果开一见系字；假开三章日组字。

（2）咸开一见晓组、咸开三叶韵章组；山开一见晓组、山开三薛韵知章日组字；深开三知庄组字；臻开三质韵生母“瑟”字；曾开三庄组、曾开一大部分字；梗开二见系字、知庄组个别字、帮组字；梗开三昔韵船母“射”字。

震四:（2）宕开三泥精组、见系字；宕合三见系；江开二见晓组。

酉部十艮三:（1）蟹开二见晓组；假开三精组、以母字、知母“爹”；果开三“茄”字。

（2）咸开三叶韵章组外、业韵见晓组；咸开四；山开三薛韵知系外、月韵；山开四。

震四:（1）果合三见系字。

（2）山合三薛韵知系外、月韵见系字；山合四见系字；臻合三物韵见组字。

戌部十一乾一:（1）遇合一；遇合三鱼韵知系；虞韵非组及知系字；流开一帮组个别字、流开三尤韵非组个别字。

（2）通合一（“沃”字除外）；通合三见系外；臻合一没韵；臻合三物韵非组、術韵知系；深开三日母“入”字。

坎二:（1）止开三精组；蟹开三知章组；止开三知庄章组。

（2）深开三章组；臻开三质韵知庄章组字；曾开三知章组字；梗开三昔韵知章组字；梗开四溪母“吃”字。

艮三:（1）蟹开三四知系外；止开三泥组、见系、脂韵定母“地”字。

（2）深开三泥精见系字；臻开三质韵知系外、迄韵见组字；曾开三知系外；梗开三陌韵帮见组字、昔韵知系外；梗开四锡韵。

震四:（1）遇合三泥精组和见系。

（2）通合三见系、泥精组个别字；臻合三術韵泥精见组、物韵溪母“屈”字；梗开三陌韵群母“剧”字，梗合三昔韵以母“疫役”。

亥部十二乾一:（1）假合二庄组、见系。

（2）山合二鎋韵庄见组、黠韵晓影组。

坎二:（1）假开二见系外。

（2）咸开一端系；咸开二洽韵知庄组；咸合三非组；山开一曷韵端系；山开二黠韵帮庄组、鎋韵庄组；山合三非组。

艮三:（1）假开二见系。

（2）咸开二见系；山开二黠韵影母“轧”、鎋韵晓组。

以上是阴声韵母的中古来源。其中巳部六乾一，午部七艮三、坎二，未部八乾一入声字很少，巳部六艮三皆为非入声字；而申部九震四只有入声字。

2. 与北京话比较

北京话有22个阴声韵母，列举如下（根据丁声树、李荣《汉语音韵讲义》）：

au	ai	ou	ei	o	ɤ		a		er
iau		iou				iə	ia	i	
	uai		uei	uo			ua	u	
						yə		y	

由前所见，《音韵逢源》也有22个阴声韵母，二者比较来看，大部分音值相近，来源相同；只有少数几个不太一样。《音韵逢源》比北京话多出iai yə两个韵母，北京话比《音韵逢源》多出ɤ er两个韵母，正好相互抵消，使之数目相同。但北京话中，ɤ o互补，er韵只有少数几个零声母的字，因此，实际上《音韵逢源》比北京话要多iai yə两个韵母。其中iai和iɛ合并，在北京话变为iə；yə和yɛ合并为北京话的yə。

iai韵属于巳部六艮三，只有蟹开二皆佳韵的见系字，字数很少，而且我们可以在酉部十艮三中也看到蟹开二见晓组的字。这说明，当时iai韵已经和iɛ韵混并了，从字数来看，iai韵只有“崖涯捱”等几个字，正处于消失的最后阶段。今北京话则是iai和iɛ合并之后的状态。

yə韵是申部九震四的韵母，主要为宕江摄细音入声字，yɛ韵也主要为入声字，不过是山臻摄的入声字。在北京话中，二者已经完全合并为yə。

er韵在《音韵逢源》中属于未部八坎二（ei），只有一个声母有字。此韵母在明末徐孝《重订司马温公等韵图经》中已经出现，因此可能是作者因为字少，没有另立一部，而把它归入相近的韵中，并不一定是当时没有这个韵母。

3. 入声字的文白异读

今北京话入声字有文白异读，虽然同时有文白两读的字数不是很多，但仍然具有系统性，是北京话语音的一个显著特征。北京话的文白异读主要集中在宕江曾梗通五摄的入声字上，文读音分别与果遇诸摄字的读音合流，白读音则与蟹效流等摄的读音合流。并且文读音中，曾梗摄入声字合流，而白读音曾摄一等独立，只有曾摄三等和梗摄二等合流。北京话的文白异读最早可以追溯到元代的《中原音韵》，但当时只有宕江通三摄有异读，曾梗摄并没有出现异读。到了明末徐孝的《等韵图经》中，曾梗摄也出现了与今天北京话基本一致的异读。《音韵逢源》既然是反映一百多年前的北京话，其入声字应该也有文白异读。经过查找发现，《音韵逢源》中确实存在文白异读。同北京话一样，文白异读主要集中在宕江曾梗通摄的入声字，音类的分合情况也一致。宕江摄入声字在辰部五和申部九中存在异读；曾梗摄入声字在巳部六和申部九中有异读；通摄入声字在午部七和戌部十一中存在异读。下面分别列举。

宕江摄

剥薄箔凿著（着）着芍鹤貉酪络乐烙：辰部五坎二（au），又见于申部九乾一（uə）；

阁郝：辰部五坎二（au），又见于申部九坎二（ə）；

脚角嚼雀鹊削学约药钥跃略乐疟：辰部五艮三（iau），又见于申部九震四（yə）。

曾梗摄

德得贼肋勒：未部八坎二（ei），又见于申部九坎二（ə）。

擘白檗伯百柏拍麦摘窄翟宅择色：巳部六坎二（ai），又见于申部九坎二（ə）。

通摄

轴妯熟肉：午部七坎二（əu），又见于戌部十一乾一（u）；

宿六：午部七艮三（iəu），又见于戌部十一乾一（u）。

由上所列可以看出，《音韵逢源》中入声字的异读与北京话的异读情况基本一致。但字数比北京话略多。有些字，在北京话中现在多只有一读，如，“百白拍窄宅贼”只有白读音，“德略”等字只有文读音。

综上所述，一百多年前北京话的阴声韵母已经与今天相差无几，从《音韵逢源》到今天，除了个别韵母外，几乎没有什么变化。

:: 参考文献 ::

丁声树、李 荣 . 汉语音韵讲义 [J]. 方言，1981（4）.

郭 力 .《重订司马温公等韵图经》研究 [D]. 北京大学中文系硕士学位论文，1987.

耿振生 . 明清等韵学通论 [M]. 北京：语文出版社，1992.

靳光瑾 . 北京话的文白异读和普通话的正音原则 [D]. 北京大学中文系硕士学位论文，1990.

裕 恩 . 音韵逢源 [M]. 北京：北京大学图书馆藏书，1840.

（原载《古汉语研究》1999 年第 4 期）

从现代方言看《五方元音》音系的性质

提　要　本文比较《五方元音》与现代隆尧、昆明、洛阳、获嘉、邯郸等几种方言，主要根据它们的知庄章分合、入声字的韵母、入声字的声调三方面的特征，来探讨《五方元音》究竟是以樊腾凤的家乡话还是以某种官话为基础。本文认为，《五方元音》应是以樊腾凤的家乡话尧山方言为基础编成的，但今隆尧话并非是由明末尧山话发展而来，而是几百年来北部冀鲁官话扩展的结果。

关键词　《五方元音》　隆尧方言　基础方言　入声字

《五方元音》为樊腾凤（1601—1664）所著，之后又有年希尧增补本，是清代影响较大的一部韵书。樊腾凤自称“尧山凌虚樊腾凤”，为今河北省邢台市隆尧县西良村人。

《五方元音》的音系性质如何？前人已有许多研究。李清桓、佟岩（2004）把前人观点分为两类：一是没有指明《五方元音》的方言性质，而是说明其语音为官话或北音性质的，如陆志韦、王力、何九盈等；一是指明《五方元音》的方言性质，又说明其语音具有北方话的普遍特点，如王平、龙庄伟、林庆勋等。他们则认为“《五方元音》音系在总的方面是表现十七世纪中叶北方官话的，该书在一定程度上留有方言的痕迹，但从根本上不能触动整个宏观音系”（李清桓、佟岩，2004：170），接近第一类。汪银峰（2007：7）同意龙庄伟的观点，属于第二类。考虑到樊腾凤的经历很简单，他会说的方言应该或是他的家乡话——明末尧山话，或是其读书习得的官话，而《五方元音》应是以其中的一种为基础编写而成。

前人研究这一问题时都没有结合现代汉语方言去进行详细论证。故本文试图比较《五方元音》与若干今方言的音系特征，来探讨《五方元音》的音系基础。

本文所用《五方元音》版本为《续修四库全书》所载，该本据清文秀堂刻本影印，题为《平仄六律字汇五方元音》，是樊腾凤的原本。

由于樊腾凤为明末尧山人，即今隆尧人，那么一般来说，隆尧方言是明末尧山话的发展。所以如果《五方元音》以明末尧山话为基础方言，今隆尧方言应与《五方元音》的音系存在一致性，或者更确切地说，应该能够看出隆尧方言音系是从《五方元音》发展来的。下面就先比较《五方元音》与今河北隆尧方言。

1.《五方元音》音系与隆尧方言音系之比较

高增霞（2007）曾调查隆尧西良村方言，并比较隆尧方言与《五方元音》的声韵调。但她所依据的《五方元音》为康熙庚寅年年希尧增补刊行的《五方元音大全》。而年希尧本与樊腾凤原本并不相同，不适合与樊腾凤的家乡话进行比较。

本文所用隆尧方言材料为笔者于 2009 年 9 月在河北隆尧双碑乡西良前村调查所得，与高增霞（2007）的调查略有不同。发音人樊益农，生于 1941 年，为樊腾凤的后人。

下面分别从声韵调三方面进行比较。

1.1 声母比较

《五方元音》中有 20 个字母：梆匏木风斗土鸟雷竹虫石日剪鹊丝云金桥火蛙。其中“云、蛙二母只是一个零声母的两个变体，云母用于齐齿、撮口，蛙母用于开口、合口”，所以“二十字母代表十九个实际的声母音位”（耿振生，1992：181）。隆尧方言有 23 个声母，比《五方元音》多 4 个声母。见表 1。

表 1 《五方元音》与隆尧方言的声母比较

《五》	梆	匏	木	风	斗	土	鸟	雷	竹	虫
隆尧	p	p^h	m	f	t	t^h	n	l	tʂ	$tʂ^h$
《五》	石	日	剪	鹊	丝	金	桥	火	云蛙	
隆尧	ʂ	ʐ ø l	tθ	$tθ^h$	θ	k tɕ	k^h $tɕ^h$	x ɕ	ø ŋ	

隆尧话与《五方元音》声母最主要的不同，在于“金桥火云蛙日”六个声母。我们分别来看。

1. 金桥火

这三个声母来自中古的见溪群晓匣五母，群母和匣母清化后分别并入见溪母和晓母，形成《五方元音》的“金桥火”三个声母。在隆尧话里这三个声母对应于两组声母：k k^{h} x 和 tɕ tɕ^{h} ɕ，其中 k 组只拼开口呼和合口呼，tɕ 组只拼齐齿呼和撮口呼。也就是说，《五方元音》里面古见组细音字还没有腭化，而隆尧话里已经腭化。因此，“金桥火”对应于隆尧话的 k tɕ 两组声母是可以得到合理的解释的。

2. 云蛙

“云蛙”两个声母在《五方元音》里是互补的，可并为一个零声母。但在隆尧话里却对应于 ø ŋ 两个声母。不过，隆尧话里的 ø ŋ 两个声母分布也是互补的，ø 出现在齐齿呼、合口呼和撮口呼前，而 ŋ 出现在开口呼前，因此，这个 ŋ 并非是古疑母的保留，而是由开口呼零声母发展出来的。

3. 日

《五方元音》的日母来源于中古的日母字，中古止开三日母字今隆尧话读自成音节的 ɭ，例如：儿 ɭ^{53} 耳 ɭ^{55} 二 ɭ^{21}。非止开三日母字有 l、ʐ、ø 三种读法，读 l 的较少，全都是合口呼字，且多为 u 韵母，例如：如 lu^{53} 汝 lu^{223} 儒 lu^{21} 乳 lu^{55} 入 lu^{223} 茸 luəŋ^{53}；读 ʐ 的字大多为开口呼，例如：惹 ʐə^{55} 肉 ʐou^{21} 人 ʐən^{53} 绒 ʐuəŋ^{53}；有些字同时有 ʐ ø 两种读音，例如：揉 ʐou^{53}/iou^{53} 软 yã^{55}/ʐuã^{55} 日 i^{21}/ʐʅ^{21}；只读 ø 的字很少，例如：饶 iɔ^{53} 瓤 iɑ̃^{53} 嚷 iɑ̃^{223}。

此外，“剪鹊丝”三母，一般拟为 ts ts^{h} s 三个声母，今隆尧话里读齿间音 tθ tθ^{h} θ。由 ts 组发展为 tθ 组从音理上可以得到说明。

总的来看，《五方元音》与隆尧话声母的差异，除了日母之外，大都可以得到合理的解释，考虑到《五方元音》反映的是 17 世纪的语音，到今天三百多年的时间里，发生这些变化是自然的。

1.2　韵母比较

《五方元音》有 12 个韵部：天人龙羊牛獒虎驼蛇马豺地，其中“天人龙羊”

为阳声韵部，其他八个韵部为阴声韵部。没有独立的入声韵，入声字寄在“虎驼蛇马豺地”六个韵部之中。隆尧方言有 36 个韵母，15 个鼻韵母（含鼻化韵），21 个非鼻尾韵。见表 2。

表 2 《五方元音》与隆尧方言的韵母比较

《五》	天	人	龙	羊	牛	獒
	an ian uan yan	ən iən uən yən	əŋ iəŋ uəŋ yəŋ	aŋ iaŋ uaŋ	ou iou	au iau
隆尧	ã iã uã yã	ən iən uən yən	əŋ iəŋ uəŋ yəŋ	ã iã uã	ou iou	ɔ iɔ
《五》	虎	驼	蛇	马	豺	地
	u iu	o uo io	iɛ yɛ	a ia ua	ai uai iai	i ʅ ɿ y ei uei
隆尧	u y	ə uə ye	ə ie ye	a ia ua	ɛ uɛ ie	i ʅ ɿ y ei uei ʅ

要说明的一点是，地韵一般拟测为 i ʅ ɿ y ui 五个韵母（参见李清桓，2008：86），耿振生（1992：181）拟测为 i y ei 三个韵母。我们认为，从《五方元音·韵略》来看，地韵土、火两母下只有入声字“忒”和“纥”，与“腿灰”等字韵母不同，韵书中这两字之外还有入声字“慝黑赫劾覈吓”。此外虽然“韵略”没有，但韵书中斗母下有入声字“德得特”，与“堆对队”等韵母不同。如果把“腿灰对”等字的韵母拟为 ui，与其不同音的入声字韵母就不能是 ui，但也不是 i，因为也有 i 韵母的字与之对立。若按前人的拟测，就只能是 ʅ 或 ɿ 了。但斗土火三母一般不与这两个韵母相拼，而且从今方言的情况来看，“德得特忒黑”读 ei 韵母较为常见，因此，本文认为地韵应有六个韵母：i ʅ ɿ y ei uei。

由表 2 可知，《五方元音》的前六个韵部与隆尧方言的对应非常整齐，仅是韵母音值存在差异。后六个韵部不很整齐，其中比较突出的就是《五方元音》的驼韵和蛇韵在隆尧话里归并为 ə ie uə ye 四个韵母，这就造成了隆尧的 ye 既对应于驼韵的 io，也对应于蛇韵的 yɛ；而隆尧的 ə 既对应于驼韵的 o，也对应于蛇韵的 iɛ。此外，隆尧的 y 韵母既对应于虎韵的 iu，也对应于地韵的 y；隆尧的 ie 既对应于蛇韵的 iɛ，也对应于豺韵的 iai。

这些差异大都是比较好解释的，比如隆尧的 ə 既对应于驼韵的 o，也对应于蛇韵的 iɛ，是由于《五方元音》中“竹虫石”三母可以拼齐齿呼韵母，而隆尧话里不能；古果假摄字在《五方元音》中基本分开，果摄字归驼韵，假摄归蛇韵，而隆尧话里果假摄合并。总之，二者韵母表面的差异是可以解释的。

造成后六个韵部对应不整齐的另一个原因在于这六个韵部有入声字。关于入声字的韵母，我们下文专门讨论。

《五方元音》中，“天人龙牛獒地”六个韵部的“竹虫石”三声母字分为两组。仔细分析，这两组字实际是古咸山曾梗效流蟹止八个摄开口庄组、知组二等字与章组、知组三等字的对立，不过止开三章组与庄组同音。一般都把这两组字处理为韵母有无 i 介音的区别，而声母为一组（王平，1996；李清桓，2008）。

从音位归纳的角度来看，“竹虫石”三声母字的对立，既可以处理为声母相同而韵母不同，也可以处理为声母不同韵母也不同。王洪君（2007）曾就《中原音韵》的知庄章声母的处理问题做了精到的讨论。我们认为，《五方元音》“竹虫石”的问题与《中原音韵》知庄章实际是同一个问题，只是《五方元音》明确地把知庄章组字归为“竹虫石”一组声母。这里我们不打算详细讨论这个问题。不管是声母分为两组还是归为一组，韵母一般都认为是不同的，两组字存在对立。而今隆尧话中，声母韵母都相同，两组字不再有对立。知庄章这种由分而合的变化在北方方言中是比较普遍的。

隆尧话韵母还有两个不同于北京话的特点，即“全”类字和“雷”类字的读音。“全”类字指山合三、臻合三精组舒声字。这类字在北京话中读撮口呼韵母，但在隆尧话中为合口呼韵母，例如：泉 tθʰuã^{53} 宣 θuã^{55} 俊 tθuən^{21} 皴 tθʰuən^{223} 旬 θuən^{55}。在《五方元音》中，我们发现，“全泉”与“窜攒”同韵母，但“宣”与“酸”不同；“骏”同“尊”，但无“俊”字，而有一“侵”字，释义为“智过人者，又美貌”，疑误，应为“俊”；但“皴”与“村”不同，“旬”与“孙”不同。

“雷”类字指蟹合一、止合三泥来母字，北京话读开口呼，但隆尧话读合口呼，例如：内 nuei^{21} 雷 luei^{53} 累 luei^{21} 垒 luei^{55} 泪 luei^{21}。在《五方元音》中，这类字也读合口呼。

综上所述，与声母类似，虽然隆尧话与《五方元音》的韵母存在一些差异，但这些差异也基本都能够从语音发展的角度去解释。

1.3 声调比较

《五方元音》有五个声调：上平、下平、上声、去声、入声。隆尧方言有四个声调：阴平、阳平、上声、去声。二者的对应如下。

表 3 《五方元音》与隆尧方言的声调比较

《五》	上平	下平	上声	去声	入声
隆尧	阴平	阳平	上声	去声	阴平 阳平 去声

二者声调的最大差异就在入声。《五方元音》中入声字不论古声母的清浊，都归入声。而隆尧方言中入声字则因古声母的清浊分归三个声调：清声母入声字多读阴平，次浊声母入声字多读去声，全浊声母入声字多读阳平。

《五方元音》的入声是否真的存在？有的人认为有入声，如张世禄、陆志韦、王力、李新魁等，有的人认为没有入声，如赵荫棠、王平、龙庄伟以及李清桓（参见李清桓，2003）。从今隆尧方言来看，入声字的声调是三分的，这可能是入声在全浊声母分化之前已经三分，或者是受到入声三分方言的强势影响使一个入声分为三类。《五方元音》中已经没有全浊声母，入声只有一个，并没有再分化为三个声调的条件，所以如果今隆尧方言是从《五方元音》的基础方言发展来的，它在发展中必然受到强势方言的影响。

1.4 小结

通过以上比较可知，《五方元音》与隆尧方言的声母、韵母及声调，从总体来看一致性还是很强的，所存在的差异基本都可以用历时演变来解释。但鉴于汉语官话方言内部的一致性比较强，仅是声韵调系统的对应，还不足以作为充分的证据，因为很多官话方言都与隆尧方言的音系一致。因此，还需要寻找更为具体的证据。

2.《五方元音》与隆尧方言入声字韵母的比较

这一节专门比较《五方元音》与隆尧方言的入声字韵母。从中古到今天，汉语的声母、韵母、声调都发生了很大的变化。其中，变化最为复杂的应该是入声字。中古入声既是一种声调，又是一组韵母。因此，入声的演变既有声调上的体现，也表现在韵母上面，是近代汉语发生的重要语音变化之一。但以往关注较多的是入声字的归调，如李荣（1985）把入声字的声调作为区分不同官话区的主要标准，成为汉语方言分区的一个经典。其实入声字的韵母及其与阴声韵母的分合关系，在一定程度上比声调更能体现语音结构的稳定性，因为入声字韵母分布在咸深山臻宕江曾梗通 9 个阳声韵摄，而入声尾失落后入声字韵母并入阴声韵中，入声字韵母之间的分合以及与阴声韵的分合关系比声调的合并具有更多的可能性，如果两种方言的入声字韵母相同，那么它们的关系必然十分密切。因此，如果隆尧方言的入声字韵母与《五方元音》有很强的一致性，就可以说隆尧方言是《五方元音》基础方言的后代，即《五方元音》是以明末尧山话为基础方言的。

2.1 《五方元音》入声字的韵母

表 4 列出《五方元音》入声字的韵母情况。

表 4 《五方元音》入声字的韵母

韵部		例字	中古入声来源	阴声韵
虎	u	不僕樸目突督秃六鹿术竹粥出触述束叔入辱褥肉足促宿俗谷骨哭窟忽斛	臻合一三、通合一三	遇摄
	iu	菊掬局锔蓄旭玉狱郁育欲浴峪域	通合三、曾合三	无
驼	o	薄剥雹拨钹钵泼末沫摸寞缚铎踱落洛乐络骆酪各割渴磕喝合盒鹤郝貉恶鄂	咸山开一见、山合一帮、宕江开一二帮来见	果摄
	io	略掠爵雀嚼鹊削药乐疟虐岳握角脚觉却确学谑	宕开三来精见、江开二见	无
	uo	夺掇脱托诺撮作昨凿索郭聒攫䦆廓阔扩活豁霍藿劐籰沃	山合一端见系、宕开一端系、宕合一三见、通合一影母	果摄
蛇	iɛ	哲折蜇浙摺彻撤澈辙舌折设摄涉热别鳖憋瘪撇瞥灭篾跌谍叠碟蝶帖贴铁聂蹑镊捏烈列裂捩猎节截接婕睫捷切窃妾薛楔泄噎孽谒蘖叶业结洁揭竭怯箧惬歇蝎页协挟胁	咸山开三四	假开三
	yɛ	拙辍茁啜说劣绝雪月越悦哕粤曰阅厥蕨掘决抉玦缺阙阕血穴	山合三四（非组外）	果合三
马	a	八拔乏发筏伐阀答达鞑耷塌榻搭塔獭捺纳拉腊镴辣札劄眨闸炸察插杀霎歃杂擦撒萨飒靸遏蘖	咸山开一二见系外、咸山合三非组	假开二
	ia	押甲恰瞎黠辖匣狭峡狎洽	咸山开二见系	
	ua	茁刷刮滑猾挖袜	山合二	假合二

续表

韵部		例字	中古入声来源	阴声韵
豺	ai	百白伯迫柏帛舶拍魄珀粕麦陌蓦脉貊责摘仄昃窄宅翟择泽策拆册栅测恻格（韵略有，韵书无）客覈劾吓额	梗开二、曾开三庄部分字	蟹摄
	uai	率蟀虢蝈掴获划	臻合三庄组、梗合二	蟹摄
地	i	壁逼辟璧笔必毕弼泌愎辟觅的狄嫡笛滴籴敌剔踢惕倜逖匿溺力历笠粒栗立疾嫉集辑寂籍脊迹即鲫积七戚漆缉葺昔惜锡析蜥夕息熄习席悉蟋膝袭一益亿忆抑亦译液掖腋易翼逆疫役溢逸乙揖邑吉戟极激击剧急屐给汲级及泣吃乞吸檄只执汁质秩侄直职织掷炙尺斥赤敕石食蚀释适殖植实螫识式饰室失十什拾湿	深臻曾开三、梗开三四（庄组除外）	蟹开三四、止开三精知组外
	ʅ	侧啧舴帻叱瑟虱色啬穑	深臻曾开三庄组	止开三庄章组
	ɿ	则贼塞	曾开一精组	止开三精组
	y	律黢焌戌恤橘屈曲麴阒郁蔚熨	臻合三精见、通合三（少数）	遇合三
	ei	北墨得德特忒慝格隔膈嗝革克刻尅纥黑赫覈劾核果～吓恐～厄轭额定数	曾开一、梗开二（少数）	蟹止
	uei	国或惑	曾合一	蟹止合三四

由表 4,《五方元音》中，入声字分归六个韵部，其韵母按今天常见的韵母分组方式，至少归为六组：i ɿ ʅ u y iu/a ia ua/iɛ yɛ/o io uo/ai uai/ei uei。也就是说，从中古《切韵》音系到《五方元音》，入声字的韵母合并得不是很厉害。表中“阴声韵”是指与入声字处于同一韵部的古阴声韵摄，主要来自古果假遇蟹止五摄，没有来自效摄和流摄的。即使《五方元音》的入声字有入声韵尾，其入声韵尾之外部分应与同韵部的阴声韵字的韵母相同。

有少数字是重出的。如“郁”既可读 iu 韵母，也可读 y 韵母，“格覈劾吓额”既可读 ai 韵母，也可读 ei 韵母；“遏蘖”既可为 iɛ 韵母，也可为 a 韵母。不过总体上，有异读的入声字不多，也比较零散。

2.2 隆尧方言入声字的韵母

隆尧方言的入声字已经没有入声韵尾，分别并入相应的阴声韵母中。

表 5　隆尧方言入声字的韵母

韵母	例字	入声字来源	阴声韵
u	不僕樸目突督秃鹿术竹出触述束叔入辱足促宿俗谷骨哭窟忽	臻合一三、通合一三、江开二帮组个别字	遇摄
y	菊掬局锔蓄玉狱郁育欲浴峪域 律橘屈曲麴剧	通合三、曾合三、臻合三精见系	遇合三
ou iou	粥轴肉褥 六	通合三	流摄
ə	各割渴磕喝合盒哲折蛰浙摺彻撤辙舌折设摄涉拨钵泼末沫摸寞薄剥缚鹤郝恶鄂若 伯魄陌默得德特勒责则泽侧测策册涩瑟色格革隔客刻克额扼覈	咸山开一见系、咸山开三知系、山合一帮组、宕江开一二部分、梗开二、曾开一、曾开三庄组	果摄、假开三知系
uə	铎落洛乐络骆烙夺掇脱托诺撮作昨索郭廓阔扩活豁霍藿劐沃握国或惑获 拙说朔热	山合一端见系、宕开一端系、宕合一见系、通合一影母、山合三知系、曾合一、梗合二	
ie	却劣别鳖憋撇灭跌谍叠碟蝶帖贴铁聂蹑镊孽捏烈列裂猎节截接捷切妾楔泄结洁揭竭怯歇蝎协胁噎叶业页隔掖腋	咸山开三四知系外	假开三
ye	掠绝薛雪月越悦哕粤曰阅厥掘决缺血穴雀鹊确学约岳乐跃虐	山合三四非组、知系外及宕开三部分字	果合三
ɔ	雹酪落洛络烙凿勺芍弱郝	宕江摄	效摄
iɔ	略削爵嚼雀觉脚角确学乐疟虐岳约跃钥药		
a	八拔乏发筏伐法答达搭塌榻塔獭捺纳拉腊辣杂擦札劄眨闸炸察插杀撒萨	咸山开一二见系外、咸山合三非组	假开二
ia	甲恰瞎辖匣狭峡掐恰洽押鸭压轧	咸山开二见系	
ua	刷刮滑猾挖袜	山合二	假合二
ɛ	百白伯迫柏拍麦脉责摘窄宅择泽策拆册色涩	梗开二、深曾开三庄组个别字	蟹摄
uɛ	率蟀获	臻合三庄组、梗合二	蟹摄
i	壁逼辟璧笔必毕弼僻墨觅的狄嫡笛滴籴敌剔踢匿溺力历笠粒栗立疾集辑籍脊迹寂即鲫积七漆戚缉昔惜锡析夕息熄媳习席悉膝袭一益亿忆抑亦译液易翼逆疫役逸乙揖吉戟极激击急屐给级及乞吸	深臻曾开三、梗开三四（庄组除外）	蟹开三四、止开三精知组外
ʅ	只执汁质秩侄直职织尺斥赤石食蚀释适殖植实识式饰室失十拾湿虱吃	深臻曾开三知系	止开三庄章组
ei	笔北墨得德勒肋贼刻黑	曾开一	蟹止
uei	国或惑忒	曾合一、曾开一个别字	蟹止合三四

隆尧方言属于冀鲁官话，据刘淑学（2000：62），“在河北无入声方言区，除魏县、大名县、馆陶县南部、井陉县方言外，其余县市方言都有与北京话相同

（指音类分合相同，个别县方言音值有些差异，如石家庄市区北郊把普通话的[ɑu]读为[ɔ]）的文白异读”，隆尧方言正处于这个范围之内。由此来看，表5隆尧方言入声字的韵母涵盖了文白两个系统，其中古宕江曾梗通五摄入声字韵母有文白异读，表中带有下划线的字为白读。

2.3 比较

笼统地比较二者，a组韵母基本一致，其他韵母或多或少有一些不同：1.《五方元音》的u韵母有少数字隆尧话为ou、iou，而iu和y韵母，隆尧话合并为y；2.《五方元音》的o、io、uo三韵母的字，隆尧话主要归ə、uə、ye，但有部分字归ɔ、iɔ或有这两韵母的异读；3.《五方元音》的iɛ、yɛ两韵母，隆尧话分归ə、uə、ie、ye；4.《五方元音》的ai、uai韵母，隆尧话部分字归ɛ、uɛ，部分字归ə、uə；5.《五方元音》的i韵母部分字隆尧话归ʅ，ei、uei韵母部分字归ə、uə或有这两韵母的异读；6.《五方元音》的ʅ韵母隆尧话多读ə韵母。

如果撇开由于韵母或声母的演变而造成的差异，如驼韵和蛇韵的合并、知庄章声母字的合并等，那么两者最主要的差别就在于隆尧话宕江曾梗通摄部分入声字存在系统的韵母异读，而《五方元音》没有。下面把隆尧方言宕江曾梗通五摄入声字的文白系统拆分开来，与《五方元音》进行比较。

表6　隆尧方言宕江曾梗通五摄入声字的文白韵母与《五方元音》比较

<table>
<tr><th colspan="6">隆尧话</th><th colspan="2">五方元音</th><th rowspan="2">入声字来源</th></tr>
<tr><th>白读</th><th>例字</th><th>阴声韵</th><th>文读</th><th>例字</th><th>阴声韵</th><th>韵母</th><th>阴声韵</th></tr>
<tr><td>ou</td><td>粥轴肉褥</td><td rowspan="3">流摄</td><td>u</td><td>竹叔足宿</td><td>遇摄</td><td>u</td><td>遇摄</td><td rowspan="3">通合三</td></tr>
<tr><td rowspan="2">iou</td><td rowspan="2">六</td><td rowspan="2">y</td><td>菊玉峪</td><td rowspan="2">遇摄</td><td>iu</td><td>无</td></tr>
<tr><td>曲</td><td>y</td><td>遇摄</td></tr>
<tr><td rowspan="2">ɔ</td><td rowspan="2">雹酪落烙凿芍弱郝</td><td rowspan="3">效摄</td><td>ə</td><td>薄鹤恶摸</td><td rowspan="7">果假</td><td>o</td><td rowspan="2">果摄</td><td rowspan="2">宕江开一二部分字</td></tr>
<tr><td>uə</td><td>落洛络烙</td><td>uo</td></tr>
<tr><td>iɔ</td><td>雀脚确学虐岳约跃</td><td>ye</td><td>雀鹊确学约岳乐虐</td><td>io</td><td>无</td><td>宕开三、江开二部分字</td></tr>
<tr><td>ɛ</td><td>百白拍麦摘择拆色</td><td>蟹开一二</td><td>ə</td><td>伯责泽册格客侧色</td><td>ai</td><td>蟹开一二</td><td>梗开二、曾开三庄组</td></tr>
<tr><td>uɛ</td><td>获</td><td>蟹合二</td><td>uə</td><td>获</td><td>uai</td><td>蟹合二</td><td>梗合二</td></tr>
<tr><td>ei</td><td>北得德勒贼刻黑</td><td>蟹开合一帮组、蟹止合三非组</td><td>ə</td><td>得德特勒刻克则</td><td>ei</td><td>蟹开合一帮组、蟹止合三非组</td><td>曾开一</td></tr>
<tr><td>uei</td><td>国或惑</td><td>蟹合一三四、止合三</td><td>uə</td><td>国或惑</td><td>uei</td><td>蟹合一三四、止合三</td><td>曾合一</td></tr>
</table>

曾梗摄入声字的韵母《五方元音》与隆尧方言的白读是一样的，而与文读不同。宕江通摄入声字的韵母《五方元音》与隆尧方言的文读基本一致，而与隆尧方言的白读不同:《五方元音》宕江摄与果摄合并、通摄与遇摄合并，隆尧方言白读分别与效摄、流摄合并。

据高晓虹（2009：155），北京话的白读可追溯到元代《中原音韵》，宕江通摄的文读在《中原音韵》里已出现，曾梗摄的文读到了明末《合并字学集韵》也已形成。也就是说，在《五方元音》之前，北京话的文白读就已存在。既然隆尧方言入声字韵母的文白读与北京话是一致的，有理由认为，二者是同源的，因此，隆尧方言入声字的韵母不可能是由《五方元音》发展而来的。而《五方元音》与隆尧方言入声字文白读韵母的差异，也说明《五方元音》不会是隆尧方言白读的前身，也非隆尧方言文读的前身。

3.《五方元音》与其他相关方言的比较

尽管《五方元音》与今隆尧方言在声韵调三方面都存在很多一致之处，但入声字的声调和韵母却表明，今隆尧方言应该不是《五方元音》基础方言的直线发展。不过，我们也不能就此否认《五方元音》是以明末尧山话为基础的，因为今隆尧话也可能不是由明末尧山话直接发展而来的。但由于没有明末尧山话的材料，我们无法得出进一步的结论。下面再来看看能否确定其基础方言是当时的官话。

1. 通过前面的比较可知，最关键的问题在于入声字的读音。因此我们先从入声字的读音出发，看看哪些方言可能是从《五方元音》发展来的。

如果《五方元音》的入声是人为的，下面的讨论就没有多大意义了。因此我们暂且承认《五方元音》的入声是真实存在的，那么它有两种可能：一种可能是既有独立的调类，还有喉塞尾；另一种可能是只保留独立的调类，但没有喉塞尾，入声字韵母与阴声韵合并。从这两种情况出发，几百年后，分别可能发展为以下状态。

表7 《五方元音》入声的发展

可能一		可能二	
+ 喉塞尾	+ 入声调	− 喉塞尾	+ 入声调
1 保留《五方元音》的状态			
2 仍有喉塞尾，但入声韵进一步合并			
3 喉塞尾脱落，保留入声调		1 保留《五方元音》的状态	
4 喉塞尾脱落，入声字归其他声调		2 入声字归其他声调	

以上只是粗略的情况。不管哪一种情况，由于《五方元音》已无全浊声母，所以若无外在的影响，入声字的声调应该不会发生分化，即所有入声字或至少大部分字都归一个声调。根据《汉语方言地图集·语音卷》(2008)图014—016，入声字不分化的官话方言主要是江淮官话、西南官话以及部分晋语。江淮官话的代表方言为南京话，明代南京话是官话的基础方言，明末《西儒耳目资》就是以南京话为基础的。所以如果《五方元音》反映的是这种官话，那么应与《西儒耳目资》差不多。但据高晓虹(2009：169—170),《西儒耳目资》的入声韵分类与明末徐孝《合并字学集韵》中的文读差不多,《合并字学集韵》的文读又是北京话文读的前身，而如前所述,《五方元音》与北京话的文读(也是隆尧方言的文读)并不相同，所以可以确定,《五方元音》不是以南京话为代表的明代官话为基础的。

2. 西南官话大多数方言的入声字归阳平，没有分化，可以从《五方元音》发展而来，属于两种可能的最后一种情况。虽然西南官话距离河北很远，但西南官话的分布很广，不排除樊腾凤的私塾老师是西南官话区的人，即他习得的书面语可能是西南官话。而且，樊腾凤在自叙中曾说参考了《韵略易通》，该书为云南嵩明人兰茂所作，嵩明属于昆明，正是西南官话的范围。汪银峰(2007)曾比较《五方元音》《韵略易通》和《元韵谱》的韵图例字、释义等，指出:"《五方元音》列字与《韵略易通》的小韵首字相同的比例更高，均在百分之七八十之间，有的甚至达到百分之九十，总体来看也占81.7%，比《元韵谱》多了20%"(45页)；从所收韵字来看，"无论从所收韵字的数量来看，还是从韵字的排列次第来看，《五方元音》韵书韵字与《韵略易通》基本一致，而与《元韵谱》关系较远"(55页)；而"《五方元音》韵书的注释基本抄录于《韵略易通》，而与《元韵谱》韵书注释的关系较远"(58页)。这说明樊腾凤对《韵略易通》的熟悉和重视。尽管

《韵略易通》比《五方元音》早一二百年，其语音系统也比《五方元音》复杂，但到了樊腾凤所处的年代，《韵略易通》的基础方言音系也应该简化许多。这里以昆明方言作为西南官话的代表。

据《普通话基础方言基本词汇集》语音卷（1996：1463—1480）所载昆明方言“同音字表”，昆明方言入声字韵母的读音如表 8。

表 8 昆明方言入声字的韵母

韵母	古入声来源	阴声韵	例字
ʅ	深臻曾梗开三知系	止开三知章组	直值织汁执质侄尺赤失十实湿食日
i	深臻曾梗开三知系外、臻通合三少数字	止开三知系外	笔必逼璧壁毕碧劈密觅滴敌笛踢逆立栗历积及级吉急脊集击七漆膝席习吸惜析吸息律局菊
u	臻通合三	遇合一、遇合三知系	扑仆木目福佛服独读毒督突秃六绿足卒族促俗粟宿续束竹粥轴出熟叔述入褥肉谷骨哭屋物
a	咸山开一等端系、二等帮知系、合三帮非组	假开二见系外	八拔袜法伐乏罚答搭塔塌獭纳腊辣蜡杂擦眨扎闸铡察插杀
ia	咸山开二等见系	假开二见系	夹甲恰洽瞎辖峡匣压鸭押
ua	咸山合二	假合二	刷刮括挖
ə	曾开一、曾开三庄组、梗开二、咸山开三知系	假开三知系	北白伯百柏拍迫魄墨麦脉默德得特勒责窄摘侧测策拆册哲折浙蜇褶彻撤辙格隔革刻客克黑赫额
iɛ	咸山开三知系以外、山合三四知系外	假开三精见系	别鳖撇灭跌碟铁贴业捏聂列猎节结借杰绝决诀妾切血雪歇薛叶月越粤
o	咸山开一等见系、山合一、宕开合一、宕开三知系、江开二见系外	果摄	薄剥驳博拨泼末没夺铎脱诺落洛昨凿撮索捉桌拙酌戳说勺朔若弱国角割鸽郭扩阔渴磕或获合恶鄂
io	宕开合三知系外、江开二见系	无	虐疟掠略脚觉爵嚼确鹊雀学削屑约药岳钥
iu	臻通合三部分入	无	掬屈曲掘倔蓄域育郁欲狱

对照前文表 4《五方元音》的入声字韵母，可以看出昆明方言与《五方元音》的差异主要有两点：一是曾开一、曾开三庄组以及梗开二入声字昆明方言都归 ə

韵母，而《五方元音》曾开一多为 ei，曾开三庄组、梗开二多为 ai；二是昆明方言无撮口呼韵母，《五方元音》的撮口呼韵母都归相应的齐齿呼，如 y 并入 i，yɛ 并入 iɛ。如果《五方元音》是有入声韵的，这两点也容易解释。《五方元音》的曾开一与曾开三庄组、梗开二后来合并为一组，之后塞音尾才脱落，而撮口呼韵母则都变为齐齿呼。不过从汉语的发展来看，撮口呼韵母应是后起的。如果《五方元音》已有撮口呼，再变为齐齿呼虽然并非不可能，但这种演变还需要进一步论证。此外，昆明方言知庄章声母虽然二分，但却与《五方元音》不同。单以止开三等字来说，昆明方言知章组读 tʂʅ，庄组读 tsɿ；而《五方元音》是庄章组读 tʂʅ，知组读 tʃi/tʂi。西南官话知庄章二分型多与昆明方言一致，如果《五方元音》中止开三章组已并入庄组，如何在今昆明方言中又与庄组分开并入知组？这一点无法解释。如果《五方元音》没有入声韵，即曾开一、曾开三和梗开二入声字已分别与不同的阴声韵摄合并，那么其韵母由不同变为相同，相应的阴声韵母也应合并。但实际上昆明方言的阴声韵并没有类似的合并。因此，总起来看，昆明方言不可能是《五方元音》基础方言的后代。

3. 相较于江淮官话、西南官话，晋语与隆尧距离最近，隆尧之南的邢台南部、邯郸方言都是有入声的晋语区。据《普通话基础方言基本词汇集》语音卷（1996：163—192）、王锡丽（2004）可知，邯郸方言只有一个入声，包括清浊入。这让我们推测，明代隆尧及以南地区的方言应该也是有入声的，与相邻的晋语一致。

今天来看，隆尧、邯郸一带的方言正处于冀鲁官话、中原官话和晋语的交界地带，其中晋语保留入声尾，相对于另两种官话，发展要慢一些。处于这两种官话的包围之中，几百年来晋语的分布范围不断萎缩。今隆尧方言属于冀鲁官话，邯郸方言属于晋语，再往南的方言则属于中原官话。但这些方言在明末时可能属于同一个方言区。下面选择隆尧南面的三种方言与《五方元音》进行比较：洛阳为中原官话，获嘉、邯郸为晋语。洛阳方言以《洛阳方言研究》（贺巍，1993）、获嘉方言以《获嘉方言研究》（贺巍，1989）为准，由于《普通话基础方言基本词汇集》邯郸方言同音字表所收入声字太少，所以邯郸方言以王锡丽（2004）为准。仍然先从入声字的读音开始比较。

表9 《五方元音》与洛阳、获嘉、邯郸方言入声字韵母的比较

五方元音				洛阳	获嘉	邯郸
韵部		中古入声来源	阴声韵			
虎部	u	臻合一三、通合一三	遇摄	u əu 肉 iəu 六	əʔ uʔ	əʔ uəʔ
	iu	通合三、曾合三	无	y	yʔ	yeʔ
驼韵	o	咸山开一见、山合一帮、宕江开一二帮来见	果摄	ə uə	aʔ uaʔ	əʔ
	io	宕开三来精见、江开二见	无	iə	yaʔ ɐʔ yɐʔ	iəʔ
	uo	山合一端见系、宕开一端系、宕合一三见、通合一影母	果摄	uə	uaʔ yaʔ	uəʔ
蛇韵	iɛ	咸山开三四	假开三	ə iɛ	ɐʔ iɐʔ	iəʔ
	yɛ	山合三四（非组外）	果合三	uə yɛ	uɐʔ yɐʔ	iəʔ yəʔ
马韵	a	咸山开一二见系外、咸山合三非组	假开二	a	aʔ ɐʔ	əʔ
	ia	咸山开二见系		ia	iɐʔ	iəʔ
	ua	山合二、山合三知系	假合二	ua	uaʔ	uəʔ
豺韵	ai	梗开二、曾开三庄部分字	蟹摄	æ	ɐʔ aʔ	əʔ iəʔ
	uai	臻合三庄组、梗合二	蟹摄	uæ ua 划	uaʔ	uəʔ
地韵	i	深臻曾开三、梗开三四（庄组除外）	蟹开三四、止开三精知组外	i ʅ	iʔ əʔ	ieʔ
	ʅ	深臻曾开三庄组	止开三庄章组	æ	ɐʔ	əʔ
	ɿ	曾开一精组	止开三精组	ei æ	ɐʔ	əʔ
	y	臻合三精见、通合三（少数）	遇合三	y	yʔ	yeʔ
	ei	曾开一、梗开二（少数）	蟹止	ei æ	ɐʔ aʔ	iəʔ
	uei	曾合一	蟹止合三四	uei uæ	uaʔ	uəʔ

总体来看，洛阳方言入声字的韵母与《五方元音》十分接近，主要差别在于深臻曾开三庄组和曾开一精组入声字。获嘉方言有三组入声韵，邯郸方言有两组入声韵，与《五方元音》不同。

再来看入声字的声调。洛阳方言有四个单字调，获嘉有五个，与《五方元音》声调比较如下。

表 10 《五方元音》与洛阳、获嘉、邯郸方言声调的比较

《五》	上平	下平	上声	去声	入声
洛阳	阴平	阳平	上声	去声	阴平 阳平
获嘉	阴平	阳平	上声	去声	入声
邯郸	阴平	阳平	上声	去声	入声

洛阳方言没有独立的入声调，古清入字、次浊入归阴平，而全浊入归阳平。获嘉方言仍然保留入声，包括大部分的清入字、次浊入声字和小部分全浊入声字。舒化后，全浊入大多归阳平，清入和次浊入大多归去声（贺巍，1989：167）。邯郸方言与获嘉一样，老派大部分保留入声，少数舒化，舒化的全浊入多归阳平，次浊入多归去声，而清入多归阴平和去声（王锡丽，2004：35）。

尽管洛阳、获嘉、邯郸三方言的入声字读音与《五方元音》不完全一致，但显然《五方元音》与这三种方言比与隆尧方言更为近似。尽管洛阳方言入声字声调分化为二，但入声字韵母的分类却与《五方元音》最为接近，从相对应的阴声韵来看，大致保持中古摄等的不同，这说明洛阳方言的入声尾脱落较早，并且仍大致保持脱落之前的音类。由此可知，《五方元音》入声字韵母的分类是可能存在的。获嘉和邯郸方言都有一个入声调，保留入声尾，但入声韵的组数少于《五方元音》。入声韵组数少于《五方元音》是自然的，这两种方言明末肯定也有入声尾，当时的入声韵组数只能多于或等于现在的组数，而更可能是多于。所以，就入声字的读音来看，明末这一带是可能存在一种与《五方元音》一致的方言或官话的。

我们可以再来看一下这三种方言声母和非入声字的韵母情况。邯郸方言音系采用《普通话基础方言基本词汇集》（1996：163）所记，与王锡丽（2004）所记除了音值略有差异外，韵母 a、ua 王锡丽（2004）并为一个，其他基本一致。

表 11 《五方元音》与洛阳、获嘉、邯郸方言声母比较

《五》	梆	匏	木	风	斗	土	鸟	雷	竹	虫
洛阳	p	pʰ	m	f	t	tʰ	n	l	ts tʂ	tsʰ tʂʰ
获嘉	p	pʰ	m	f	t	tʰ	n	l	ts tʂ	tsʰ tʂʰ
邯郸	p	pʰ	m	f	t	tʰ	n	l	tʂ	tʂʰ
《五》	石	日	剪	鹊	丝	金	桥	火	云	蛙
洛阳	s ʂ	ʐ ∅	ts	tsʰ	s	k tɕ	kʰ tɕʰ	x ɕ	∅	∅ v
获嘉	s ʂ	z ʐ ∅	ts tɕ	tsʰ tɕʰ	s ɕ	k tɕ	kʰ tɕʰ	x ɕ	∅	∅
邯郸	ʂ	ʐ l ∅	ts	tsʰ	s	k tɕ	kʰ tɕʰ	x ɕ	∅	∅ v

显然，四者的声母一致性还是很强的。主要的不同在于：

1.洛阳、邯郸方言也分尖团，古精组字不分洪细，读 ts，古见组洪音读 k 组，但与《五方元音》不同的是，见组细音字腭化，读 tɕ 组。古精见组细音仍然保持对立而有所发展。而获嘉方言精组也已腭化，即不再区分尖团。

2.《五方元音》的“竹虫石”三母，洛阳方言分为 ts tʂ 两组。不过，洛阳方言这两组的对立是有条件的，即开口知二庄组读 ts，开口知三章读 tʂ，合口都读 tʂ，形成对立的韵母与《五方元音》基本一致，具体字音可参见贺巍（1993：77—79）。获嘉方言与洛阳方言同。邯郸只有一组。

3.《五方元音》的“蛙”母，洛阳、邯郸方言对应于 ø、v 两个声母，不过读 v 声母的都是《五方元音》中的合口呼零声母字，所以 v 应是由合口呼韵母的 u 介音发展而来。获嘉方言没有 v 声母。

4.《五方元音》的“日”母，洛阳方言中止开三读 ø，其他读 ʐ。获嘉方言“扔”等个别字读 z。邯郸与隆尧方言较一致，合口字多读 l，少数读 ø。

表 12 《五方元音》与洛阳、获嘉、邯郸非入声字韵母比较

《五》	天	人	龙	羊	牛	獒
	an ian uan yan	ən iən uən yən	əŋ iəŋ uəŋ yəŋ	aŋ iaŋ uaŋ	ou iou	au iau
洛阳	an ian uan yan	ən in un yn	əŋ iŋ uŋ yŋ	aŋ iaŋ uaŋ	əu iəu	ɔ iɔ
获嘉	an ian uan yan	ən in un yn	əŋ iŋ uŋ yŋ	aŋ iaŋ uaŋ	ou iou	au iau
邯郸	ã iã uã yã	ən iən uən yən	əŋ iəŋ uəŋ yəŋ	aŋ iaŋ uaŋ	əu iəu	au iau
《五》	虎	驼	蛇	马	豺	地
	u	o uo	iɛ yɛ	a ia ua	ai uai iai	i ɿ ʅ y ei uei
洛阳	u	ə uə	ə iɛ yɛ	a ia ua	æ uæ iɛ	i ɿ ʅ y ei uei ɯ
获嘉	u	ə uə	ə iɛ yɛ	a ia ua	ai uai iɛ	i ɿ ʅ y ei uei l
邯郸	u	o uo	ɤ iɛ yɛ	a ia ua	ai uai iɛ	i ɿ ʅ y ei uei ɭ

除了大部分韵母相同之外，《五方元音》的驼韵和蛇韵的对立，即果摄与假摄的区别，这三种方言也仍然保持着。只是《五方元音》豺韵的 iai 韵母，洛阳、获嘉方言并入 iɛ；地韵的“二儿”等止开三日母字，洛阳方言为 ɯ 韵母，获嘉方言为自成音节的 l，邯郸为 ɭ。

甚至“雷”类字，洛阳、获嘉、邯郸方言也读合口呼韵母，与《五方元音》一致，只是“全”类字，洛阳、获嘉、邯郸方言读撮口呼，部分字与《五方元音》不同。

很显然，在声母、韵母方面，洛阳、获嘉、邯郸方言与《五方元音》的一致性也很强。这进一步说明，这几种方言与《五方元音》基础方言的关系是很近的。

3.4　通过以上比较，可以确定的一点是，属于晋语的方言与《五方元音》的音系最为近似。明末南京话为代表的南方官话与北京话为代表的北方官话都是比较强势的，但从入声字的韵母来看，这两种官话都不是《五方元音》的基础。相比之下，洛阳方言为代表的汴洛方言与《五方元音》的基础方言最为接近，而且汴洛方言也曾经具有通语地位。但洛阳方言入声字的声调依声母清浊二分，无法从《五方元音》的一个入声分化发展而来的。而且，其次浊入跟清入一样归阴平，而相邻的北京官话与冀鲁官话都是单独归去声，也不能说是受周围方言的影响所致。这样，《五方元音》的基础方言是一种官话的说法也难以成立。

4. 结论和余论

1. 通过前面的讨论，我们否认了隆尧方言是《五方元音》基础方言的后代，也基本排除了《五方元音》反映当时某种官话的可能性。那么，《五方元音》究竟是人为的一种音系，还是确实反映了某种方言呢？从其入声字韵母与洛阳方言的一致性以及仍然存在入声的晋语方言来看，应该承认，它是反映了某种实在的方言的。

如文章开头所说，《五方元音》的基础方言或者是樊腾凤的家乡话，或者是他习得的一种官话。既然排除了是一种官话，那么只能是其家乡话——明末尧山话了。前文虽然证明今隆尧方言不是由《五方元音》音系发展而来的，但却不能否认《五方元音》是以樊腾凤的家乡话为基础编写的，因为今隆尧方言可能不是由明末尧山话直接发展而来的。结合隆尧及周围方言的情况，我们认为明末尧山话应该与获嘉、邯郸方言相近，是有入声的，入声字韵母分为若干组，但在后来的几百年间受北部冀鲁官话的影响，变成了今天隆尧方言的样子。从隆尧所处的位置来看，正好位于晋语邯新片和大包片、张呼片围成的夹角之中，樊腾凤的家乡西良村位于今隆尧与内丘的交界地带。见下图，此图截取自《中国语言地图集》图“B7”。

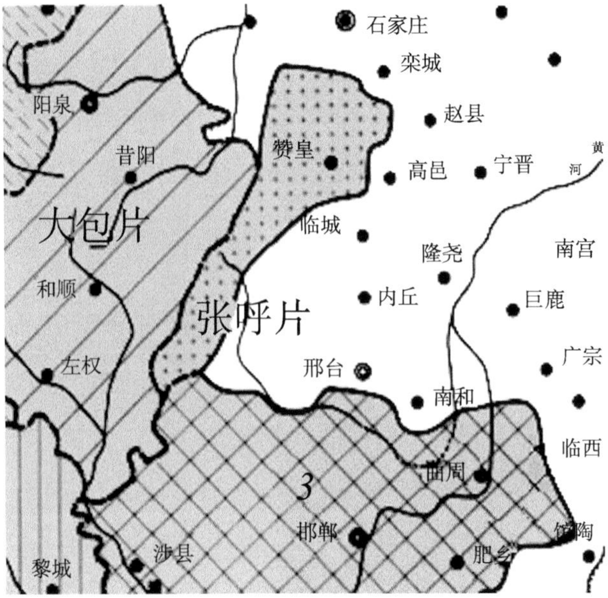

晋语由于其地理地形的原因，相对独立，但相邻的方言难免互相影响，其边缘方言就容易受到周围官话的影响。其东部与冀鲁官话相邻，从上图来看，冀鲁官话对晋语的冲击应是由北而南、由东向西推进的。河北省冀鲁官话的北边与北京官话相接，语言特征也很一致，实际上形成北京—冀鲁官话的方言连续体。明清以来北京话的地位不断提高，北京—冀鲁官话向西、向南扩展是必然的。隆尧、内丘所处的夹角恰好反映出北京—冀鲁官话对西部晋语的不断冲击。而这也可以解释何以隆尧方言与北京—冀鲁官话如此一致，而与《五方元音》音系却有难以用历史演变解释的差异。

不过，《五方元音》虽然是以樊腾凤的家乡话为基础，但不可避免带有读书音的成分。作为韵书，它收字很多，除了常用字，还有大量生僻字。这些生僻字只存在于书面语中，在口语中几乎不会用到。这些字的读音应该是根据读书音及以往的韵书来确定的。

2. 韵书是研究汉语语音史的重要资料。但韵书存在一个问题，就是作者往往不交代其所依据的方言音系。而如果不能确定韵书的基础方言，它在语言史研究中的价值就大打折扣。因此，确定韵书的基础方言一向是韵书研究的一个重要内容。关于《切韵》《中原音韵》等韵书的基础方言都有很多人进行过讨论。在确定韵书基础方言时，除了韵书中提供的线索之外，往往会首先考虑韵书作者的家乡话。如果有作者家乡话的材料，那么与韵书音系进行比较，就很容易进行判断。但一般来说，这方面的材料都很缺乏，所以只能用作者家乡话发展到今天的方言材料与韵书音系进行比较。这时需要考虑到的一点是，即使这一方言确实是韵书的基础方言的后代，因为经过了一段历史时期的发展，简单的比较很难得出令人信服的结论。更为可靠的应该是系统的结构比较，并且要考虑到语言变化的因素，也就是说，完全一致未必可靠，能够得到解释的差异更合乎情理。

本文把知庄章三组声母的分合、入声字的韵母、入声字的声调作为《五方元音》音系的鉴别特征。这三个特征都具有系统性，分别体现声母、韵母、声调三个方面多个音类的分合关系：知庄章三组声母的分合关系，入声字韵母涉及多组韵母之间的分合关系，入声字的声调也涉及清、次浊、全浊三类入声字声调以及与非入声字声调的分合，因此，如果两个音系在这三个方面具有一致性，就比表面的音值相似更有价值。

另外，语言材料虽然具有举足轻重的地位，但在确定韵书基础方言时，往往语言证据不那么充分，这就需要结合非语言材料来进行判断。以《五方元音》为例，上文我们把它与现代若干方言进行比较。见表 13。

表 13 《五方元音》与隆尧等方言的比较

	知庄章声母	入声字的韵母	入声字的声调
《五方元音》	二分	六组	有入声，不分化
隆尧	合	白读　文读	无入声，入声字三分
昆明	二分，但不同	四组	无入声，入声字归阳平
洛阳	二分	六组	无入声，入声字二分
获嘉	二分	三组	有入声，不分化
邯郸	合	两组	有入声，不分化

从表 13 可以看出，没有一种方言与《五方元音》的三个特征完全一样。就知庄章声母来说，《五方元音》是二分的，洛阳、获嘉与它保持一致；隆尧、邯郸则有所发展，由分到合，也可以用演变解释；昆明虽也是二分，但与《五方元音》等分化的方式不同，因此可以排除在外。就入声字的声调来说，《五方元音》有一个入声调，获嘉、邯郸方言与它一致；隆尧、昆明、洛阳均无入声，体现了入声从有到无的发展，但隆尧、洛阳的入声字均根据古声母的清浊发生分化，而《五方元音》无全浊声母，已无分化条件，因此可以排除。就入声字的韵

母来说，如前所述，隆尧方言有文读和白读两个层次，都与《五方元音》不同；洛阳方言与《五方元音》最接近；昆明、获嘉、邯郸方言的入声字韵母组数都少于《五方元音》，有可能由《五方元音》进一步合并演变而来。综合这三方面的特征来看，只有获嘉和邯郸方言最有可能是从《五方元音》发展而来的。但获嘉和邯郸方言既非樊腾凤的家乡话，在明代也不具有权威性，也未有记载说樊腾凤曾在这两地长期住过。因此，他以这两种方言为基础编写《五方元音》的可能性是微乎其微的。

在这种情况下，我们只能结合非语言材料或间接的语言材料。樊腾凤的家乡是今河北隆尧，如果能够合理说明今隆尧方言与《五方元音》音系之间的差异是如何造成的，那么还是可以说《五方元音》的基础方言是樊腾凤的家乡话的。隆尧与邯郸地理上接近，一属晋语，一属冀鲁官话。冀鲁官话与北京话关系密切，分布范围广，较为开放。晋语则地处高原，比较封闭保守。二者势力不均衡而又相邻，那么冀鲁官话必然会不断向晋语一方扩张，因此可以推测，明末隆尧方言与邯郸方言更为接近，也属于晋语。既然今天的邯郸方言与《五方元音》音系最为一致，那么《五方元音》所反映的很有可能就是明末的隆尧方言（即尧山话）。

:: 参考文献 ::

曹志耘．汉语方言地图集·语音卷 [M]. 北京：商务印书馆，2008.

陈章太、李行健．普通话基础方言基本词汇集 [M]. 北京：语文出版社，1996.

高晓虹．北京话入声字的历史层次 [M]. 北京：北京语言大学出版社，2009.

高增霞．从现代隆尧方言看《五方元音》的音系特点 [D]. 河北师范大学硕士学位论文，2007.

耿振生．明清等韵学通论 [M]. 北京：语文出版社，1992.

贺　巍．获嘉方言研究 [M]. 北京：商务印书馆，1989.

贺　巍．洛阳方言研究 [M]. 北京：社会科学文献出版社，1993.

李清桓．亦论《五方元音》的入声 [J]. 北方论丛，2003（6）.

李清桓．《五方元音》音系研究 [M]. 武汉：武汉大学出版社，2008.

李清桓、佟岩.《五方元音》音系性质新论[J].南京师范大学文学院学报，2004（2）.

李　荣.官话方言的分区[M].方言，1985（1）.

龙庄伟.《五方元音》与《元韵谱》——论《五方元音》音系的性质[J].河北师院学报，1996（3）.

刘淑学.中古入声字在河北方言中的读音研究[M].保定：河北大学出版社，2000.

王　平.《五方元音》音系研究[J].山东师范大学学报，1989（1）.

王　平.《五方元音》韵部研究[J].郑州大学学报，1996（5）.

王洪君.《中原音韵》知庄章声母的分合及其在山西方言中的演变[J].语文研究，2007（1）.

王锡丽.中古入声字在邯郸方言中的读音研究[D].河北大学硕士学位论文，2004.

汪银峰.明末以来内丘、尧山语音的演变研究——以《元韵谱》《五方元音》为依据[D].吉林大学博士学位论文，2007.

汪银峰.再论《五方元音》入声的性质[J].辽宁大学学报，2010（2）.

方言与音韵结合的成功之作

——《中古入声字在河北方言中的读音研究》述评

《中古入声字在河北方言中的读音研究》（以下简称《研究》）是河北大学刘淑学所著，2001年5月由河北大学出版社出版。此书是方言学方面的专著，在一定程度上填补了河北方言研究的空白；同时对近代汉语音韵的研究具有重要价值，尤其对于探讨北京话入声字的发展演变提供了切实的资料和线索。

全书共四章。第一章引论，介绍了选题意义以及材料调查等情况。第二、三两章分别描写了中古入声字在河北方言中的声调及韵母情况。第四章在所知材料的基础上重新讨论了《中原音韵》的基础方言问题。官话区方言大多没有入声韵，人们讨论入声字多是注意它的声调，是独立成调还是归其他声调以及归哪个声调等，而很少人讨论入声字的韵母。《研究》则不仅考察了河北方言入声字的声调，对其韵母也作了全面的考察。单就这一点来说，也是很有意义的。所用材料丰富翔实，大部分来自作者的亲身调查。也正因为如此，作者才能注意到许多前人所未曾注意到的现象。尤其可贵的是，作者并不停留于河北方言入声字读音的单纯描写，还运用文白叠置的理论去解释说明语言现象，把方言材料与历史文献材料结合起来探讨音韵学界存在的问题。下面择要分别说明。

1. 入声区入声字的舒化规律

入声的演变一直是汉语语音史的一个重要问题。目前我们大致上知道，中古入声有三个塞音尾，后来这三个塞音尾分别变为一个喉塞尾，或者先合并，再变喉塞尾，最后喉塞尾消失，入声字在不同的方言中根据声母的清浊归入不同的声调。但对演变的具体过程还缺乏研究。官话方言大部分没有入声，有也只是保留喉塞尾，因此无法通过比较官话方言来研究入声从三个塞音尾变为一个喉塞尾的过程，但却可以探讨入声喉塞尾失落，以及入声字归不同声调的过程。以往人们注意的也多是这个方面，只是比较零散，一般是针对某个具体方言，因此，难以得出规律性的结论。河北方言正处于保留喉塞尾入声的晋语到无入声的官话的过渡地带，虽然大部分方言入声已经消失，但还有少部分方言仍然保留入声，尤其是这些方言中入声正处在舒化的过程中，为考察入声演变提供了绝好的材料。

通过考察，作者发现，浊声母入声字的舒化速度要快于清声母入声字。但有的方言全浊入声字快于次浊入声字，如南片入声区的大部分方言；有的次浊入声字快于全浊入声字，如北片入声区的大部分方言；也有的全浊和次浊入声字舒化速度相近。

入声区方言的入声字舒化之后，全浊入大部分归阳平，次浊入多归去声，基本上与普通话一致。但也有个别方言受相邻方言主要是中原官话的影响，次浊入多归阴平，如南片的成安县。清入字的归调受到普通话的很大影响，一般都归四声，但归各调的比例则多与周围方言保持一致。如北片方言的清入字的比例与北京话比较接近，南片则受冀鲁、中原官话的影响，清入字多归阴平。

这些情况，细化了入声演变的过程。

2. 无入声区清入字的归调

河北大部分方言没有入声韵，也没有入声调。浊入字的声调比较一致，基本是全浊入归阳平，次浊入归去声，只有南部与中原官话相邻的方言次浊入归阴平的较多。清入字却复杂得多。《研究》指出：“河北省无入声区方言中古清入字的归调有三个中心地带。一是在河北省的东南部大名、威县一带，古清入字归阴平的比例高达 80% 以上。以此为中心向北扩展，归阴平的比例缓减，归去声的比例缓增。……另一中心在河北省中西部的唐县、顺平县，古清入字归上声的比例占 70%—75%，以此为中心向四周扩散。第三个中心是北京话，古清入字归阴、阳、上、去，没有什么规律。”

北京周围的河北方言清入字归四声，河北东南部方言清入字归阴平，这不是什么新发现，但唐县、顺平一带方言清入字多归上声，以前很少有人提及，是极有价值的发现，因为它与《中原音韵》清入字的归调一致。北京话清入字归四声，与《中原音韵》不同，人们常常因为这一点而否认北京话与《中原音韵》的基础方言有传承关系。既然北京以南地区存在一个清入字归上声的中心地带，那么很有可能北京话早期清入字也归上声，只是后来又发展为归四声。这样，今天北京话清入字归四声就不再是证明《中原音韵》基础方言是早期北京话的一个障碍了。而且，河北方言无入声区入声字的归调情况，也为说明北京话清入字的归调提供了很好的线索。

此外，井陉位于石家庄西边，周围的方言或者保存入声调，如平山、鹿泉，或者清入字归阴平，如石家庄，但其方言中清入字归上声；晋州、无极位于石家庄东边，周围方言清入字多归阴平，北部临近望都，清入字多归上声，但二者清入字均多归阳平。通过比较，作者认为，井陉方言清入字归上声，晋州、无极方言清入字归阳平，是由于原来清入字的声调调值分别与方言中的上声、阳平相近而引起合流造成的。这种解释应该是比较合理的。

3. 宕江曾梗通五摄入声字的文白异读

北京话宕江曾梗通五摄入声字有文白异读，这一现象早已经被人们注意到。而且，也有人注意到河北方言有着与北京话类似的文白异读。但一直没有人全面调查研究入声字在河北方言的读音情况，因此，也无法对此现象做出详细的说明。《研究》完成了这一任务，在大量材料的基础上，指出河北大部分无入声方言都有与北京话音类分合相同的文白异读。而且，与北京话相比，河北方言有白读音的入声字更多，更具系统性，受词汇条件的限制也比较小。在一些地名、姓氏等专有名词中，保留了尤其多的白读音。这一情况充分说明，北京话的文白异读并不是北京话自己的语音特点，而是北京话及其周围的大片河北方言共有的特点。也正因为如此，北京话有些白读音才能保留到现在，没有完全被文读音排挤掉。

4. 关于《中原音韵》的基础方言

通过对河北方言入声字声调及韵母的详细考察，《研究》发现，河北方言中存在许多与《中原音韵》一致的特点。在此基础上，作者重点对《中原音韵》的基础方言问题进行讨论。作者指出："语音的变化有音类分合的变化，有音值的发展变化"，而"在考察《中原音韵》基础方言时，应抓音类分合方面的涉及语音体系的大的变化"。这是因为，音类的分合与音值相比，更具有规律性，往往也更为稳定。由此出发，作者选择入声字韵母与阴声韵母的合流情况作为切入点，分别比较了洛阳、荣成、牟平、顺平等方言与《中原音韵》入声字韵母与阴声韵母的合流情况，其中只有顺平方言与《中原音韵》一致，其他几种方言则各有各的特点。而且，从入声字的声调来看，洛阳方言清入字归阴平，与《中原音韵》不同，荣成、牟平方言虽然清入字归上声，但次浊入既有归去声的，也有归上声的，与《中原音韵》也不相同，只有顺平方言与《中原音韵》的"入派三声"相符。因此，作者认为，《中原音韵》的基础方言可能是元大都话，即元代的北京话，因为北京话的入声字韵母与顺平方言一致，清入字虽然归四声，但这可能是后来发展出来的；也有可能是顺平一带方言，除了语音上的一致外，这一带传说中是尧的故乡，在元代特定的历史条件下，周德清可能会以此地方言作为中原音韵的代表。

一般来说，共时的方言差异往往反映了历时的语言变化，因此，差异是语言史研究的重要基础。北方官话内部，语音特点的一致性较强，差异比较小。尽管如此，其间存在的差异仍然是我们研究语言史的重要线索。入声字的归调在北方官话内部存在明显的歧异，是划分官话方言的主要标准，这早就被人们注意到。但几乎没有人注意不同方言入声字韵母与阴声韵合流的情况。而入声字读音的变化，不仅涉及声调，也涉及韵母的分合。而且，官话方言中声调比较简单，最多有五六个，一般是四个甚至三个，不同方言入声字归调相同的可能性比较大；与声调相比，韵母要复杂得多，不同方言入声字韵母与阴声韵母分合完全一致的可能性则要小得多。因此，《研究》选择入声字韵母与阴声韵母的分合情况作为考察《中原音韵》基础方言的主要切入点，是非常合理的，其结论要可靠得多。

以上是《研究》的几个最为主要的发现。当然并不止于此。如顺平一带方言

存在 [uau] 韵母；广宗等八县方言中知系字的分合与《中原音韵》一致，《正音捃言》也说明，明代高阳方言的知系字仍然与《中原音韵》分合相同；鹿泉方言的入声字有三种系统的读音，白读 1、白读 2 和文读 1。这些都是非常有意思、有价值的内容。

不过《研究》中也存在一些不足。

第四章第一部分“音韵学界关于《中原音韵》基础方言的论争”有点简单，只是列举了各家观点，没有分析他们的论证方法及证据。这样，尽管第二部分专门说明了《研究》论证的方法及切入点，却不太能突出《研究》的独特之处，尤其是第二部分本身写得也不是很清楚、充分。

个别地方论证有矛盾之处。如第三章第三部分讨论鹿泉方言入声字的韵母时，作者认为白读 1 是大河北方言在鹿泉方言中形成的积淀，而白读 2 才是鹿泉方言固有的读音。但“鹿泉市的地名用字中，世代口语相传而得以保留下来的也是白读 1 这类音”，“白读 2 在第二组入声字中或者完全消亡，或者只保留在个别语素中”。（82 页）而《研究》也说过，“地名、姓氏等专有名词的读音是最保守的。一些入声字的白读形式在一般词语的语素中已经消失，但仍依赖其所寄生的专有名词的生命力而在音系中保留下来”。（71 页）那么，既然鹿泉市的地名用的是白读 1，按理白读 1 应该是鹿泉方言固有的读音，为什么是白读 2 呢？如果是白读 2，如何解释这一情况？

此外，有些地方行文略显突兀。如第三章第二部分开头（52 页），列了北京话的 19 个有入声字的韵母之后，接着就是“表 3–3 中古入声韵和阴声韵在北京话中的合流叠置表”，中间没有任何说明，表后也没有对表做出说明，表 3–3 的出现有些突然。

然而，瑕不掩瑜，《研究》仍然不失为一部很有价值的方言学著作。书中大量采用表格，使内容更加直观。附录一是河北 24 县市方言中 528 个常用入声字的读音，提供了很好的材料。

（原载《中国语文通讯》2002 年第 63 期）

后记

人生有太多的意想不到。小的时候想做很多事情，但从来没想过自己会研究方言这种东西。上大学的时候，觉得硕士、博士都是很高深的人，没想到自己竟然也会成为其中的一员。虽然看过很多论文集，却从来没想到有一天自己也会出本论文集。好友赵敏兰听说我要出论文集之后，就把我很是调侃了一番。

收到这个集子的文章都是关于汉语方言和音韵的，大多数是已经发表的。它们记录了我的成长历程。这次出版，使我有机会改正其中存在的许多错误和疏漏。在整理的过程中，我时时陷入回忆。《章丘方言入声调的研究》是我的硕士学位论文，题目是导师钱曾怡老师给的，调查时钱老师帮我确定音值，写成后帮我仔细校改。因为钱老师，我才有这篇论文，也才有以后的论文，才有我的今天。其中有一部分后来在《方言》上发表了，但为了避免重复，就没有收在集子里。《官话方言古知庄章声母的读音类型》是我跟钱老师合作的，文中大部分材料、表格都是钱老师亲自做的，很多想法也是钱老师的，但她坚持让我署在第一位。钱老师还是我很多材料的来源，她那里关于方言的材料非常齐全，尤其是山东方言，令我特别佩服的是，她能把那么多的材料分门别类放得十分整齐，需要时总是能很快找到。《〈音韵逢源〉的阴声韵母》《北京话入声字文白异读的历史层次》《关于〈中原音韵〉知庄章组声母的分析》《北京话庄组字分化现象试析》都是在写博士论文期间写的。它们能发表是因为很多师友的帮助。《〈音韵逢源〉的阴声韵母》是曹志耘老师帮我投到《古汉语研究》的，曹老师是我大学、研究生时的老师，当时他是《语言教学与研究》的主编，我就把这篇今天看来很简单的文章投到他那里，后来他帮我转给了《古汉语研究》。《北京话入声字文白异读的历史层次》是导师徐通锵老师推荐到《语文研究》的，徐老师已经去世多年，但他依然活在我的心里。《关于〈中原音韵〉知庄章组声母的分析》是同门好友赵敏兰介绍投给《汉语学报》的，从读书起她就经常对我各种调侃，但在我需要时总是能及时提供帮助。《北京话庄组字分化现象试析》是我当时无知而无畏投给《中国语文》的，但能发表出来我相信也得到了师友默默的支持。《冀鲁官话中宕江摄入声字的韵母》《〈语言自迩集〉中的入声字读音》《北京话韵母 o uo e ie ye 溯源》都是跟大师姐刘淑学老师合作的,《从现代方言看〈五方元音〉音系的性质》是跟刘老师做项目时写成的。我们同一年跟随钱老师学习，三年时间留下了很多快乐的回忆，也结下了我们终身的友谊，无论我生活还是学业上有烦恼有困难，都能从刘老师那里得到最好的帮助。她的博士论文给我很多启发,《方言与音韵结合的成功之作——〈中古入声在河北方言中的读音研究〉述评》就是研读她的论文写成的。《官话方言宕江摄阳声韵知系字读音分合类型及其演变关系》《古止摄开口三等日母字在官话方言中的演变》的写成则得益于参加钱老师、曹老师分别主持的官话方言内部比较研究和汉语方言地图集两个项目。还有很多师友提供了这样那样的帮助。师兄赵日新总是被我抓差看论文初稿，虽然有时因为太忙而不太情愿但还是好脾气地给我很多指点。师兄刘祥柏给我提供过《语言自迩集》的珍贵材料，对《官话方言宕江摄阳声韵知系字读音分合类型及其演变关系》也提了很多中肯的修改意见。同事刘晓海常是我写论文时的技术支持，帮我处理过材料，画过地图，每次我求助于他都能得到快速耐心的帮助。

感谢北京语言大学语言科学院给我们提供资助，感谢院里司富珍老师、贾坤老师为此事做了很多工作。稿子交了之后，我就置之脑后了。有一天突然收到司老师发来的专家意见，才知道还请了专家进行评审。因为是匿名的，我当时也不知道专家是谁。后来才知道，是北京大学中文系王洪君老师给我审的。对于王洪君老师，还有王福堂老师，我心里满怀感激。多年以来，他们在很多事情上都主动给我提供这样那样的帮助，不管是在做学问上，还是在做人上，他们都是我的榜样。

本书责任编辑沈岚老师在编校过程中付出了大量的劳动，书里符号繁多，比一般书籍加倍耗时耗力，她的严谨认真使很多疏漏得以避免。感谢研究生张伟夏帮我校对了部分书稿。

一路走来，曾有很多不安、纠结、苦恼、不愉快。已经年过不惑的我，回想过往，我庆幸自己今天还在坚持。我感到自己是个幸运的人，因为此生结识、相熟的都是与人为善之人，从父母家人，到诸位老师、同门好友，还有多年以来与我每日相伴的同事们，他们在我表现得任性固执时都给予我极大的宽容和谅解。希望我也能像他们那样，宽容待人，热心助人，让别人感到幸运。

高晓虹

2015 年 5 月 21 日